आज के प्रश्न

अश्लीलता का हमला

संजय कुमार सिंह सुधीश पचौरी जगदीश्वर चतुर्वेदी
वंदना भारतीय प्रेम सिंह मधु किश्वर राजकिशोर
विमल कुमार अरविंद त्रिपाठी निर्मला भुराड़िया
आलोक पुराणिक भारत डोगरा मस्तराम कपूर
शंभुनाथ सत्येन्द्र रंजन प्रियदर्शन

आज के प्रश्न

इस पुस्तक शृंखला का लक्ष्य है—समकालीन राजनीतिक, आर्थिक और सामाजिक दृश्यपट की प्रखर, विस्तृत और वस्तुपरक पड़ताल। कम मूल्य पर विचारपूर्ण सामग्री देने की इस योजना के तहत चार महीने के अन्तराल पर दो ऐसी पुस्तकें प्रकाशित की जा रही हैं, जो किसी महत्वपूर्ण घटना, मुद्दे या समस्या से जुड़ी हों। शृंखला के सम्पादक हैं– प्रसिद्ध लेखक और पत्रकार राजकिशोर।

'आज के प्रश्न' शृंखला में अब तक प्रकाशित पुस्तकें :

1. **अयोध्या और उससे आगे**
2. **भारतीय मुसलमान : मिथक और यथार्थ**
3. **हिन्दू होने का मतलब**
4. **विनाश को निमंत्रण : भारत की नयी अर्थनीति**
5. **कश्मीर का भविष्य**
6. **हरिजन से दलित**
7. **स्त्री के लिए जगह**
8. **भारत का राजनीतिक संकट**
9. **भ्रष्टाचार की चुनौती**
10. **मानव अधिकारों का संघर्ष**
11. **हिन्दुत्व की राजनीति**
12. **अश्लीलता का हमला**
13. **जाति का जहर**

अश्लीलता का हमला

संपादक
राजकिशोर

वाणी प्रकाशन

वाणी प्रकाशन का 'लोगो'
विख्यात चित्रकार मक़बूल फ़िदा हुसेन की
कूची से

ISBN : 978-93-5000-344-2

वाणी प्रकाशन
21-ए, दरियागंज, नयी दिल्ली-110002
द्वारा प्रकाशित

फोन : 0091#11#23273167, 23275710
फैक्स : 0091#11#23275710
ई-मेल : vaniprakashan@gmail.com
vani_prakashan@yahoo.com
वेबसाइट : www.vaniprakashan.com

संस्करण : 1998
द्वितीय संस्करण : 2000
तृतीय संस्करण : 2003
चतुर्थ संस्करण : 2011

मूल्य : 200.00

जय भारत प्रिंटिंग प्रेस, शाहदरा, दिल्ली-110032
द्वारा मुद्रित

ASHLEELATA KA HAMALA
***Edited by* : Raj Kishore**

संपादक की बात

अश्लीलता का हमला

ऐसा कोई समय नहीं था, जब सभ्यता थी और अश्लीलता की समस्या नहीं थी। वस्तुतः सभ्यता के उदय के साथ ही श्लील और अश्लील का विभाजन शुरू होता है। मानवेतर जगत में कुछ भी अश्लील नहीं हो सकता, क्योंकि श्लील भी वहाँ क्या है ? शायद इसी की देखा-देखी मानव जगत में समय-समय पर यह दावा किया जाता रहा है कि अश्लीलता कुछ नहीं है—यह सिर्फ कुछ तथाकथित नैतिकतावादियों का पूर्वग्रह है। यह कहने का साहस इसलिए पैदा होता है, क्योंकि नैतिकता कोई रूढ़ वस्तु नहीं है—उसका सतत विकास होता रहा है। इसलिए अश्लीलता के दायरे भी बदलते रहे हैं। लेकिन इससे यह सिद्ध नहीं होता कि अश्लीलता नाम की कोई चीज नहीं होती। हर वह चीज अश्लील है, जो शील का उल्लंघन करती है।

लेकिन आज हमारे सामने जो है, वह अश्लीलता की समस्या नहीं, बल्कि अश्लीलता का हमला है। समस्या वह तब थी, जब वह हाशिये पर थी। यह जरूर है कि तब भी उससे निपटने का कोई आसान उपाय नहीं था। प्रायः सभी सांस्कृतिक मामले ऐसे ही होते हैं। वे संस्कृति की सामान्य उन्नति के साथ ही सुलझते हैं। लेकिन आज की चुनौती यह है कि एक अश्लील संस्कृति लगातार हमारी संवेदना पर चोट कर रही है। वह हमें गुदगुदाती है और भोथरा बनाती है। यह संस्कृति सांस्कृतिक उत्पादनों के निर्माताओं और व्यापारियों की देन है, जिनके लिए कुछ भी पवित्र नहीं है। स्त्री का शरीर तब से बिकता रहा है, जब से विवाह नाम की संस्था का जन्म हुआ। लेकिन आज स्त्री शरीर को ग्लैमर में लपेट कर बेचा जा रहा है। वह पूँजीवाद की नई विपणन नीति का मुख्य औजार है। मोटरगाड़ी से लेकर अखबार तक, कुछ भी उसका सहारा लिए बगैर नहीं बेचा जा सकता।

निश्चय ही इसका एक बड़ा कारण यौन क्रांति है, जिसके बहुत-से विधायक

पहलू भी हैं। इस क्रांति के पहले मनुष्य अपने ही शरीर के कुछ अंगों को, जहाँ से आनंद के झरने फूटते हैं, लज्जास्पद मानता था। इसके पीछे धर्म की विघातक भूमिका थी, जिसे सबसे ज्यादा डर मनुष्य की कामुकता से लगता था। यह डर सच्चा भी था, क्योंकि कामुकता एक स्वायत्त सृष्टि की रचना करती है, जिसमें स्थूल नैतिक विधान पर जोर देने वाले ईश्वर के लिए कोई जगह नहीं है। यही कारण है कि धर्म ने जहाँ कई अन्य क्षेत्रों में मनुष्य को नैतिक बनाया, वहीं शरीर के मामले में उसे अनैतिक होने की ग्लानि सौंपी। यौन क्रांति ने जहाँ तक इन दमनकारी मूल्यों के प्रति विद्रोह किया, वहाँ तक उसने मनुष्य को नए सिरे से स्वतंत्र किया। लेकिन जैसे-जैसे बाजार की शक्तियाँ इस नए उदारवाद का लाभ उठाने लगीं, मानव शरीर एक बार फिर अश्लील हो उठा। जब भी कोई चीज खुद अपना लक्ष्य नहीं रह जाती है, वह किसी अन्य चीज के अधीन हो जाती है, एक अश्लील दृश्य पैदा होता है। अश्लीलता का हमला ऐसे दृश्यों की बढ़ती हुई मारकता से पैदा होता है।

यह पुस्तक इस हमले को कई कोणों से समझने की कोशिश करती है। अश्लीलता की उलझनों से भी यह जूझती है, क्योंकि निश्चय ही इस समस्या का सरलीकरण नहीं किया जा सकता। स्पष्टतः अश्लीलता अब सिर्फ मानव मनोविज्ञान की वस्तु नहीं रही—इसका अपना पूरा अर्थशास्त्र है। उत्पादन की हर पद्धति अपना समाजशास्त्र लेकर आती है। अश्लीलता आधुनिकतम उत्पादन के केंद्र में है। यही कारण है कि उस हमले का कोई आसान प्रतिकार नहीं है। लेकिन यही कारण है कि इसका बारीक और विस्तृत अध्ययन होना चाहिए। आशा है, यह पुस्तक इस दिशा में अपना विनम्र योगदान करेगी।

—राजकिशोर

अनुक्रम

अश्लीलता की बाढ़

संजय कुमार सिंह

भारतीय समाज में अश्लीलता लगातार बढ़ती जा रही है। केबल टीवी, अर्थव्यवस्था का उदारीकरण, बदलती सामाजिक स्थितियाँ, पत्र-पत्रिकाएँ सब इससे प्रभावित हैं और आप कह सकते हैं कि इसमें इनका भी योगदान है। इस बात पर विवाद हो सकता है, पर यह मानना पड़ेगा कि हिंदी फिल्मों से यह अनुमान लग जाता है कि हमारी संस्कृति किस ओर जा रही है। अश्लील गाने और संवाद, अत्यधिक सेक्स और हिंसा से लगता है कि हमारा समाज टूटने के कगार पर है। हर डायरेक्टर या फिल्म निर्माता एक-दूसरे को पछाड़ने में लगा हुआ है। पर यह भी सच है कि 'हम आपके हैं कौन' जैसी पारिवारिक फिल्में भी सफल होती हैं। लेकिन इसके हिट होने का श्रेय उसके गाने 'दीदी तेरा देवर दीवाना कुड़ियों को डाले दाना' को भी जाता है और यह गाना कोई शुद्ध पारिवारिक मनोरंजन तो नहीं करता है न ?

हमारी संस्कृति किधर जा रही है, इसका संकेत देनेवाला दूसरा माध्यम है विज्ञापन। वहाँ भी यही हालत है। जब, जहाँ, जैसे और जिस किसी बहाने मौका लगा, अश्लीलता और नग्नता के सहारे प्रचार करना अब आम बात हो गई है। जूते का विज्ञापन करना हो तो शरीर पर कपड़ों की क्या जरूरत ? और जब जूता ऐसा हो जिसे महिलाएँ भी पहन सकती हैं, तो विज्ञापन में एक स्त्री और एक पुरुष को देखने की इच्छा लोगों को तभी होगी जब वे 'कुछ' करें और इस कुछ में सबसे कम होगा दोनों का आलिंगनबद्ध होना। और जूते के एक अंतर्राष्ट्रीय ब्रांड का विज्ञापन ऐसा ही बना दिया गया। मॉडल थे मिलिन्द सोमन और मधु सप्रे। इस विज्ञापन पर काफी बवाल मचा। जिस पत्रिका में यह विज्ञापन छपा, उस पर रोक लगा दी गई, तो दूसरे पत्र-पत्रिकाओं में यह विज्ञापन मुफ्त में छाप कर बताया गया कि इसी विज्ञापन के कारण अमुक पत्रिका पर रोक लगाई गई है।

जब विवाद हो गया तो चर्चा होनी ही थी कि ऐसा विज्ञापन बनना चाहिए कि नहीं ? इस पर मधु सप्रे ने मिलिन्द के हवाले से यह कहा बताते हैं कि 'जरूरत पड़ी तो' ऐसी मॉडलिंग फिर करेंगे। इस विज्ञापन के कॉपी राइटर (जी हाँ, इसे भी 'लिखा' जाता है और जो लिखते हैं वे 'राइटर' यानी लेखक कहलाना ही पसंद करते हैं) का तर्क था कि खजुराहों की मूर्तियों के खिलाफ कोई मुकदमा क्यों नहीं करता ? अब ऐसे लोगों को कौन बताए कि अश्लीलता और नग्नता का बचाव खजुराहो-कोणार्क की मूर्तियों की आड़ ले कर नहीं किया जा सकता और खजुराहो की मूर्तियाँ किसी पत्रिका में लिपट कर घरों में नहीं पहुँच जातीं। उन्हें वही देखता है जो देखने जाता है और ये मूर्तियाँ किसी जूते का प्रचार नहीं करतीं।

'कामसूत्र' नाम से कंडोम बनानेवाली कंपनी ने अपने उत्पाद के प्रचार के लिए पूजा भट्ट को मॉडल बनाया और उन्होंने भी तब तक की हदें पार लीं थीं। पूजा के पिता महेश भट्ट एक टेलीविजन कार्यक्रम में यह स्वीकार कर चुके हैं कि उन्होंने अपनी बेटी को गर्भवती न होने की सलाह दी है। उनकी राय में आज के जमाने में हरेक माँ-बाप को अपने युवा बच्चों को यह सलाह देनी चाहिए। बेटी को ऐसी सलाह देने की आवश्यकता महसूस करना और फिर टीवी पर इसे खुलेआम स्वीकार करना समाज की मौजूदा हालत दर्शाता है। इसी तरह, कर्नाटक के मुख्यमंत्री जे.एच. पटेल की पत्नी ने एक टीवी कार्यक्रम में स्वीकार किया था कि शराब और शबाब उनके पति की कमजोरी है, पर उन्होंने उन्हें 'माफ' कर दिया है। इससे भी पता चलता है कि भारतीय समाज कितना 'उदार' हो गया है। सेक्सोलॉजिस्ट प्रकाश कोठारी कहते हैं कि मुंबई के के.ई.एम. अस्पताल में हर हफ्ते उनके पास आनेवाले 100 मरीजों में ज्यादातर अविवाहित होते हैं। पर पाँच साल पहले ऐसा नहीं था। इसका कारण समाज में आया खुलापन ही हो सकता है।

इस खुलेपन की हालत यह है कि कंडोम, ट्रैक्टर और जनरेटर के साथ-साथ पुरुषों के अंडरवीयर के विज्ञापन भी महिलाओं की नंगी तस्वीर के बिना तैयार नहीं होते। ऐसे में कंडोम बनानेवालों को भी कुछ न कुछ 'नया' करते रहना पड़ता है। एक ने रंगीन कंडोम पेश किए और दिनों को अलग-अलग रंगों के खाने में बाँट दिया। यहाँ तक कि आप किस दिन 'छुट्टी' मनाएँ, यह भी रंगीन कंडोम बनानेवाली इस कंपनी ने तय कर दिया और इसे अपने विज्ञापनों में प्रचारित भी किया। कंडोम बनानेवाली दूसरी कंपनी इससे भी आगे निकल गई। उसने अल्ट्रा थिन, रिब्ड, डॉटेड और जाने कैसे-कैसे कंडोम बना दिए। दावा किया गया कि सबों के इस्तेमाल का आनंद अलग-अलग है।

आप किसिम-किसिम के कंडोम बनाएँ, तो बहुत सारे लोग ऐसे होंगे ही जो सबों का मजा लेना चाहें, पर बेचारे कहाँ सबका नाम ले कर अलग-अलग कंडोम माँगते फिरें ? लिहाजा इसी कंपनी ने कंडोम का एक 'गिफ्ट पैक' तैयार कर दिया

(ऐसा गिफ्ट पैक आप किसी को उपहार नहीं दे सकते, तो क्या !)। इस गिफ्ट पैक में कंडोम के अलावा 'ज्ञान की बातें' बतानेवाली पुस्तिका और चाबी का एक छल्ला भी था। अब आप सर्वश्रेष्ठ कंडोम की चाह में यह गिफ्ट पैक खरीद कर यह मत मान बैठिएगा कि यही कंडोम सर्वश्रेष्ठ है। कंडोम बनानेवालों में भी जबरदस्त प्रतिस्पर्द्धा है और बाजार में टिके रहने के लिए वे भी एक-से-एक अभिनव प्रयोग करते हैं। इसी क्रम में आया खुशबूदार कंडोम। खुशबू कैसी ? केले, स्ट्रॉबेरी और न जाने किस-किस चीज की। यह तो हुई कंडोम की बात और इसमें अश्लीलता से बचना साधारण काम नहीं है। पर ज्यादा प्रतियाँ बेचने की होड़ में पत्र-पत्रिकाओं में अश्लील और कामोत्तेजक तस्वीरें छापना आम बात हो गई है। यह अलग बात है कि ऐसी तस्वीरें छापने के लिए बहाने ढूँढ़ लिए जाते हैं। यह बहाना सर्वेक्षण से ले कर भारतीय समाज की मौजूदा स्थिति का विश्लेषण और कंडोम की किस्मों से ले कर उसके गिफ्ट पैक की चर्चा तक कुछ भी हो सकता है।

अब एक पत्रिका ने कवर स्टोरी छापी कि भारतीय मध्य वर्ग में पार्टनर बदलने का शौक चल रहा है। दूसरे ने सर्वेक्षण छापा, जिससे पता चला कि लखनऊ के 66 प्रतिशत लोगों के एक से ज्यादा साथियों के साथ यौन संबंध हैं और उस पर भी तुर्रा यह कि इसमें उनकी पत्नियों की भी भागीदारी थी। अब आम पाठक ऐसी जानकारियों का क्या करेंगे, यह तो एक पाठक के नाते मेरी समझ में आज तक नहीं आया, पर अश्लील और कामोत्तेजक वर्णन के साथ ऐसी 'जानकारियाँ' अब यदा-कदा छपती ही रहती हैं। और तो और, आधुनिक भारतीय महिलाओं के लिए एक पत्रिका आई है, जिसके विज्ञापन का आधार वाक्य है—'स्मार्ट, सेक्सी ऑनेस्ट' और इसमें बताया जाता है 'बिस्तर पर विजयी कैसे रहें ?'

सवाल यह उठता है कि समाज में अगर लोग पार्टनर बदल रहे हैं तो इसकी सूचना देने में बुराई क्या है ? और शायद इसी तर्क के आधार पर जब कहीं पुलिस छापे में अश्लील साहित्य, वीडियो कैसेट आदि बरामद हों तो इसकी खबर छापने में भी कुछ गलत नहीं है। और जब खबर छपेगी तो उसके साथ फोटो जा ही सकते हैं। ऐसे में स्थिति यह है कि तमाम रोक और प्रतिबंधों के बावजूद अश्लील साहित्य का बाजार लगातार बढ़ता जा रहा है। बिस्तर पर विजयी रहने की कला बताना इसी लीक पर चलना नहीं तो और क्या है। ऐसी पठन सामग्री की उपलब्धता अब बहुत आसान हो गई है और अगर ब्लू फिल्म के वीडियों कैसेट की क्वालिटी खराब होती थी, तो अब इसकी सीडी उपलब्ध है और आप अपने पी. सी. पर ब्लू फिल्म का आनंद ले सकते हैं। फिल्म की क्वालिटी ऐसी, जिसकी कल्पना वीडियो कैसेट से की ही नहीं जा सकती। यह अलग बात है कि इसकी कीमत बहुत ज्यादा होती है, पर ऐसे लोगों की कमी नहीं है जिनके लिए यह ज्यादा नहीं है या जो लोग मिल-बाँट कर इसका आनंद लेते हैं। एक अनुमान के मुताबिक देश में हर साल

कम से कम 10,000 फुट ब्लू फिल्में तैयार होती हैं और इनके ढेरों कैसेट देश भर में बेचे जाते हैं। क्षेत्रीय भाषाओं में छपनेवाली ऐसी अश्लील किताबों और पत्रिकाओं का संस्करण इसके 10वें हिस्से से भी कम का होता है।

हालत यह है कि 1995 के मध्य में मिलिन्द सोमन और मधु सप्रे के विज्ञापन के बाद महाराष्ट्र पुलिस ने अश्लील साहित्य के खिलाफ अभियान चलाया तो पहली ही बार में 26,000 अश्लील किताबें और 8,000 अश्लील वीडियो कैसेटें बरामद हुईं। कुछ महीने पहले दिल्ली के पालिका बाजार में गुप्त सूचना पर मारे गए छापे में पुलिस ने एक ही दुकान से लगभग 400 अश्लील कैसेट बरामद किए थे। ऐसा प्रायः होता रहता है और यह सिलसिला वर्षों से चल रहा है। फर्क पड़ा है तो सिर्फ यह कि बाजार में उपलब्ध माल की गुणवत्ता लगातार बेहतर होती जा रही है। पहले खराब छपाईवाली किताबें और पत्रिकाएँ मिलती थीं, फिर रंगीन फोटो का जमाना आया, उसके बाद वीडियो कैसेट, फ्लॉपी और अब सीडी व इंटरनेट से अश्लील सामग्री डाउनलोड कर लेने का समय चल रहा है।

दूसरी तरफ स्थिति यह है कि वीडियो लाइब्रेरियों और परिचित दुकानों से ऐसे कैसेट व सीडी खरीदने और किराए पर मँगानेवालों का ताँता लगा हुआ है। आपका केबलवाला देर रात कभी ऐसी फिल्में दिखा दे तो कोई बड़ी बात नहीं है। इंटरनेट पर तो ऐसी सामग्री बहुतायत में उपलब्ध है ही। पर यहाँ यह उसके विस्तार में नहीं जाएँगे, क्योंकि अभी भी हमारे यहाँ यह आम लोगों को उपलब्ध नहीं है। विदेशी चैनलों पर जो अश्लील और भोंडे कार्यक्रम आते हैं, उनकी तो अब चर्चा भी बेमानी लगती है। पर मुझे लगता है कि केबल टीवी, पत्र-पत्रिकाओं, फिल्मों, विज्ञापनों आदि में जो अश्लीलता है, उसका असर आम आदमी के जीवन पर भी पड़ता है और वह खुलेआम इतना सब देखता-सुनता है तो बंद कमरे में जाहिर तौर पर इससे ज्यादा देख, सुन और कर सकता है। चिंता का मूल विषय यही होना चाहिए।

30 पार कर चुकी माधुरी अविवाहित है और एक विज्ञापन एजंसी में नौकरी करती है। दफ्तर में देर तक रुकना या काम खत्म कर पार्टी अथवा डिस्को में जाने में उसे कोई बुराई नहीं आती। विवाह-पूर्व सेक्स में भी नहीं और इस पर वह खुल कर बात करती है। घरवाले जानेंगे तो क्या कहेंगे ? उसका जवाब था, 'मेरी माँ की शादी 19 वर्ष में हो गई थी और मैं 30 पार कर चुकी हूँ। माँ जिन पुरुषों से मिलती थीं, वे परिवार के ही होते थे। मैं पुरुषों के साथ काम करती हूँ, उन्हीं के साथ रहती हूँ। मैं अपने पड़ोसियों को जानती तक नहीं। मेरा चाल-चलन उन्हें पसंद न आए, तो उनकी परवाह कौन करता है ?' माधुरी जैसे स्त्री-पुरुष के लिए वैसी तमाम चीजें सामान्य या मजबूरी हैं जिन्हें हम गलत या अश्लील कहते हैं। सेक्स की भूख मिटाने के लिए या पैसे कमाने के लिए ऐसे लोग अखबारों के विज्ञापन छपवा कर साथी तलाशते हैं। तमाम पत्र-पत्रिकाओं में ऐसे वर्गीकृत

विज्ञापन छपते रहते हैं। ऐसे में आज हालत यह है कि ढेरों पुरुषों ने भी वेश्यावृत्ति का दुनिया का सबसे पुराना पेशा अपना लिया है।

एड्स और खुलेपन के इस जमाने में जब एक ही साथी से सेक्स की बजाय सुरक्षित सेक्स पर जोर दिया जाने लगा है और तरह-तरह की चिंताओं व व्यस्तताओं से घिरा आदमी कम समय में ज्यादा से ज्यादा मजा लेने को आतुर है, तो पैसे देने पर पुरुष और स्त्री वेश्या के अलावा हिजड़े भी मुख मैथुन से ले कर न जाने क्या-क्या करने के लिए कीमत देनेवालों को उपलब्ध हैं। एक अनुमान के मुताबिक इस तरह के धंधे का बाजार 1000 करोड़ रुपए प्रतिवर्ष से भी ज्यादा है। अखबारों-पत्रिकाओं मे इनके बारे में चिंता जताने के लिए जो कुछ छपता है, उससे इन सब चीजों को प्रचार ही मिल रहा है। दूसरी तरफ इन सब चीजों के बारे में पढ़नेवालों की तादाद इतनी ज्यादा है कि ऐसा कुछ छप जाए तो पत्र-पत्रिका की बिक्री बढ़ जाती है। लिहाजा अखबारों और पत्रिकाओं को उत्पाद माननेवाले लोग चाहते हैं कि यह सब छपे, जिससे ज्यादा बेचना आसान रहे। यह चक्र चलता जा रहा है और यही सबसे दुखद है। चिंता की बात यह है कि इससे बचना मुश्किल होता जा रहा है।

यह दीगर है कि नई पीढ़ी के लोगों को यह बहुत खास बात न लगे। बड़े शहरों में तमाम युवक-युवतियाँ अकेले रहते, कमाते और अपने मन की करते हैं। ये लोग पड़ोसियों को जानते तक नहीं। पड़ोसी भी इनकी चिंता नहीं करते। ऐसे में सामाजिक बंधन जैसा कुछ नहीं होता। एक समय था जब तलाक बहुत बड़ी बात होती थी। अब तलाक सामान्य हो गया है। पर ब्रिटेन की राजकुमारी डायना की तरह तलाक के बाद खुलेआम किसी और से प्रेम करना सामान्य नहीं है। हो सकता है कि 10-20 वर्ष बाद यह भी सामान्य लगने लगे और तब इटली के तट पर सागर में निजी जहाज पर प्रेम करते डोडी और डायना के चित्रों की वह अहमियत नहीं होगी जो 1997 में थी और जिन चित्रों के लिए स्वतंत्र फोटोग्राफर उनके पीछे पड़े रहते थे तथा अखबारों में उन्हें चटखारे ले कर छापा जाता था। दस साल पहले शायद ऐसी तस्वीरें अखबारों में छपने लायक नहीं मानी जातीं। अब जो लोग इन्हें छाप रहे थे, वे उन्हें अश्लील नहीं, एक्सक्लूसिव मानते थे।

यह सही है कि सेक्स शरीर की आवश्यकता है और कई लोग इसके लिए शादी का इंतजार नहीं करते। ये शादी के बंधन में नहीं रहते। उत्तेजना के लिए और खाली समय में ये अश्लील साहित्य पढ़ना भी बुरा नहीं मानते। इन्हें आकर्षित करने के लिए ऐसे साधनों का प्रयोग सबसे प्रभावी रहता है। आज देश के खरीददारों का एक बहुत बड़ा वर्ग इसी आयु समूह का है और विज्ञापनों में अश्लीलता की वजह शायद यही है। शादी के पहले सेक्स को अगर बुरा न माना जाए और व्यस्त आदमी कम समय में ज्यादा से ज्यादा मजा पाना चाहें, तो उसे ऐसे गुर सिखा कर पैसे कमा

सकनेवाले लोग सामने आएँगे ही और समाज में फैल रही अश्लीलता इसी का परिणाम है। इसे सिर्फ कानून बना कर नहीं रोका जा सकता।

नैतिकता का तकाजा यह है कि अश्लीलता या इसे खुलापन माननेवाले लोग इतने न खुल जाएँ कि इसमें पेशे या सामाजिक प्रतिष्ठा की परवाह भी न की जाए या इसका असर कम उम्र के बच्चों पर होने लगे और उन्हें इसका शिकार बनाया जाने लगे। यहाँ महिला अधिवक्ता अंजली कपूर का मामला उल्लेखनीय है। वयस्कों की एक पत्रिका के लिए अर्धनग्न तस्वीर खिंचवाने पर बार काउंसिल को उनके खिलाफ कार्रवाई करनी पड़ी थी। पर तब सुश्री कपूर के समर्थकों की संख्या कोई कम नहीं थी और उनका मानना था कि सुश्री कपूर के आचरण पर राय देना बार काउंसिल का काम नहीं है। यह तो स्वेच्छा से अर्धनग्न तस्वीर खिंचवाने का मामला था। पर उन्हीं दिनों स्कूली छात्राओं को डरा-धमका कर नग्न तस्वीरें उतारने का मामला भी प्रकाश में आया था। एक स्कूल शिक्षिका का कहना है कि वे प्रायः ऐसे बच्चों के संपर्क में आती हैं जिनके मस्तिष्क अश्लील साहित्य और कार्यक्रमों के कारण विचलित रहते हैं।

फिर भी, हालत यह है कि एक नामी कंपनी ने होली का अश्लील ग्रीटिंग कार्ड बना कर अपनी दुकानों में रखवा दिए और दिल्ली के एक बड़े अखबार समूह के प्रेस में अश्लील पर्चे छाप कर होली के मौके पर बाँटे गए थे। जब इस पर हंगामा मचा तो पता चला कि ऐसा वर्षों से होता आ रहा था और लोगों ने इसे लगभग सामान्य मामला मान लिया था। होली पर अश्लील ग्रीटिंग कार्ड बना कर बेचने का मामला शायद इसी का विस्तार था। यहाँ एक और मामले का जिक्र अप्रासंगिक नहीं होगा। हुआ यों कि मसाज (मालिश) करनेवाली मशीन का निर्माण करनेवाली कंपनी ने मुंबई में प्रेस कांफ्रेंस बुलाई और इसमें मशीन का इस्तेमाल दिखाने के लिए एक अर्धनग्न मॉडल को भी पेश किया गया। कंपनीवालों को शायद यह महसूस ही नहीं हुआ कि प्रेसवाले इसे पसंद नहीं करेंगे। या फिर यह भी संभव है कि अश्लीलता के हमले के शिकार हो चुके इन लोगों को इसी कारण ज्यादा प्रचार मिलने की उम्मीद रही हो।

वैसे भी 1965 में जब अश्लीलता का मामला सुप्रीम कोर्ट में पहली बार आया, तो शीर्ष अदालत ने कहा था कि भारतीय दंड संहिता में अश्लीलता को पारिभाषित नहीं किया गया है। अतः इसकी व्याख्या प्रत्येक मामले में अलग-अलग की जाती है। साथ ही यह भी सच है कि आज जो कुछ कई दफा बहुत सामान्य लगता है, उसकी कल्पना बीस साल पहले नहीं की जा सकती थी, उससे बीस साल पहले जब जो हो रहा था, उसकी कल्पना नहीं की जा सकती थी और यह सिलसिला चला आ रहा है। शायद परिवर्तन की यही प्रक्रिया है।

मुक्त देह के आखेट

सुधीश पचौरी

एक

हम एक काम-दीप्ति के सामने हैं। हमारे फिल्मी गीतों ने अचानक अपना परम और चरम क्षण पा लिया है। वे एकदम बदल गये हैं, हमारे बीच फैल गये हैं और शील-ध्वंस हो रहा है। एक किशोरी चिल्लाती है, 'सेक्सी, सेक्सी, सेक्सी, मुझे लोग बोलें'। आसपास मैथुन-मुद्रा में नाचते लड़के-लड़की एक तेज ताल-लय के साथ सामूहिक मैथुनेच्छा के चरम क्षण को जी रहे हैं। हम मेट्रो देखते हुए सुपरहिट के भीतर गाना, गाने के भीतर मैथुन के दृश्य देखते हैं। 'सेक्सी सेक्सी सेक्सी' का तेज सेक्स नाचता है। एक अन्य फिल्म का एक अन्य दृश्य। लड़का नाचते हुए कहता है कि उसकी पेंट, शर्ट, रूमाल, जूता, बाल, गाल सब सैक्सी हैं। सेक्स किसी ब्रांड की तरह नाचता है।

अब हम 'चोली के पीछे क्या है' जैसे अर्धरहस्यवादी, छायावादी प्रश्नों में व्यस्त होते हैं। हमारे फिल्मी गीतों ने देह को चौराहे पर बिछा दिया है। अब तक हम 'चुंबन' और 'देह की नग्नता' पर आपत्ति करते थे और खुश होते थे कि हमारे पास एक नैतिक तहखाना है, जहाँ छुपा जा सकता है। लेकिन अब तहखाने में टीवी है, टीवी में मैथुनरत बच्चे-बच्चियाँ हैं। हम अपनी नैतिकता के लिए कहाँ जा छुपें ?

लेकिन उस नैतिक दृष्टि से अलग हमें उस दृश्य का विश्लेषण करना चाहिए। हमें यह देखने की कोशिश करनी चाहिए कि हमारे फिल्मी गीत और हमारा लोकप्रिय संगीत हमारे साथ क्या कर रहा है और क्यों कर रहा है। शायद यह कहने का क्षण आ गया है कि हम मेट्रो और जी टीवी के रूप में एक नए सांस्कृतिक समय में पहुँच रहे हैं। यह पिछले तमाम सांस्कृतिक वातावरण से अलग है, गुणात्मक रूप से भिन्न

है। जो लोग पुरानी फिल्मों और उनमें मौजूद पुराने गीतों के मुरीद हैं अथवा जो उन्हें मेट्रो पर प्रातःकाल देखते हैं, वे बेहतर जान सकते हैं कि हमारे गीत कितने बदल गए हैं।

पुराने गीत कहानी के हिस्से होते थे। वे फिल्म के वातावरण होते थे। नायक-नायिका के बीच संबंधों का कथन या बयान होता था, संवाद होता था। वे अपने दृश्य में मग्न होते थे। अपने मिलन और विरह-प्रसंगों में वे शुद्ध रस का संचार करते थे। उनका वैशिष्ट्य गीत का देशकाल साधारणीकरण की प्रक्रिया में आकर बदल जाता था। दर्शक फिल्म को नाटक की तरह देख सकते थे। दर्शक के साथ तादात्म्य स्थापित किया जाता था। यानी दर्शक और नायक-नायिका के बीच एक भावना और भावक की दूरी बनी रहती थी। वहाँ खाली जगह महत्वपूर्ण अंग होती थी रसास्वादन का। तब संप्रेषण था।

पुराने फिल्मी गीतों की एक दूसरी और प्रस्तुत प्रसंग के लिए अधिक उपयुक्त विशेषता उनका उदास और दुखमय संसार है। पुराने कथानकों में प्रेमी-प्रेमिका प्रायः मिल नहीं पाते। उनके प्रेम की शील-केंद्रित पवित्रता, निश्छलता, विकटता और त्याग-तपस्या की इतनी भयानक और लंबी-चौड़ी परीक्षा होती है कि जब वे अंत में मिलते भी हैं तो सुखवंचित रूप में मिलते हैं। उन्हें शिकायतें रहती हैं जमाने से, किस्मत से, ईश्वर से, प्रियतम से। हमारे पुराने गीत-दृश्यों में त्रासदी के अर्थ मौजूद रहते हैं। वे हमदर्दी चाहते हैं। यह हमदर्दी हमें उनसे तदाकार करती है। हमारे जीवन के अभाव और उनके अभाव कई जगह मिलते-जुलते हैं। समूचा रस सिद्धांत इसी तरह संभव होता है। गीतों के लंबे विलाप प्रकृति की मौजूदगी में ही संभव होते हैं। फिल्मों के भू-दृश्य नदी, पहाड़, पेड़, लता, घर की छत आदि प्रतीकात्मक होते हैं जो विलाप को घटाते-बढ़ाते हैं। वे संचारियों की तरह आते-जाते हैं।

नये गीतों में इस दुनिया का दूर-दूर तक पता नहीं है। यह काले-सफेद और रंगीन का फर्क मात्र नहीं, हमारे भू-दृश्यों और मनुष्यों के बदल जाने का फर्क है। कुछ बरस पहले जब अमिताभ का युग विदा माँग रहा था और प्रेम-फिल्मों की वापसी की बधाइयाँ दी जा रही थीं, तब यह नहीं सोचा गया कि जिस भू-दृश्य में प्रेम एक असंभव स्थिति होती चली जा रही है, तब प्रेम-फिल्मों का हिट होना किस माँग और पूर्ति के नियम के तहत संभव हो रहा है ? जिन दिनों 'मैंने प्यार किया' हिट हुई, उन दिनों पंजाब में हिंसा थी, कश्मीर में हिंसा थी। क्या 'प्यार' की फिल्मी वापसी और इस हिंसा में कोई संबंध था ?

वह था और जरूर था। हिंसा देह की जिस मर्मांतक भाषा को बना-बिगाड़ रही थी, प्रेम-फिल्में उस देह की दूसरी भाषा को लिख रही थीं। प्रेम के गीत अधिक अभिव्यंजनात्मक होने लगे थे, गीतों और नृत्यों के अंकन पर ध्यान दिया जाने लगा था और 'टी सीरीज' का इलेक्ट्रॉनिक संगीत उद्योग फिल्मों में प्रवेश कर चुका था।

ठीक यही दौर फिल्मी नायकों के बच्चे-बच्चियों के पदार्पण का भी दौर है और एक नये संगीत का दौर भी। संगीत, जो अब सिर्फ फिल्मी नहीं है, स्वतंत्र भी है।

चूँकि हमारी संस्कृति--चिंताओं में अर्थशास्त्र या समाजशास्त्र कभी ताका-झाँकी नहीं किया करता, इसलिए हम यह नहीं जान पाते हैं कि आज जिन गीतों-नृत्यों को हम अपना परम नैतिक संकट बनाये हुए हैं, उनकी बुनियाद हमारी ही जेबों से रखी गई है। इलेक्ट्रॉनिक क्रांति से जुड़ी संगीत-उद्योग-क्रांति ने फिल्मों में कथानक या भावात्मक स्थितियों को हटा कर संगीत और नृत्य को रख दिया है। आज जब हम 'खलनायक', 'दलाल' या 'खुद्दार' के गाने देखते हैं या मेट्रो पर सुपरहिट मुकाबला देखते हैं, तो एक विराट और बुनियादी सांस्कृतिक बेदखली देखते हैं।

पहले गीत अभिनय का हिस्सा थे, अब वे एक्शन हैं। पहले गीत कथा के बंधन में रहते थे, इसीलिए भावस्थिति के अनुकूल नौशाद, रोशन, मदनमोहन, एस. डी. बर्मन आदि धुनें बनाया करते थे। अब गीत स्वतंत्र हैं, वे अपने आपमें दृश्यबंध हैं। स्वतंत्र, स्वायत्त, वे अपना वजूद खुद रखते हैं। वे संप्रेषण नहीं करते, शील-हरण करते हैं।

मेट्रो के कुछ पहले जब 'राष्ट्रीय चैनल' एकमात्र चैनल था और साप्ताहिक चित्रहार दिखाया जाता था जिसे समूचा देश निविड़ सांस्कृतिक श्रद्धा से देखता था, तभी से टीवी ने फिल्मों के गीत-संगीत और नृत्य को फिल्मों से स्वतंत्र और स्वच्छंद बनाना शुरू कर दिया था। मेट्रो ने अपने 'सुपरहिट' आदि से इस प्रक्रिया को तेज कर दिया। नए गीतों की संरचना इस तरह अब एक नितांत स्वतंत्र संरचना है। फिल्मों के साथ जो थोड़ी-बहुत भावबद्धता या कथाबद्धता बची थी, वह धीरे-धीरे खत्म हो रही है। एक विराट् उद्योग गीत-संगीत-नृत्य को एक स्वतंत्र विधा बनाये दे रहा है। इसके पीछे 'टू-इन-वन' और कैसेट-क्रांति का आधार सक्रिय है, जो इसी ने पैदा किया है। संगीत एक बड़ी उपभोक्ता संस्कृति के रूप में पैदा किया जा रहा है। इसकी खपत भी कम नहीं है। 'चोली के पीछे क्या है' गीत के दिखने से पहले उसके दरियों लाख कैसेट बाजार में खप चुके थे। 'सेक्सी-सेक्सी' वाला गीत फिल्म रिलीज होने पहले बीस लाख बिक चुका था। यह एक नया सांस्कृतिक वातावरण है।

यहाँ से हम एक बेहद चालू किस्म के तर्कवाद में प्रवेश करके कह सकते हैं कि 'टू-इन-वन' या कैसेट उद्योग का फैलना तो ठीक है, लेकिन अश्लील गीत ही क्यों? ऐसे तर्कशील लोगों को तो ज्ञात ही है कि ऐसे तमाम गीतों के एक बड़े हिस्से पर इजारा रखनेवाली एक कैसेट कंपनी का दैनिक भंडारा वैष्णो देवी पर चलता है। वे भजनों के कैसेट भी बनाते हैं और कथित अश्लील गीत भी रिकार्ड कराते हैं। 'दिन में पुण्य, रात में पाप, हिसाब साफ' वाली फिसड्डी नैतिकता के तमाम उक्त चालू तर्कों से हम अपने सांस्कृतिक वातावरण का कुछ भी बिगाड़ नहीं पाते। कारण स्पष्ट है कि ये सवाल सिर्फ संस्कृति के नहीं है और न नैतिक ढंग के हैं, वे अर्थनीतिक

भी हैं।

हम फिर नए गीतों के दृश्य-विधानों की ओर लौटें। हम पाते हैं कि नई फिल्मों के गीतांकन में देह एक बड़ी भूमिका निभाने लगी है। नाट्यशास्त्रीय पदावली में इस आंगिक या कायिक अभिनय की श्रेणी में रखा जा सकता है। लेकिन इसके समूचे रूप उस पदावली में नहीं अटते। नाट्यशास्त्रीय पदावली में आंगिक भीतरी भाव (सात्विक) का व्यक्त रूप है, लेकिन सांप्रतिक देहवाद में भीतरी सात्विक विभाजन की कोई जगह नहीं है। नये गीतों में हम नितांत देह के 'फिजिकल' हो उठने को देखते हैं। कल तक जो देह भाव या विचार या कर्म व्यक्त करने का माध्यम थी, अब स्वयं 'कर्म' बन गई है। हमारे नायक-नायिका अब देह को एक 'रूप' देते हैं अैर वही रूप 'एक्शन' करता है। देह द्वारा आत्मा की अभिव्यक्ति अब नहीं है। देह साधन नहीं, साध्य है। गीत-दृश्यों में देह का ऐसा विस्फोट नया है। इसीलिए गीत देह के नये रहस्यवाद को खोलना चाहते हैं। 'चोली के पीछे क्या है' या 'सेक्सी- सेक्सी' या 'गूटरगूँ' देह के नए रहस्यवाद हैं।

एक ओर इलेक्ट्रॉनिक संगीत उद्योग, दूसरी ओर एम टीवी, मेट्रो, जी टीवी के गीत-कार्यक्रमों की स्पर्धात्मक प्रस्तुतियाँ कैसेट बाजार को फैला रही हैं। बीस-तीस लाख कैसेट का सप्ताह भर में निकल जाना मामूली बात है। फिल्म हिट हो या पिटे, गीतों की सेल में अनेक घाटे पूरे हो जाते हैं। इसीलिए देह केंद्र में आ रही है। ऐसे सामूहिक नृत्य पेश किए जाते हैं जो देह को विस्फोटक आकर्षण से भर दें। सौ-दो सौ लोगों की कवायद के बीच शुद्ध कायिक प्रदर्शन-दृश्य में मनुष्य देह की सत्ता स्थापित करता है। देह का यह केंद्रण मूलतः कामोत्तेजक प्रतीकों, स्थानों, अंगों के संकेंद्रण की माँग करता है। 'टाइट्स' में प्राइम बॉडी की कोई एकसरसाइज करती लड़की की देह अंततः कामोद्दीपक देह में बदल जाती है। यही नाच है, सेक्स का नाच। देह सेक्स भर रह जाती है।

नये सामूहिक नृत्यों का भू-दृश्य देखें। वह सहज प्राकृतिक दृश्य नहीं, क्योंकि वे बचे नहीं। वे सड़क या बाग या पहाड़, सैलानी स्थल हैं। खुले में नायक-नायिका जब सौ नर्तकों के बीच विभिन्न कामेच्छाओं को रूप देते हैं तो कामेच्छा का एकांत नष्ट हो जाता है। कामेच्छा एक सामूहिक दावत बन जाती है। लज्जा, गोपन, मान, रूठना, शिकायत की स्थितियाँ इसीलिए आज के गीतों में नहीं हो सकतीं। इन भावनाओं की जगह एकांत है और वह बचा नहीं। इसीलिए आज के प्रेम गीतों में विरह कम है, मिलन अधिक है। विप्रलंभ शृंगार, जिसे कभी आचार्य रामचंद्र शुक्ल ने शृंगार का उज्ज्वल रूप माना, हमारी फिल्मों से अचानक गायब हो गया है और हम अब भी केवल शुक्ल जी की समीक्षा के सहारे जिये जाते हैं।

बहरहाल, इस टिप्पणी की अंतिम जिज्ञासा यह है कि हमारे नये गीतों के नये नायक-नायिका यदि दिन-रात देह-दर्शन में लिप्त हैं तो आखिर क्यों ? हमें उनसे पूछना

चाहिए कि इस दिन-रात के देह-दान में व्यस्त इतने सारे प्रसन्नवदन लोग कहाँ से आए हैं ? ऐसा क्यों है कि या तो हीरो लड़ता है या नाचता है ? लड़ाई में भी देह का भीषण प्रदर्शन है, नाच में भी। हमें सोचना चाहिए कि हमारा नया नायक किसी क्षण हमें दुखी क्यों नहीं दीखता ? वह हमारी तरह नहीं रोता, कलपता, चिढ़ता क्यों नहीं दिखता ? क्यों वह नितांत सुखी और तृप्त चेहरा लिए रहता है ? क्यों वह हर समय एक 'ऑर्गाज्म' में रहता है ?

इसका उत्तर हमें अपनी नई अर्थनीति से मिलना चाहिए, क्योंकि 'सेक्सी-सेक्सी' में जो 'ऑर्गाज्म' दर्शित है, वह नई अर्थनीति की सांस्कृतिक छवि से बहुत-कुछ मिलता-जुलता है। नयी अर्थनीति में निजी पूँजी की, निजी सुख की जो कामदीप्ति निहित है, लगभग वैसी ही इन गीतों के नायकों और नायिकाओं के चेहरे पर है। यकीन न हो तो जरा विज्ञापनों के चेहरों को देखें, दृश्यों को पढ़ें। यहाँ एक सुख का साम्राज्य छाया है। नया गीत अपनी अंतिम परिणति में (और प्रथम परिणति में) विज्ञापन है, देह का। और देह विज्ञापन है उन वस्तुओं का, जो विज्ञापन में आ रही हैं। नये गीत नयी अर्थनीति के आनंद हैं। बिना उसके, इनका आस्वादन असंभव था !

नयी अर्थनीति जिस आर्थिक उद्दंडता का मार्ग अपनाती है, हमारे गाने उसके लगभग समांतर देह के शीलहरण का मार्ग अपनाते हैं। 'सेक्सी-सेक्सी' दरअसल हमारे सांस्कृतिक जगत का एक विराट और खुला शील-ध्वंस है, जो उपभोग की सत्ता की संस्कृति है।

दो

'ये कंडोम क्या होता है ?' एक बच्ची पूछती है। नौ-दस साल की बच्ची।

माता हकबकाती है। पिता अनसुनी करना चाहते हैं। लेकिन बच्ची पूछती है। कारण ? अभी-अभी एक विज्ञापन आकर गया है, जिसमें कंडोम के एक 'ब्रांड' को दर्शाया गया है और बताया गया है कि 'सुरक्षित यौन' के लिए यह जरूरी है। ऐसे तमाम बच्चे-बच्चियों को क्या बताया जाये ताकि उन्हें गलत सूचना न मिले ? अधिकतर नहीं, शायद दस-प्रतिशत माता-पिता इस प्रश्न का सही उत्तर नहीं दे सकते, क्योंकि वे नहीं जानते कि बच्ची को इसका सही उत्तर कैसे दिया जाये। जितना ही सही उत्तर हम नहीं देते, बच्चा उतना ही एक गलत उत्तर पाता है। जितनी देर वह एक गलत उत्तर पाता है, उतना ही वह कंडोम के समक्ष अकेला और बध्य होता है।

यह हो रहा है दैनिक और दुर्निवार। एक कंडोम ने हमारे परिवारों में खलबली मचा दी है। परिवारों में यौन चर्चा वर्जित रही है। ऐसे में अचानक यौन प्रतीकों का

सबके सामने बरस पड़ना और अवयस्क मन पर उसकी छवि का प्रश्नांकित होते रहना एक नया सांस्कृतिक उपद्रव है, जिसे हम एक तीखी क्षणिक उलझन महसूस करने के बाद भूल जाना चाहते हैं। फिर भी हम यह नहीं भूल पाते कि हमने बच्चों को सही उत्तर नहीं दिया है और यदि उन्हें गलत उत्तर मिलते हैं तो हम क्या करेंगे ?

यह देसी मध्य वर्ग और निम्न मध्य वर्ग के घरों में एक दैनिक सांस्कृतिक झटका है जो लग रहा है। अपने खाली वक्त में जब भी कोई चर्चा सांस्कृतिक अधःपतन की ओर मुड़ती है तो बुजुर्ग लोग तकलीफ बयान करते हैं कि बच्चों को वे चीजें बताई-दिखाई जाती हैं, जिनके मायने वे नहीं जानते। वे भटक रहे हैं। वे कहते हैं कि परिवार के साथ बैठ कर विज्ञापन देखना दूभर है। कब कहाँ से कंडोम का विज्ञापन निकल पड़े, कहा नहीं जा सकता। एक विज्ञापन परिवार को 'डिस्टर्ब' किये दे रहा है। यह एक नयी किरण की सांस्कृतिक विकलता है। वर्जित यौन क्षेत्र में यौन प्रतीकों का घुस पड़ना है। एक खामोश किस्म का मूल्य युद्ध जारी है जो कभी-कभी युगल प्रेमी-प्रेमिकाओं को मार डालने के रूप में प्रकट होता है, कभी गैर-विवाहित लड़कियों के गर्भपातों की सूचनाओं में प्रतिफलित होता नजर आता है।

इस क्रम में एक दूसरा विज्ञापन 'सैनिटरी नैपकिनों' का है। सैनिटरी नैपकिनों की 'ब्रांड वार' में नैपकिनों के विज्ञापन उसी तरह 'खुल गये' हैं जिस तरह 'कंडोम' के विज्ञापन आक्रामक हुए हैं। कुछ वर्ष पहले तक निरोध के विज्ञापन 'सुखी परिवार, छोटा परिवार' का संदेश देते थे, फिर 'दो बच्चों में फर्क करने का आसान उपाय' के रूप में संकेतित थे, अब 'सुरक्षित सेक्स' पर जोर देते हैं, 'एड्स' से बचने के उपाय पर जोर देते हैं। इसी तरह 'नैपकिन के विज्ञापन' पूरी तरह से 'लिंग वैशिष्ट्यवादी' ऐसे विज्ञापन हैं जिनमें उन तमाम बातों की चर्चा मौजूद रहती है, जिन्हें औरतें औरतों के साथ भी नहीं कर पाती थीं। माताओं के संसार में, कन्याओं के संसार में यह दूसरा बड़ा झटका है जो दैनिक लग रहा है।

तीसरा झटका 'एड्स' संबंधी विज्ञापनों का है, उन संदेशों का है जो एड्स-विरोधी होते हैं, लोगों में सजगता पैदा करने के लिए होते हैं। इनका जोर भी 'निरोध' पर होता है।

देसी मध्य वर्ग के जीवन में यौन प्रतीकों और प्रक्रिया की चर्चा एक असंभव स्थिति रही है। लेकिन अब दैनिक रूप से 'कंडोम' तथा 'नैपकिन' के विज्ञापन 'लिंग-वैशिष्ट्य' का एक प्रबल प्रतीक-संसार दैनिक ढंग से देते हैं। यह बिना 'ब्रांड वार' के संभव नहीं था। 'ब्रांड वार' ने उस भाषा को खोजा, जो लोगों के निजी गोपन संसार को खोल दे और अपने माल को बेच सके। खुली अर्थनीति के सांस्कृतिक ज्ञापन हैं ये।

'कंडोम' या 'नैपकिन' कंपनी, अपने ब्रांड को बेचते हुए जो 'अतिक्ति मूल्य' बना रही है, उससे अलग वह एक 'अतिरिक्त संस्कृति' भी बना रही है जो मौजूदा

संस्कृति को खलबली में डालते हुए बेदखल कर रही है। इस क्रम में हमारे परिवार का सांस्कृतिक वातावरण बदल रहा है। निजी गोपनीयता खत्म हो रही है। हमारे परिवार बौखला रहे हैं। यह एक सांस्कृतिक सच है—लेकिन ऐसा सच, जिसे अभी पूरी तरह समझा नहीं गया है।

सिर्फ आर्थिक क्षेत्र का या बाजार की वस्तु होने से अधिक 'कंडोम' या 'नैपकिन' एक नयी सांस्कृतिक संरचना बना रहे हैं—वर्जना-रहित परिवार संरचना, एकदम पारदर्शी संरचना। माता-पिता के बीच एक साथ बैठे बच्चे-बच्चियों के लिए भी 'कंडोम' उसी रूप में पेश हो रहा है जैसे कि माता-पिता के लिए। यौन की पारंपरिक 'गोपनीयता' झटके खाती है। यह विचित्र ढंग का खुलना है जो हमने नहीं चाहा है, हमारे संस्थानों ने नहीं चाहा है अभी। लेकिन खुले बाजार ने चाहा है, भूमंडलीय बाजार ने चाहा है। 'कंडोम' या 'नैपकिन' खुले बाजार के घर के गोपनीय क्षेत्रों में प्रवेश कर जाने के क्षण हैं और इसीलिए न चाह कर भी अपनी आक्रामकता एवं खुलेपन के कारण वे हमें लाचार कर देते हैं।

बहुत पहले विकसित देशों ने विकासशील देशों का 'ज्ञान दिया' था कि आर्थिक विकास करने के लिए जनसंख्या नियंत्रण जरूरी है, ताकि 'विकास का नियोजन' हो सके। विकसित देशों की सदियों की गुलामी से आजाद हुए देश ने गुलामी के इनाम में जो मॉडल पाया, उसमें नियोजन एक बड़ा केंद्रीय मूल्य रहा। परिवार नियोजन तब आर्थिक नियोजन का एक पूरक सामाजिक तत्त्व था। जनसंख्या निश्चित होगी तो आकलन नहीं गड़बड़ाएँगे। नियोजित लक्ष्य प्राप्त किये जा सकेंगे। सबको शिक्षा, सबको काम, सबको स्वास्थ्य मिल सकेगा। अभाव में भाव पैदा किया जा सकेगा। इस नियोजन युग में संस्कृति के क्षेत्र में भी नियोजन था। तब 'कंडोम' या 'नैपकिन' सांस्कृतिक प्रतीक नहीं थे। खुली अर्थनीति ने संस्कृति को भी खोल दिया है। कल तक अश्लील कहलानेवाली चीजें अब घर में बैठ कर सही जाती हैं। सांस्कृतिक झटके ने एक नया सहनशील क्षेत्र बनाया है।

आँकड़े बताते हैं कि आजादी से पहले तक यानी 1901 से 1950 तक भारत की आबादी लगभग यथावत बनी रही, जबकि आजादी के बाद के दशक़ (पहले व दूसरे) में आबादी तेजी से बढ़ी। अर्थव्यवस्था नियोजित रही, लेकिन आबादी बढ़ी। इसका अर्थ स्पष्ट है कि आधुनिक आजादी का एक अर्थ आबादी की आजादी भी रहा, जो मूलतः 'मुक्त कामेच्छा' का फल रहा। तभी 'निरोध' का जन्म हुआ। लेकिन उस आजादी के खुलेपन को जब हम इस 'खुलेपन' से तोलते हैं तो स्पष्ट होता है कि वह कामेच्छा का 'खुलापन' था, यह 'कामुकता' का खुलापन है। यौन इस कदर पारदर्शी बना दिया गया है कि हम 'यौन' नहीं, सिर्फ 'देह' की कामना के क्षेत्र में भर्ती हो जाते हैं। संबंधों की अतिपारदर्शिता ने उस फूहड़ता को जन्म दे दिया है जो जीवन की नयी अव्यवस्था के प्रति चिंतित ही नहीं हो सकती।

हमारे-जैसे समाजों में गोपनीयता और पारदर्शिता हमारे सामाजिक पर्यावरण के अनुरूप बदलती रही हैं और ऐसा नहीं है कि हमारी महिलाएँ अपनी रजो-अवस्था के प्रति उचित समय पर सचेत न रहती हों। जैसा कि जनसंख्या वृद्धि के आँकड़े बताते हैं, हमारी आबादी पचास साल तक लगभग एक-जैसी स्थिर रही है और ऐसा भी नहीं कि यौन शिक्षा में यह देश पिछड़ा रहा है। यों अपने यहाँ की प्राचीन शिक्षा का पाठ्यक्रम ज्ञात नहीं किसी को, लेकिन इतना तय है कि वह पाठ्यक्रम धर्म, अर्थ, काम, मोक्ष—इन चार पुरुषार्थों की यथावश्यक शिक्षा अवश्य देता होगा। चूँकि जन शिक्षण आज की तरह सार्वजनिक नहीं था, इसलिए बहुत-कुछ पारिवारिक परंपराओं, कुलगोत्रानुसार कर्मकांडों में, लोक-परंपराओं में से आता होगा। परिवार नियोजन के सहज प्राकृतिक तरीके भी रहे होंगे। कबीलों में आज भी हैं। इंद्रिय निग्रह और संयम के विचार (जिन्हें आज के पंडों ने हास्यप्रद बना दिया) समाज के चलन, उत्पादन और पुनरुत्थान के अपने विचार रहे हैं जिन्हें किसी 'कंडोम' की दीक्षा की जरूरत नहीं रही। धर्म, अर्थ, काम और मोक्ष में सब अपनी-अपनी जगह किस अनुपात में रहे, उनके आपसी संबंध क्या रहें, इसी में कहीं कामानुशासन भी होगा। वात्यायन का कामसूत्र सार्वजनिक पुस्तक ही रही है जो न वर्जित रही है न उसे चौबीस घंटे पढ़ाया गया है। यही कामानुशासन गांधी के प्रयोग में दिखता है।

लेकिन पश्चिम के विकसित देशों ने मुक्ति की जिस परिकल्पना को साकार किया, उसके केंद्र में फ्रॉयड का दबा हुआ 'काम' भाव रहा, जिसे मुक्त कर देने से 'मुक्ति' मिलती है। 'काम' की कामना तभी 'मुक्त' है जब वह पूरी तरह तुष्ट हो। तोष के लिए प्रयत्न होगा, पराक्रम होगा। फ्रॉयड के नए व्याख्याकार लाकाँ ने कामनाओं के साम्राज्य को आर्थिक अर्थ दिए कि कामनाएँ मनुष्य की संचालिका हैं। उसकी जरूरतें, उसकी कामनाएँ उसे सक्रिय रखती हैं। पिछले सौ साल से कामनाओं की मुक्ति का खेल उन देशों में खेला जा रहा है जहाँ यह खोजा गया कि कामना की आपूर्ति ही असली 'आनंद' है, सुख है, मुक्ति है। लाकाँ कहते हैं कि कामना की पूर्ति पूरी तरह असंभव है। कामना हमेशा एक छलना है। लेकिन यह अनिवार्य छलना है। इसे जागृत होने दिया जाये तो मनुष्य अधिक सहज हो सकता है।

लाकाँ का यह विचार ही आज के बहुराष्ट्रीय उपभोक्तावाद की चालकशक्ति है। 'कामना जागृत करो, माल बेचो, मुनाफा कमाओ।' खासकर उन समाजों में, जो अभी नियोजित अर्थव्यवस्था में फँसे हैं, पिछड़े हैं, जहाँ मनुष्य अभी अपने परंपरागत 'त्याग' और 'संग्रह' के नियमों से बँधा है वहाँ के मनुष्य की 'कामना' को पहले निर्बंध करो। इसके लिए उसके 'गोपन' क्षेत्रों को खोल दो, उन्हें पारदर्शिता में ले आओ, उन्हें 'कामना' के अपराध से मुक्त कर दो। कामनाएँ मुक्त होंगी तो वह सर्वोत्तम उपभोग बनेगा। कंडोम या नैपकिन के विज्ञापन उन ब्रांडों के जितने विज्ञापन हैं उससे

ज्यादातर लिबिडो (काम भाव) के विज्ञापन हैं। पश्चिम यहीं से सीधे हमारे गोपनीय क्षेत्र में हमलावर है। यह साबुन या तेल बेचने से कहीं अधिक जटिल और दुर्दमनीय स्थिति है। यौनेतर यौन स्थिति है। यह संबंधों को शरीर में बदलना है। यह सांस्कृतिक साम्राज्यवाद है।

कंडोम अरबों डॉलर का बहुराष्ट्रीय उद्योग है। इसके पीछे एड्स की बीमारी का विचार खड़ा है। 'एड्स' उस समाज का इनाम है जो पश्चिम की आधुनिक योजना के चलते बना। अनेक बीमारियों की तरह यह भी पश्चिमी बीमारी है। इसके पीछे भी एक विराट उद्योग खड़ा है। यह मुक्त यौनाचारजन्य बीमारी है। यौन इसके केंद्र में है। आधुनिकता की योजना ने 'देह को धर्मनिरपेक्ष' करते हुए उसे सिर्फ 'इंद्रियों की संरचना' बना डाला, ताकि कालांतर में कारपोरेट वर्ग इस देह को अपने माल से पाट सके। जाहिर है कि इस आखेट का केंद्र देह का 'यौन' ही होना था। वही कामना और प्रजनन का केंद्र भी था।

'एड्स' देह के 'धर्मनिरपेक्षीकरण' का चरम फल है। देह को ही पुरुषार्थ का प्रथम और अंकित आश्रय मान लेने के बाद यह बिल्कुल स्वाभाविक ही थ कि उम्र और देह के विकास के साथ ज्ञान और शिक्षण की व्यवस्था बनती। कारपोरेट आखेट में, सूचना के नये समग्रतावाद में उम्र के फर्क को बनाये-बचाये रखना संभव ही नहीं। जो चीज वयस्क के लिए बेची जा रही है, वही बच्चों के लिए भी दर्शनीय है। कोई दस साल में हम अपने बच्चों की एक ऐसी पीढ़ी के आगे खड़े होंगे जो यौन प्रश्नों से परे निकल चुके होंगे। इसे 'सेक्स की सेक्सेतरता' कहते हैं जो पश्चिम में नई उत्तर-आधुनिक स्थतियों की रचना कर रही है।

अमेरिका में या यूरोप के कई देशों में 'परिवार' की वापसी को फिर एक 'बड़े विचार' की तरह लाया जा रहा है तो इसीलिए कि वहाँ बच्चों की ऐसी विराट पीढ़ी मौजूद है जो वक्त से बहुत पहले जवान बना दिये गये हैं और ऐसे बालविहीन परिवार भी हैं जो अपने स्वार्थ के हेतु (कैरियर, पैसा कमाना, सुखभोग) बच्चे पैदा नहीं करना चाहते (उच्च-मध्य वर्ग में अपने यहाँ भी ऐसे जोड़े मौजूद हैं)। वहाँ के समाजशास्त्री, राजनेता चिंतित हैं कि जो संपदा उन्होंने दुनिया को लूट-लूट कर जोड़ी है, जब उसे भोगनेवाले ही नहीं होंगे तो इस संपदा का क्या होगा ? वे परिवार वापस चाह रहे हैं।

पहले निर्बंध करो, ताकि एक लुटेरी संस्कृति बना सको, फिर 'परिवार लौटाओ ताकि भोग सको।' पश्चिमी चिंता इससे अधिक गहरी नहीं है। अपनी यही योजना वे तीसरी दुनिया के देशों को 'कंडोम' के जरिए बेचते हैं। 'कंडोम' एक विचार भर नहीं, एक तकनीक है जिसके पीछे नई विचारधारा, सांस्कृतिक प्रतीक योजना, उद्योग और विज्ञान सक्रिय हैं। वह जीवन पद्धति और परिवार के ढाँचे को बदलने का एक केंद्रीय माध्यम है। वह उन समाजों को अपने ढंग से बदल रहा है, जहाँ परिवार, उनमें

निश्चित रिश्ते, उनके प्रकार्य, उनके बीच आवश्यक भेद बचे हैं। जहाँ देह को उसके विकास के अनुकूल दीक्षित किया जाता है, जहाँ देह सिर्फ इंद्रियों का बस अड्डा नहीं है, जहाँ 'आत्मतत्त्व' (नास्तिकों के लिए भी) का प्रकार्य इंद्रियों से बड़ा है।

कंडोम के इस विराट हमले की सफलता का एक बड़ा कारण हमारे समाज में हर बार वैसी ही आधुनिक बनने की परजीवीपन से उपजी एक निकम्मी बुद्धि है जो सोचने-विचारने का काम भी आई.एम.एफ., वर्ल्ड बैंक, पश्चिमी विशेषज्ञों अथवा कारपोरेट दुनिया को सौंप चुकी है। बच्चे बेचैन करनेवाले प्रश्न पूछते हैं, तो हम किसी तरह अनसुनी करके काम चलाते हैं और इस तरह 'अर्थरहित' करते हुए हम 'कंडोम' के विज्ञापन के 'चिह्नों' को 'सार्थक' बना डालते हैं। असंतुष्ट बच्चा उसके प्रति आकर्षित होगा, प्री-मैच्योर होगा। हमें नहीं ज्ञात कि अपने बच्चों को हम 'देहधर्म' के बारे में कब, क्या और कितना बताएँ। यह एक विराट सांस्कृतिक शून्य है, जहाँ बहुराष्ट्रीय निगम 'कंडोम' के जरिए 'एड्स' के जरिए घुसे आ रहे हैं। क्या यह प्रतिरोध का क्षेत्र नहीं ? सच तो यह है कि इस क्षेत्र में हमारा समाज एक सक्रिय प्रतिरोध संभव कर सकता है, क्योंकि 'काम' यहाँ प्रोटेस्टेंट वर्ज्यता नहीं, बल्कि एक 'पुरुषार्थ' के रूप में स्वीकृत रहा है और जीवन के वय के हिसाब से चतुर्वर्ग में बाँटा गया है, जहाँ परिवार बचे हैं, जहाँ देह का 'देहांत' नहीं हुआ है। अपने बच्चों को हम कितनी और कैसी शिक्षा दे, कितनी और कब यौन शिक्षा दें, कैसे दें, यह विचार भी पश्चिमी पाठ्यक्रम से तय हो सकता है, लेकिन यह भी संभव है कि वह पाठ्यक्रम किसी कारपोरेट वर्ग के कंडोम उद्योग का ही विस्तार हो, एड्स उद्योग का विस्तार हो।

कंडोम के पक्ष में 'एड्स' विरोधी लोग ही नहीं, वे भी हैं जो इससे देह की मुक्ति को संभव मानते हैं। इनमें से अनेक पश्चिमी फेमिनिस्ट भी हैं, जिनका मानना है कि औरत का मर्दों द्वारा किया जाता शोषण इससे थोड़ा कमजोर हो जाता है। बिन-ब्याही माताएँ अधिक शोषित होती हैं। यौन अपराध बंद समाज में बढ़ते हैं। यदि समाज खुल रहा है तो अपराध कम होंगे। फिर नयी कमेरी औरत की छवि यदि पुरुषवादी वर्चस्व से मुक्त होनी चाहिए तो उसे यौन बराबरी तो चाहिए। निस्संदेह औरतों का शोषण 'लिंग भेद' का एक बड़ा दंड है। लेकिन यह नहीं भूला जा सकता कि जिन समाजों में 'खुलापन' है, वहाँ औरतों का देह शोषण कम नहीं हुआ, बल्कि बढ़ा है। पश्चिम में बिन-ब्याही माताओं, बलात्कृताओं की संख्या स्वयं इसका प्रमाण है। तो यहाँ भी चाहिए हमें अपने ढंग की सांस्कृतिक संरचना। अन्यथा पहले हम अपने परिवार, अपनी देह के संस्थान को पश्चिम के कहने पर तोड़ते फिरेंगे, फिर जैसे वे परिवार खोज रहे हैं, हम भी खोजते फिरेंगे।

लज्जा, शर्म, हया आदि भाव 'कंडोम' और 'एड्स' के हमले में नष्ट हुए जा रहे हैं। यही भाव स्त्रियों के शोषण को आसान बनाते हैं, यह सच है। लेकिन

लाज-लिहाज हमारे संबंधों की व्याख्या भी करते हैं और ऐसे अनेक मनोभाव हमें एक समग्र संवेदनशीलता देते हैं जिनका नवीकरण न करके हमने उन्हें अपना बंधु अधिक बना लिया है। कंडोम का विज्ञापन इस लाज के वातावरण पर हमला बोलता है और हमारे विज्ञ जन लाज को स्त्री का 'बंधन' बनाते हैं, उसे पुरुष शोषण से मुक्ति का अस्त्र नहीं बनाते। तो फिर 'कंडोम' आता है, 'एड्स' का 'भय' आता है, सेक्स में बदल दी गई देह आती है, सुखभोगवाद आता है।

क्या यह जरूरी नहीं कि हम अपने मनोभावों, परिवार, देहधर्म सब पर पुनर्विचार करें ?

कामुकता की संस्कृति

जगदीश्वर चतुर्वेदी

लोकवादी संस्कृति का विस्तार कामुकता और नग्नता के प्रसार के बगैर असंभव है। यह भी कह सकते हैं कि कामुकता और नग्नता इसके सहजिया संप्रदाय हैं। दृश्य माध्यमों के केंद्र में कामुकता का उभार तो कभी-कभी समझ में भी आता है, किंतु शब्द माध्यमों में कामुकता का उभार हमें शायद दृष्टिगोचर ही नहीं होता। कामुकता और नग्नता बहुआयामी रूप में आनेवाली प्रवृत्तियाँ हैं। पूँजीवादी बाजार की मुक्त अर्थव्यवस्था और मुनाफों की सर्जक प्रवृत्ति होने के कारण इसके सांस्कृतिक प्रभावों से बचा नहीं जा सकता। कामुकता और नग्नता मध्य काल से हमारी प्रभुता और सामाजिक हैसियत का अंग रही है, प्रभुत्वशाली तबकों की इच्छाओं को गुदगुदाने का स्रोत रही है।

पूँजीवादी व्यवस्था में सब कुछ खुला और बाजार में, दिन के उजाले में होता है। अतः कामुकता और नग्नता की प्रस्तुतियाँ भी खुली, बाजार में और सबकी जद में होती हैं, सबको प्रभावित करती हैं। कामुकता और नग्नता का दृष्टिकोण सिर्फ कामुक भावों को पैदा करने का स्रोत नहीं है, वह ऐंद्रिय उत्तेजनाओं को और तीव्र करने का उपकरण मात्र नहीं है। ये सब बातें पूर्व-आधुनिक समाज में थीं। आधुनिक समाज में कामुकता और नग्नता समग्र मानवीय दृष्टिकोण, रवैये और एटीट्यूड को बनाने वाला तत्व है। आधुनिक-पूर्व समाज में इसकी भूमिका मनोरंजन तक ही सीमित थी, किंतु पूंजीवादी व्यवस्था में यह बाजार के विकास और मुनाफों में इजाफे का स्रोत है। मनोरंजन इसका लक्ष्य नहीं है, बल्कि मनोरंजन के जरिये व्यक्ति के विश्व दृष्टिकोण और मुनाफों में वृद्धि करना इसका लक्ष्य है। आधुनिक-पूर्व युग में कामुकता संरक्षण में पलती थी, आज यह स्वतंत्र एवं आत्मनिर्भर है। इसे सत्ता के संरक्षण की जरूरत नहीं है, अपितु यह सत्ता को अनुकूलित करने का माध्यम है। दरबार ने

कामुकता को समृद्धि के प्रदर्शन से जोड़ा था, संपदा के वैभव से जोड़ा था। पूँजीवादी ने कामुकता को निर्वस्त्र कर, सत्ताधारी राजनीति के प्रभुत्व से जोड़ा, परवर्ती पूँजीवाद ने उसे बाजार का सर्वस्व बना डाला। ऐतिहासिक क्रम में कामुकता, अर्द्धनग्नता और नग्नता— ये तीन अवस्थाएँ क्रमशः सामंतवाद, पूँजीवाद और परवर्ती पूँजीवाद से जुड़ी हैं। मध्य काल में कामुकता का रूपायन कलात्मक अभिव्यक्ति के विधागत रूपों के माध्यम से होता था, कामुक को कला-निपुण होना होता था। पूँजीवाद ने कामुक को सिर्फ कामुकता की वस्तु बना दिया, उसे कला एवं कौशल से पृथक किया। अब वह कामुकता का माध्यम निर्जीव देह-मात्र होकर रह गया है। पूँजीवाद के विकास के दौर में यह अभिजन तक फैला था, परवर्ती पूँजीवाद के दौर में इसका आम जीवन में वर्चस्व स्थापित हो जाता है। अब वह समस्त जनता की थाती हो जाता है, मनोरंजन का अंग बन कर मात्र मनोरंजन नहीं, 'अधिकार' हो जाता है। सामंती दौर में कुछ खास पेशे एवं जाति के गुणियों का कामुकता के क्षेत्र में दखल था, किंतु पूँजीवाद के दौर में कामुकता एवं नग्नता के मॉडल का शहरी लड़कियों में से चयन किया जाने लगा। यहाँ गुण की जगह शरीर पर बल था। अधिकतर पोर्नोग्राफी के मॉडल गुणीजन एवं सुधीजनों के परिवारों से नहीं आते, अपितु शहरी जनों से आते हैं। सामंत काल में कामुकता दरबार को संबोधित करती थी। आधुनिक काल में समस्त वर्गों को संबोधित करती है। सामाजिक जीवन से पलायन को प्रेरित करती है।

आधुनिक कामुक सामग्री का दायरा फिल्म, रेडियो, वीडियो कैसेट, कामुक साहित्य, कामुक पत्र-पत्रिकाओं एवं कामुक विज्ञापनों तक फैला हुआ है। आज कामुकता सबसे बड़ा विश्व उद्योग है। अकेले अमेरिका में कामुकता उद्योग ने 1984 में सात करोड़ डॉलर का व्यापार किया। पिछले दस वर्षों में यह कारोबार तिगुना हो गया है। भारत में कामुकता उद्योग का व्यापार सौ करोड़ रुपए तक फैला हुआ है।

कामुक सामग्री की विशेषता यह है कि उसे सिर्फ अभिजन ही नहीं माँगते, अपितु ड्राइवर, सफाई कर्मचारी, निचले तबके के लोग भी माँगते हैं। मध्य वर्ग तो इस सामग्री का सबसे बड़ा उपभोक्ता है। हमारे यहाँ कामुकता पर जब भी चर्चा होती है तो इसके सामाजिक व्यवहार को कैसे नियंत्रित एवं प्रतिबंधित किया जाये, मात्र इस पर चर्चा होती है। मेरा मानना है कि नियंत्रण एवं प्रतिबंध के साथ-साथ कामुक सामग्री के सामाजिक एवं वैचारिक व्यवहार या अभ्यास पर समग्रता में सोचा जाना चाहिए।

कामुक सामग्री आज सिर्फ 'टेस्ट' या 'अभिरुचि' को ही सामान्य आधार बना कर अपना विस्तार नहीं करती, अपितु मुनाफा और पूँजी जुटाने की प्रभुत्वशाली संस्कृति की समर्थक हो गई है। उसने सभी किस्म की बंदिशों, सीमाओं एवं वर्गों की सांस्कृतिक अस्मिताओं को तोड़ा है और अपना विस्तार किया है। अब वह निजी

और सार्वजनिक दायरे का भी अतिक्रमण कर चुकी है। लोकप्रिय और प्रभुत्वशाली का दायरा उसके सामने बौना हो गया है। कामुक सामग्री को अगर टेस्ट के आधार पर विश्लेषित करेंगे तो मध्य वर्ग से लेकर निचले तबकों के जीवन में इसकी भूमिका का मूल्यांकन करना होगा।

नई प्रौद्योगिकी के विकास ने कामुकता को लोकप्रिय उपभोग का अंग बनाया है। जॉर्ज स्टिनर के शब्दों में कहें तो 'उसने नई किस्म के दासत्व और स्वतंत्रता को जन्म दिया है।'[1] यह हमारे निजी जीवन की कामुकता के अधिकार का क्षय है। यह स्वतंत्र कल्पनाशीलता के लिए चुनौती है, यह जनोपभोग की वर्तमान सभ्यता के लिए चुनौती है। यह व्यक्तिगत शैली के लिए गंभीर समस्या है। नग्नता के रूप में गुमनाम व्यक्ति का प्रदर्शन सर्वसत्तावादी राज्य की अवस्था का द्योतक है। यह सर्वसत्तावादी राज्य के यंत्रणा शिविरों का तार्किक विकास है।[2]

परंपरागत बौद्धिकों के लिए कामुकता का प्रश्न मूल्य का प्रश्न है, जबकि अन्य बौद्धिकों के लिए वह साहित्य नहीं है। उसका न काल है न स्थान है, न वह समृद्ध करती है, न संतुष्ट करती है और न ही उसका कोई निश्चित प्रभाव ही होता है।[3] भारतेंदु युग में रीतिवादी साहित्य की जो आलोचना मिलती है, वह भी मूल्यबोधीय है।

संस्कृत में शृंगार रस का वर्चस्व रहा है। इसमें कामदेवता का वर्चस्व है। विचारणीय है कि शृंगार क्या है ? 'शृंग' शब्द का अर्थ है मन्मथोद्भेद अर्थात् कामदेव नामक अशरीरी देवता का सक्रिय होना। अतः शृंगार इस देवता की प्रभावशालिनी शक्ति को प्रकट करनेवाला रस ही है।[4]

'कामुकता' के इतिहास पर विचार करते हुए शृंगार रस की परंपरा पर विचार करना चाहिए। कामुकता के विश्वव्यापी हो जाने पर रवींद्रनाथ के शब्द स्मरणीय हैं। उन्होंने लिखा कि 'ऐ वैरागी, तूने पाँच बाणोंवाले देवता को भस्म कर यह कैसा अनर्थ किया कि उसकी राख को विश्व भर में फैला दिया।' इनके ये पाँच बाण फूलों के हैं। कवि तुलसीदास ने लिखा कि कामदेव फूलों का बाण हाथ में ले कर ही सारी दुनिया को वश में कर लेता है।

तात्पर्य यह कि कामुकता के मुखिया काम देवता के कार्य-व्यापार साहित्य की धुरी रहे हैं। नए पोर्नोग्राफी साहित्य में पुराने अलंकार साहित्य की तरह ही पाठकीय कल्पनाशीलता का अभाव है। साहित्य में कल्पनाशील स्वतंत्रता का पक्षधर था, इसके विपरीत साहित्य में निर्वैयक्तिक कारीगरी का कौशल मिलता है।

जबकि पोर्नोग्राफी हमारे कामुक जीवन का पागलपनमय पलायन है। वह चाहे श्रेष्ठ हो या निम्नस्तरीय, कभी भी सृजनात्मक नहीं हो सकती। यह ऐसे वयस्क व्यक्ति (पुरुष) की कहानी है, जो औरत के साथ मानवीय संबंध बनाने में अक्षम है। कामुक सामग्री हमें भाषा से परे ले जाती है। भाषा से परे ले जाने की कोशिश ऐसे समय

में हो रही है जब लिखित शब्द अल्पसंख्यक हो चुका है। आज पढ़ने के खिलाफ दृश्य माध्यमों की तकनीक का वर्चस्व स्थापित हो चुका है। अब पढ़ना स्व-मैथुन भर होकर रह गया है। कामुक सामग्री में शब्द की बजाय, दृश्य का उभार है। शब्द का प्रभाव सीमित होता है, जबकि दृश्य इमेजों का तीव्र प्रभाव होता है। पोर्नोग्राफी की फोटोग्राफिक इमेजों का प्रभाव मुश्किल से मिटाया जा सकता है।[5] पोर्नोग्राफी में सेक्स को पावर के रूप में इस्तेमाल किया जाता है, जबकि इरॉटिक सामग्री में रोमांटिक प्रेम औरतों के परंपरागत रूप का रूपायन है, जिसमें वह भावुक, कोमल, संपूर्ण, संवेदनात्मक, उत्तेजना नजर आती है। वह कामुकता को व्यक्त करती है।[6] आधुनिक-पूर्व साहित्य में कामुक या शृंगार रस की रचनाएँ कामुकता की वर्गीय धारणा को व्यक्त करती थीं। किंतु आज कामुकता को स्वातंत्र्य और समानता से जोड़ कर देखा जाता है।

हाल के बीस वर्षों में जिस तेजी से कामुक सामग्री का प्रसार-प्रचार फैला है, उसका कारण क्या है ? कामुकता का प्रत्येक वस्तु एवं विचार के साथ जो सहसंबंध उभर रहा है, उसका कारण क्या है ? मेरे खयाल से जनतांत्रिक महिला आंदोलन के तेजी से उभर कर आने के प्रत्युत्तर में कामुक सामग्री के प्रसार को देखना चाहिए। औरतों के अंदर अपनी वास्तविक अवस्था को ले कर विभ्रम और अवैज्ञानिक समझ पैदा करना इसका केंद्रीय लक्ष्य है। इसकी परिणति क्या होगी ? इस प्रश्न के उत्तर के संदर्भ में मैं रॉबिन मोर्गन का वह लोकप्रिय नारा उद्धृत करना समीचीन समझता हूँ। उसने नारा दिया था : 'पोर्नोग्राफी सिद्धांत है और बलात्कार अभ्यास है।' कामुक सामग्री की बाढ़ ने स्त्री के खिलाफ हिंसा में वृद्धि की है, हिंसा को 'नॉर्मलाइज' किया है। पोर्नोग्राफी से बचने के लिए जरूरी है, संकीर्णतावाद और पूँजी की अस्थिरता से बचा जाए।

कामुक सामग्री का व्यापक सामाजिक उपभोग जीवन में आक्रामकता और प्रतिगामिता को बढ़ा देता है। यह ऐसी मनोभूमि तैयार करता है, जो किसी भी तरह के सामाजिक परिवर्तन की विरोधी है। मुनाफों में बेतहाशा वृद्धि और सामाजिक नियंत्रण को संभव बनाने में इससे मदद मिलती है। साथ ही, आम जीवन में कामुक स्वतंत्रता की संस्कृति का जन्म होता है। समग्रता में देखें तो पायेंगे कि कामुकता से हिंसा और आक्रामक रवैये में वृद्धि होती है। विगत 20-25 वर्षों में कामुक सामग्री के प्रसार के कारण जो हिंसा और आक्रामकता पैदा हुई है, उसे हम सही ढंग से, सही परिप्रेक्ष्य में देखने में असमर्थ रहे हैं।

कामुकता की लोकप्रियता ने नई कामुक पहचान को जन्म दिया है। नई कामुक पहचान को उपभोक्तावादी संस्कृति के माध्यम से हासिल करने की कोशिश की जाती है। नई कामुक पहचान परवर्ती पूँजीवाद की कुंजी है। परिणामतः काम और कामुकता भी पूँजीवादी हो गई। 'काम' के जरिए मुक्ति के बहाने सभी चीजें उसके मातहत

रख कर पेश की जा रही हैं।

हकीकत में दीर्घकालिक परिप्रेक्ष्य, मुक्त इच्छा शक्ति, निर्बाध व्यापार और काम के वस्तुकरण की उपलब्धियाँ हमें बंधक बनाती हैं। वह ऐसी परिस्थितियों का साहित्य है, जो कभी आदर्श नहीं थीं। यह पूँजीवादी संस्कृति के अंतर्विरोध का साहित्य है। आज हकीकत यह है कि हम किसी भी तरह की समाजार्थिक व्यवस्था अपनाएँ, पोर्नोग्राफी से बचना संभव नजर नहीं आता, उसे खारिज करना संभव नहीं रह गया है। यह लोकवादी संस्कृति का अपरिहार्य एवं अनिवार्य तत्व है। इतिहास गवाह है कि पोर्नोग्राफी का सबसे ज्यादा उत्पादन प्रतिबंध के दौर में होता है। अतः प्रतिबंध इसका जवाब नहीं है, इसके लिए कामुकता के प्रति नया रवैया पैदा करना होगा। नया रवैया ही उसके फैलाव पर अंकुश लगा सकता है।

अब हम संक्षेप में पोर्नोग्राफी के नैरेटिव या कहानी को समझें। इसका नैरेटिव मूलतः पुरुष के बाजार से जुड़ा है। स्व-मैथुन की गतिविधि से जुड़ा है। बाजार के उपभोग से जुड़ा है।

पोर्नोग्राफी की फिल्मों का आज आम रूप में प्रचलन है। केबल टेलीविजन एवं वीडियो ने इसे सहज सुलभ बनाया है। पोर्नोग्राफी नैरेटिव में सेक्स की समयावधि समय-समय पर आधुनिक माध्यम तकनीकी के उदय के साथ बदलती रही है। मसलन, किसी पोर्नोग्राफी की कहानी देखें तो पायेंगे कि उसमें एनकाउंटर, जोश और स्खलन की सीमा पुरुष के स्व-मैथुन की तात्कालिकता से जुड़ी होती है। पोर्नोग्राफी में दर्शाई कहानी में आनंद नहीं होता, अपितु वह दर्शक द्वारा खर्च की गई मुद्रा से जुड़ा है। यह ऐसा आनंद है, जो उपभोग से दूर होता है। यहाँ उपभोक्ता के साथ पारदर्शी विनिमय चलता है। इसे स्व-मैथुन की मध्यस्थता और तकनीकी के कौशलपूर्ण उपयोग से संपन्न किया जाता है। यह मूलतः ऐसा घृणित कार्य है, जिसकी आम तौर पर जरूरत नहीं होती।

पोर्नोग्राफी फिल्मों के रूप में संपूर्ण पोर्नोग्राफी फिल्म 1972 के आसपास बननी शुरू हुई है। ये सिनेमा हॉल में वितरण के लिए बनाई फिल्में थीं। इनमें मैथुन की अवधि दस मिनट तक होती थी। यह अवधि स्व-मैथुन की अवधि को मद्देनजर रख कर तैयार की गई। वीसीआर के उदय के बाद मैथुन की अवधि को इच्छित अवधि तक बढ़ाया जाने लगा। यह मूलतः शरीर (पुरुष) के बाजार पर केंद्रित होता है। पुरुष पोर्नोग्राफी में ज्यादा सेक्स और कम से कम खेल होता है, वहीं महिला प्रोर्नोग्राफी में ज्यादा खेल और कम से कम सेक्स होता है।

पुरुष पोर्नोग्राफी में दृश्य इमेजों का महत्त्व होता है, जबकि स्त्री के लिए शब्द पोर्नोग्राफी महत्त्वपूर्ण मानी गई। सबसे ज्यादा बिक्रीवाले कामुक उपन्यास लिखनेवाली लेखिका एनी रीच ने कहा : 'मैं दृश्य पोर्नोग्राफी पसंद नहीं करती...औरत के लिए पोर्नोग्राफी प्रच्छन्न, मौखिक और कौशलपूर्ण होनी चाहिए, औरत के लिए पोर्नोग्राफी

वह होती है जो उसकी माँग की पूर्ति करे, उसके लिए हमें पता करना चाहिए कि वह चाहती क्या है।'[7]

महिलाओं के लिए लिखी पोर्नोग्राफी में प्लॉट पर बल होता है। कहानी के कहानीपन पर जोर होता है। किंतु वीसीआर के उदय के बाद से ऐसी पोर्नोग्राफी फिल्में बन रही हैं जो स्त्री और पुरुष, दोनों के लिए हों। कहानी ऐसी होती है, जिसमें दोनों को आनंद मिले। अब चुंबन लंबा हो गया है। इसकी अवधि बढ़ा दी गई है।

एक अन्य बात जिस पर ध्यान दें, वह यह कि पोर्न फिल्म आम तौर पर फिल्म सिद्धांतकारों की चर्चा में नहीं आती। ऐसा क्यों होता है ? मेरे विचार से, इन फिल्मों में यथार्थ की बजाय फैंटेसी के तत्व हावी रहते हैं। इसकी कहानी में कल्पना की संभावनाएँ नहीं होतीं। इसमें व्यक्तिगत फैंटेसी को विस्तार देने की कला के दर्शन होते हैं। वह ऐसी परिस्थितियाँ तैयार करती हैं, जिनमें आनंद लिया जाए। उसके लिए फुसलाया जाए। ये फिल्में कभी भी व्यक्ति की फैंटेसी से निर्देशित नहीं होतीं और न ही यह उनका आधार है। पोर्नोग्राफी फिल्म मूलतः कथाहीन अवाँगार्द फिल्म है, जिसमें सुचिंतित ढंग से कहानी में व्यवधान पैदा किये जाते हैं। वह वर्गीय अभिरुचि (टेस्ट) निर्मित करती है, उसके प्रति एकजुट और सुसंगत संबंध पैदा करती है। व्यक्ति के मनोभावों को उच्च वर्ग से जोड़ती है। वह यथार्थ विरोधी होती है। इसीलिए फिल्म सिद्धांतकारों ने उसकी उपेक्षा की है।

लोकवादी संस्कृति और जनमाध्यमों में आई कामुकता की प्रवृत्ति का गहरा संबंध जनमाध्यमों के स्त्री विषयक दृष्टिकोण से है। अतः इसकी विस्तृत व्याख्या के बगैर कामुकता, लोकवादी संस्कृति और जनमाध्यमों के अंतस्संबंध को सही परिप्रेक्ष्य में समझा ही नहीं जा सकता।

माध्यमों में स्त्री के रूपायन को ले कर विश्वस्तरीय समझ बनाने की बजाय क्षेत्रवार समझ ज्यादा मददगार साबित होगी। इस संदर्भ में उत्तरी अमेरिका के माध्यमों में महिला की प्रस्तुति ज्यादा सार्थक संकेत दे सकती है। इसका प्रधान कारण तो यही है कि माध्यमों पर अधिकांश महत्वपूर्ण शोध कार्यों का प्रारंभ यहीं से हुआ, इन्हीं अनुसंधान कार्यों से विश्व भर के माध्यम विशेषज्ञों ने प्रेरणा ली। दूसरा प्रधान कारण यह है कि अमेरिकी माध्यमों में औरत के रूपायन की व्याख्या के द्वारा विश्वव्यापी प्रवृत्ति को समझने में मदद मिलेगी। खासकर टेलीविजन के संदर्भ में।

माध्यमों में महिला चरित्रों की आयातित भूमिका पर अभी तक समूची दुनिया में कोई अनुसंधान नहीं मिलता। किस तरह आयातित महिला चरित्रों से स्थानीय महिला चरित्रों की प्रकृति का निर्माण हो रहा है, यह कम महत्वपूर्ण नहीं है। मसलन, मिस्र और युगोस्लाविया के अनुसंधान कार्यों से इस तथ्य पर रोशनी पड़ती है कि माध्यमों से आयातित महिला छवि का देशी औरत की छवि एंव सांस्कृतिक मूल्यों से टकराहट है। फिनलैंड में अंतर्राष्ट्रीय माध्यमों द्वारा प्रक्षेपित महिला इमेज वहाँ की

सामयिक सामाजिक एवं माध्यम नीति के खिलाफ जा रही है। इसी तरह फिलीपींस के अखबारों एवं पत्रिकाओं के विज्ञापनों की विस्तृत समीक्षा के बाद पाया गया कि विज्ञापनो में फिलीपींस के चरित्र की बजाय पश्चिमी इमेज ज्यादा व्यक्त हो रही है।

पाँच लैटिन अमेरिकी देशों की राष्ट्रीय एवं अंतर्राष्ट्रीय पत्रिकाओं के ऊपर किए गए शोध कार्य से यह तथ्य उभरकर आया है कि अमेरिकी स्वप्न के प्रचार एवं पूर्ति के साथ-साथ राजनीतिक एवं व्यावसायिक हितों की पूर्ति होती है। स्त्रीत्व को उभारनेवाले जो मॉडल इन पत्रिकाओं में आते हैं, वे बुनियादी रूप से परा-राष्ट्रीय व्यापारिक एवं राजनीतिक व्यवस्था को स्थिरता प्रदान करते हैं।

उत्तरी अमेरिकी टेलीविजन पर किये गये बृहत्तर अनुसंधान कार्य के निष्कर्ष देते हुए जीन मेकनील ने 'फेमनिज्म, फेमिनिनिटी एंड दि टेलीविजन सीरिज : ए कंटेंट एनालिसिस' में सात सूत्रीय आलोचना रखी है, जिसे मूलतः पाँच सूत्रों में समाहित किया जा सकता है : (1) आम तौर पर औरत का समुचित रूपायन नहीं मिलता। टेलीविजन कार्यक्रमों में पुरुषों की तुलना में उसे कम केंद्रीय भूमिकाएँ दी जाती हैं। (2) शादी और अभिभावकत्व को पुरुष की तुलना में औरत के लिए ज्यादा महत्वपूर्ण बताया जाता है। परंपरागत शादी में परंपरागत श्रम विभाजन दर्शाया जाता है। (3) कार्यरत महिला को अमूमन औरतों के ही काम करते दर्शाया जाता है। उसे पुरुष के अधीन दिखाया जाता है। यह ऐसी औरत है, जिसके पास बहुत कम शक्ति है। (4) टेलीविजन में दर्शायी गयी औरत पुरुष की तुलना में ज्यादा निष्क्रिय है। (5) टेलीविजन...महिला आंदोलन को विकृत करता है या नजरअंदाज करता है।

उत्तर अमेरिकी सिनेमा पर नजर डालें, तो हमें पता चलता है कि औरत के रूपायन को ले कर वहाँ दो प्रमुख धाराएँ बह रही हैं : (1) उद्योग के आरंभिक दौर की तुलना में इन दिनों फिल्मों में औरत का रूपायन घटा है, (2) फिल्मों में औरत का रूपायन कुछ खास तरह के आर्थिक एवं राजनीतिक सरोकारों एवं आधारों को उभारता है।

मसलन 1910-30 के बीच में फिल्मों में हीरो को स्थापित करने के लिए औरत को प्रमुख भूमिकाएँ दी गईं। कालांतर में उसकी समर्पणकारी छवि उभारी गई। 1950 के बाद से उसकी घरेलू नौकरी की छवि उभारी गई। 1960 एवं 70 के दौर में नारीवाद के प्रभाववश परंपरागत नारी की छवि को अस्वीकार किया गया। यह ऐसी औरत थी, जो संवेदनात्मक तौर पर विखंडित थी, अलगाव महसूस करती थी, अतृप्त थी।

उत्तर अमेरिकी पत्रिकाओं पर किये गये अनुसंधान कार्यों से पता चलता है कि वर्तमान में औरत की जो इमेज पेश की जा रही है, उसमें उसे निष्क्रिय दिखाया जाता है। औरत की जिंदगी का महत्व इस बात में है कि वह पुरुष के लिए महत्वपूर्ण है। पुरुष के लिए उसका मनोवैज्ञानिक, सामाजिक एवं राजनीतिक मुक्ति से ज्यादा

शारीरिक भूख मिटाने की दृष्टि से महत्व है। पत्रिकाओं में छपी कहानियों में संकीर्णतावाद आम चीज है। औरतों के चरित्रों की संख्या में तेजी से कमी आई है। कहानियों में औरत को घरेलू, निष्क्रिय, भावुक, पराश्रित, परंपरागत भूमिकाओं के द्वारा खुश होनेवाली दर्शाया गया है।

विज्ञापनों में औरत को गृहिणी के रूप में और सबसे घटिया किस्म के काम करते दिखाया जाता है। माल की बिक्री के लिए औरत की कामुक छवि का प्रयोग किया जाता है, जिससे स्त्री-पुरुष दोनों में माल की बिक्री बढ़ाई जा सके। अखबारों में महिला की प्रस्तुति को लेकर किए गए शोध कार्यों में यह बात उभर कर आई है कि महिला पृष्ठों को आम मनोरंजन पृष्ठ में बदला जा चुका है। इसमें जीवन शैली एवं उपभोक्ता की खबरें होती हैं। महिलाओं की खबरों को आम खबरों की बजाय महिलाओं के लिए निर्धारित स्तंभों में ही दिया जाता है। यह इस बात का द्योतक है कि पुरुषों का महिला खबरों से कोई वास्ता नहीं है। इसी तरह कोर्नेलिया बटलर फ्लोरा ने 'दि पेसिव फीमेल एंड सोशल चेंज : ए क्रॉसकल्चरल कंपेरीजन ऑफ वूमेंस मैगजीन फिक्शन' में लैटिन अमेरिकी एवं अमेरिकी पत्रिकाओं में प्रकाशित 202 कहानियों का मूल्यांकन किया है। ये कहानियाँ मजदूर वर्ग और मध्य वर्ग की पत्रिकाओं में प्रकाशित हुई थीं। इन कहानियों के विश्लेषण से पता चला कि कहानी की नायिका पराश्रित, अक्षम, मनोरंजक, पहलकदमी रहित, कैरियर के अभाव, सामाजिक गतिशीलता के अभाव, कष्ट के प्रति भावुक प्रतिक्रिया व्यक्त करनेवाली और आत्मनियंत्रण की कमी से ओत-प्रोत है। लैटिन अमेरिकी कहानियों में औरत आम तौर पर निष्क्रिय दिखाई जाती है, जबकि अमेरिका में श्रमजीवी औरतें मध्यवर्गीय औरतों की तुलना में ज्यादा सक्रिय रूपायित की गईं। आम तौर पर सभी वर्गों एवं संस्कृति की औरतों को आदर्शगत रूप से 'निष्क्रिय' रूप में आदर्शीकृत किया गया है। जो औरत निष्क्रिय होती है, वह पुरस्कृत होती है। इसी तरह ब्राजील, मेक्सिको, कोलंबिया, वेनेजुएला और चिली में प्रचलित 15 राष्ट्रीय एवं अंतर्राष्ट्रीय पत्रिकाओं के विज्ञापनों एवं पत्रिका की अंतर्वस्तु के अध्ययन करने के बाद सांताक्रूज और वी. ए. इराजो ने अपने अनुसंधान से निष्कर्ष निकाला कि लैटिन अमेरिकी औरतें लगातार परा-राष्ट्रीय स्त्री मॉडलों को देखती रहती हैं। इनके मनोवैज्ञानिक, शारीरिक एवं भौतिक चरित्रगुण पश्चिमी संस्कृति की मूल्य संरचना से आते हैं जो बुनियादी तौर पर पूँजीवादी और उपभोक्तावादी प्रकृति के होते हैं। अधिकतर महिलाएँ कोई भी वस्तु खरीदने का निर्णय इनसे प्रभावित होकर लेती हैं। पत्रिकाओं का 30 फीसदी स्थान विज्ञापनों के लिए दिया जाता है।

इसी तरह पश्चिमी यूरोप के टेलीविजन में औरत की जो छवि पेश की जा रही है वह दर्शाती है कि औरत का समुचित रूपायन नहीं हो रहा है। ज्यादातर मामलों में वे घरेलू औरत एवं माता की भूमिकाएँ अदा करती हैं। अथवा उन्हें सुंदर 'सेक्स

ऑब्जेक्ट' के रूप में पेश किया जाता है। औरतों का पुरुषों से निष्क्रिय संबंध होता है। पुरुष सक्रिय, कामकाजी एवं अधिकार संपन्न होता है। ये निष्कर्ष ब्रिटेन, जर्मनी, नॉर्वे, आस्ट्रिया, स्विट्ज़रलैंड, डेनमार्क, स्वीडन, फिनलैंड आदि देशों पर किये गये अनुसंधान कार्यों के हैं।

भारत में इला पाठक के द्वारा फिल्म और प्रेस में औरत के रूपायन के बारे में किए गए अनुसंधान कार्यों से कई महत्वपूर्ण निष्कर्ष निकलते हैं। इला पाठक ने 'दि इमेज ऑफ दि वूमेन इन इंडियन हिंदी एंड गुजराती फिल्म्स' में रेखांकित किया है कि फिल्मों में युवा, सुंदर एवं कामुक तौर पर आकर्षक औरत पर जोर है। आम तौर पर पुरुष चरित्रों के साथ स्त्री के संबंधों को उभारते हुए ही महिला चरित्र उभरे हैं, जिनमें स्त्री अतिभावुक, पराश्रित, अंधविश्वासी, अतार्किक एवं पिछड़ी होती है। वह तार्किक कदम उठाने में असमर्थ होती है। औरत का एकमात्र लक्ष्य है शादी करना। पुरुष एवं स्त्री के लिए दो तरह के नैतिक मानदंड दर्शाए जाते हैं। औरत की समर्पणकारी इमेज के कारण ही वह पुरुष के द्वारा दी गई शारीरिक हिंसा एवं अत्याचारों को स्वीकार कर लेती है। औरतों के रूपायन का इला पाठक के मुताबिक सकारात्मक पहलू है, अधिकतर महिलाओं का शिक्षित होना एवं कुछ महिलाओं का आत्मविश्वासी होना। मिनी अनु एवं शारी जोशी ने 'ओल्ड पॉयजन एंड न्यू बोटल्स' में रेखांकित किया है कि फिल्मों में बुनियादी तौर पर दोहरी इमेज होती है। वह माँ, बहन, बेटी, पत्नी होती है, साथ ही समर्पणकारी, निष्क्रिय, कुर्बानी करनेवाली अथवा अनैतिक, सिगरेट पीनेवाली, शराब पीनेवाली, नेकर पहननेवाली अति कामुक होती है। एक अन्य अनुसंधान के जरिए उषा बम्बावाला ने 'वूमेंस इमेज एज प्रोजेक्टेड ऑन स्क्रीन' शीर्षक शोधपत्र में हिंदी सिनेमा में 1982 से 1991 तक आयी फिल्मों का विश्लेषण किया है। उनका निष्कर्ष है कि–

1. महिला की सामाजिक हैसियत इस दौर की फिल्मों में अस्पष्ट है। उसे कभी भी स्पष्ट रूप से परिभाषित नहीं किया गया। वह कभी समृद्ध की बेटी कभी गरीब की बेटी होती है। उसकी भूमिका समर्पणकारी, गुलाम औरत की होती है।
2. हीरोइन की शैक्षणिक उपलब्धियों को कभी स्पष्टता से रूपायित नहीं किया जाता। वह किस विषय की छात्रा है, यह हमेशा अस्पष्ट रहा है। अध्ययन का वर्ष हमेशा गायब रहता है। ('एक दूजे के लिए' देखें)
3. महिला का पेशा, जब तक वह डॉक्टर, नर्स या वकील न हो, कभी भी परिभाषित नहीं किया जाता।

   ऑफिस में काम करनेवाली औरत के काम-काज की प्रवृत्ति को शायद ही उजागर किया जाता हो। ऑफिस जानेवाली लड़की के पास हीरो के साथ रोमांस करने के लिए ऑफिस में काम के समय में अलावा जाने के बहाने

होते हैं, वह कभी अपने कार्य क्षेत्र के बारे में सोचती नहीं है। ('पति, पत्नी और वह')

4. स्त्री के आदर्शों, आकांक्षाओं का लक्ष्य पति पाना और ईश्वर की तरह उसकी पूजा करना है, चाहे वह शिक्षित हो। उसका पैटर्न तय रहता है। मसलन, संवाद देखें—तुम पढ़ना क्यों चाहती हो ? तुम्हें नौकरी तो नहीं करनी ? ('जवानी दीवानी') इस तरह के संवाद लड़की की माँ के मुँह से निकलते हैं, जो शिक्षा एवं नौकरी को पूरी तरह नापसंद करती है।
5. विदेश में पढ़ी लड़की का रूपायन इस प्रकार होता है—छिनाल, सिगरेट पीनेवाली, शराबिन, पुरुषों के साथ सोनेवाली। फिल्मों में आदर्श भारतीय नारी की अतिप्रेम करनेवाली पत्नी की इमेज को सुनिश्चित ढंग से पेश करते हैं, यह औरत अपने पति एवं माता-पिता का कहा मानती है। ('दो रास्ते')
6. कॉलेज प्रवक्ता के रूप में औरत की जो इमेज रूपायित की जाती है, उसमें वह प्रसन्नचित्त होती है, उससे मूर्खतापूर्ण प्रश्न पूछे जाते हैं जिससे कि उसके प्रति पुरुषों को आकर्षित किया जा सके। कॉलेज का परिदृश्य पिकनिक जैसा होता है। हीरोइन नर्तकी या गायिका के रूप में कालेज की स्टेज पर दिखाई जाती है और हीरो की बौद्धिकता कवि के रूप में सामने आती है। इस तरह की परिस्थितियाँ '40 के दशक की फिल्मों में आनी शुरू हुई थीं। वे आज भी बनी हुई हैं।

इसी अध्ययन से हिंसा और महिला के अंतस्संबंध पर प्रकाश डालनेवाले निम्न निष्कर्ष निकलते हैं :

1. पति के द्वारा पत्नी की पिटाई। ('सुबह', 'अर्द्धसत्य')।
2. पति द्वारा पत्नी को खींच कर घर से बाहर निकाल देना और उसे अस्वीकार करना। ('स्वीकार किया मैंने')
3. औरत के साथ खलनायक द्वारा बलात्कार। ('इंसाफ का तराजू')
4. सास का युवा जमाई की मार से कराहना।

उषा बम्बावाला ने अपनी रिसर्च के क्रम में एक प्रश्नसूची 200 औरतों से भरवाई। इसके द्वारा जो उत्तर प्राप्त किये गये, वे चौंकानेवाले थे। दर्शकों से यह प्रश्न पूछा गया कि वे सिनेमा में क्या देखती हैं, तो उनका उत्तर था—फैशन। 48 फीसदी औरतों की राय थी कि फिल्म में वे हीरोइन के फैशन को देखती हैं। 26 फीसदी ने कहा संवाद, 20 फीसदी ने कहा अभिनय, 14 फीसदी निर्देशन, 24 फीसदी कहानी, 18 फीसदी सिनेमेटोग्राफी देखती हैं। उषा ने प्रसिद्ध सिने निर्देशक श्याम बेनेगल के साक्षात्कार को उद्धृत किया है। श्याम बेनेगल का मानना है कि मनु संहिता की धारणाएँ हिंदी सिनेमा में औरत की छवि को निर्धारित करने वाला तत्व है। औरत

हमेशा पुरुष के संरक्षण में विकास करती है और उसका हुक्म मानती है। सदियों पुराने सामाजिक सांस्कृतिक नियमों को तथाकथित नया सिनेमा भी नहीं तोड़ पाया। इसका एक कारण यह भी है कि महिला अभिनेत्रियों का रवैया या दृष्टिकोण इस बारे में तय नहीं रहता कि वह क्या अभिनय करेगी। यहाँ तक कि शबाना आजमी जैसी अभिनेत्री भी ठीक ढंग से बता नहीं पाती कि फिल्म के लिए बलात्कार का दृश्य क्या जरूरी है ? यहाँ तक कि डिंपल कपाड़िया ने भी स्वीकार किया कि 'झूठ बोले कौआ काटे' गाना जब मैं आज देखती हूँ तो सोचती हूँ कि यह मैंने कैसे अभिनीत किया।

हिंदी सिनेमा पर समग्रता में सोचे तो पाएँगे कि वहाँ औरत का शोषण तो होता है साथ ही, फिल्म दर्शक का शोषण करती है। हिंदी फिल्में किसी भी तरह दर्शकों को (औरतों को) अपनी स्थिति से मुक्त नहीं करतीं। इससे यह बात प्रमाणित होती है कि औरतें मूर्ख होती हैं और जरूरी हो तो उन्हें पुरुषों के प्रभुत्व में रखा जाना चाहिए।

हीरोइन को हीरो की तुलना में समान पारिश्रमिक कभी नहीं दिया जाता। पुरुष कभी भी अर्द्धनग्न अवस्था में परेड करता नजर नहीं आयेगा, जैसा कि औरतें दिखाई देती हैं। संगीत नाटकों की वेशभूषा भयानक, घटिया और नृत्य रूप उत्तेजक होते हैं। इस तरह के हावभाव एवं वेशभूषा के जरिए फिल्मी हीरोइन के साथ आम औरतों को जोड़ने की कोशिश की जाती है। उषा बम्बावाला की रिसर्च का मूल निष्कर्ष यह है कि 'हिंदी फिल्मों में औरत का सबसे बड़ा अपकार यह किया है कि उसने औरत के सामाजिक स्तर को नीचे गिराया है। फिल्म के पर्दे पर हीरोइन की इमेज बिना किसी निजी पहचान के उभरती है। वह हीरो की पहचान बनाने में सहायक की भूमिका अदा करती है। उसके अपने चरित्र, उसकी शिक्षा, पेश की छवि उभर ही नहीं पाती।'

अब भारतीय प्रेस में औरत की छवि पर विचार करें। 'प्रेस इंस्टीट्यूट ऑफ इंडिया' की एक रिपोर्ट 'रिपोर्ट ऑफ दि सेमिनार ऑन दि रोल ऑफ दि मास मीडिया इन चेंजिंग सोशल एटीट्यूड्स एंड प्रैक्टिसेज टुवर्ड्स वूमेन' (1975) में रेखांकित किया गया है कि विगत 30 वर्षों में महिलाओं के मुद्दों पर चर्चाएँ कम हुई हैं। अब औरत के परंपरागत सरोकारों मसलन, खाद्य, फैशन और सुंदरता पर ज्यादा जोर दिया जा रहा है। इस तरह की प्रवृत्ति पश्चिम में भी देखी गई, क्योंकि पत्रिकाएँ विज्ञापनों पर निर्भर होती हैं और उपभोग के समानांतर अपना विकास करती हैं।

लोकवादी सांस्कृतिक रूपों में स्त्री का चरित्र छाया हुआ है। स्त्री के मॉडल, हाव-भाव एवं मूल्य रचना को माल से जोड़े बगैर कोई भी वस्तु बाजार में बेचना मुश्किल हो गया है। स्त्री के स्वरूप, स्वभाव एवं मूल्य संरचना के निर्माण का जनमाध्यमों के विभिन्न चैनलों के माध्यम से प्रयास चलता रहता है। उसमें सिनेमा,

टेलीविजन, विज्ञापन एवं स्त्री केंद्रित प्रेस की गंभीर भूमिका रही है। लोकवादी संस्कृति के कलारूपों पर स्त्री का वर्चस्व है। स्त्री के बगैर शायद ही कोई कलारूप मिले। यह भी कह सकते हैं कि लोकवादी संस्कृति में स्त्री ही सर्वस्व है और वर्चस्व स्थापित करने का माध्यम एवं लक्ष्य भी है। आम तौर पर स्त्री की इस वर्चस्वपूर्ण अवस्था को अध्ययन योग्य नहीं माना जाता, इसीलिए लोकवादी संस्कृति के स्वरूप को जानने के लिए स्त्री की प्रस्तुति, संरचना एवं दृष्टिकोण को विश्लेषित करने का फैसला किया है। स्त्री केंद्रित सामग्री को देखें तो पाएँगे कि वहाँ स्टीरियोटाइप शैली का बोलबाला है। घरेलू गतिविधियाँ, दैनिक जीवन, आंतरिकता, आकांक्षाओं एवं कुंठाओं को संस्कृति उद्योग के माध्यम से स्वाभाविक रूप में पेश किया जाता है। आशाओं का अब तक जितने बड़े पैमाने पर विकास हुआ है, उसे महिलाओं में रूपांतरित कर दिया गया है। आज महिला की माध्यमों में जो छवि देख रहे हैं, वह सार्वभौम छवि है। इस छवि के साथ निजी हित और परिवार की सुरक्षा का बोध जुड़ा हुआ है। इस छवि का आधुनिकतावादी दृष्टिकोण से गहरा संबंध है। विशेषकर महिला पत्रिकाओं में आधुनिकतावादी दृष्टिकोण गहरे तक जड़ें जमाये हुए है। इन पत्रिकाओं के द्वारा जो मिथक बनाया जा रहा है, वह औरत को नकारात्मक तौर पर देखता है, उसे परिवर्तन विरोधी के रूप में पेश करता है। इसी परिप्रेक्ष्य में आधुनिकतावादी दृष्टिकोण विकास भी करता है। यहाँ मूलतः औरत एवं परिवर्तन का अंतर्विरोध दिखाई देता है। औरत एवं परिवर्तन के अंतस्संबंध पर विचार करें तो पाएँगे कि सभी संस्कृतियों में मिथकों का नारी के साथ किसी न किसी रूप में संबंध बना रहा है। वह मिथकों की संजीवनी रही है। संतति उत्पादन और स्थायित्व इसके प्रमुख तत्व रहे हैं।

औरत की छवि का संबंध निरंतरता, शाश्वतता, कालातीतता के विचार से रहा है। वह गतिशील है और इसका रूपायन इस तरह होता है कि वह पुरुष की पूरक है। औरत की भूमिका में इस जगत का यथार्थ संघर्ष एवं प्रभुत्व का द्वंद्वात्मक रूप दिखाई देता है। उसका दायरा अतीत, वर्तमान और भविष्य को जोड़नेवाले मिथक तक फैला हुआ है।

नई तकनीकी के आने के बाद औरत के मिथक को आधुनिकता के साँचे में ढालने की कोशिश की गई। आधुनिकता का अर्थ 'नयेपन' का आभास देता है। आधुनिकतावादी दृष्टिकोण साथ ही यह भी रेखांकित करता है कि कुछ भी परिवर्तित नहीं होता। खासकर, सामाजिक जीवन में औरत के लिए परिवर्तन का अर्थ सिर्फ यह है कि वह आधुनिक के साथ अपने को एकाकार करे। यह ऐसी औरत है, जो आकांक्षाओं एवं उपभोग की संभावनाओं से चौंधियाई हुई है। अब यह आधुनिकता की मुस्कान है। महिला के इस मिथक का सार्वभौम पक्ष फैशन के द्वारा अभिव्यक्त होता रहा है। फैशन को सभी औरतों की प्रेरणा एवं सहनशीलता के तत्व के तौर पर उभारा जाता है। वहाँ लोकतंत्र को अनधिकार ग्रहण करने वाली या लोकतंत्र

को अन्यत्रत्व के रूप में पेश किया जाता है। महिला पत्रिकाओं में सामाजिक समस्याओं की अनुपस्थिति होती है। उसी तरह सामयिक ज्वलंत प्रश्न भी नदारद रहते हैं। फैशन की विचारधारा और आधुनिकता की आलोचनात्मक चेतना को अनिवार्य एवं एकमात्र विकल्प के तौर पर पेश किया जाता है।

इस प्रक्रिया में औरत के लिए एक बंद समाज का निर्माण किया जाता है। इस बंद समाज की खूबियाँ हैं फैशन, भोजन, सजावट, स्वास्थ्य आदि। ये ही उसके परिवेश को बनाते हैं। महिलाओं के विभिन्न सामाजिक एवं आयु वर्ग की अभिरुचियों को इनमें शामिल किया जाता है, किंतु यह वैविध्य मध्यमवर्गीय सामाजिकता के दायरे तक ही सीमित है। साथ ही प्रभुत्वशाली वैचारिक संरचना का प्रस्तुतियों में ध्यान रखा जाता है। इन पत्रिकाओं को गौर से देखें तो पाएँगे कि इनमें महिला की छवि में बहुत बड़ा परिवर्तन नहीं किया गया है, अपितु आत्मसातीकरण के क्रम में आधुनिकता के द्वारा जो इमेज उसे दी गई, वह संदर्भगत सीमाओं का अतिक्रमण नहीं कर पाती। वह सामाजिक व्यवस्था के खिलाफ आक्रामक रुख अख्तियार नहीं कर पाती। इन पत्रिकाओं में परंपरागत नारी विषयों मसलन प्रेम, धारावाहिक कहानी या उपन्यास, भाग्यफल, घरेलू औरत की जिम्मेदारियाँ, घर के अर्थशास्त्र को महिला मुक्ति का पूरक बताया जाता है। वस्तुओं को औरत की तरह नाजुक या स्त्री की तरह रोमांटिक, 'असली औरत बनानेवाला', 'प्रत्येक डिजाइन', 'प्रत्येक चीज' का 'नाजुक हाथों से निर्माण' यानी वस्तुओं का स्त्रीत्वमय संसार और स्त्री का वस्तुमय संसार ही जीवनव का सार तत्त्व है।

नारी मुक्ति के नाम पर या नारी के नये रूप के तौर पर जितनी भी छवियाँ रूपायित की जाती हैं, वे सब 'स्व-सीमित' दृष्टिकोण का रूपायन करती हैं।

साथ ही परंपरागत औरत की भूमिका की वैधता को पुष्ट करती हैं। इस क्रम में जो परिवर्तन दिखाई देते हैं, वे आधुनिकतावाद के संदर्भ का अतिक्रमण नहीं कर पाते। इनमें व्यवस्था के खिलाफ आक्रामक रुख दिखाई नहीं देता। इस परिप्रेक्ष्य में देखें तो पाएँगे कि महिला पत्रिकाएँ परंपरागत विषयों को ठोस 'अर्थशास्त्र' के रूप में पेश करती है।

महिला पत्रिकाओं की सामग्री को देखों तो वहाँ जो अंतर्वस्तु दिखाई देती है, वह प्रतिगामी दृष्टिकोण को पेश करती है। नारी की छवि बुद्धिजीवी और बौद्धिकता विरोधी होती हैं इनमें बूर्जुआजी के प्रतिक्रियावादी पूर्वाग्रहों को सहज ही देखा जा सकता है। इन छवियों में औरत के अलगाव को दर्शाना मुख्य लक्ष्य होता है—साथ ही एक व्यक्ति के तौर पर औरत की छवि का परिष्कृत रूप बनाना। यह स्थिति द्विस्तरीय ढंग से आती है। प्रथमतः नारी चरित्र के रूप में, द्वितीयतः जगत के संदर्भ में नारी चरित्र के रूप में इसमें जहाँ एक ओर वह घर से पृथक नजर आती है, वहीं वह परिवार की सक्रिय प्रमुख सदस्य के रूप में नजर आती है। औरत की छवि में

बौद्धिकता एवं कलात्मक मूल्यों की स्वीकृति उभारी जाती है। तब ये मूल्य स्टाइल की तरह अभिव्यक्ति पाते हैं अथवा सामाजिक रहेटोरिक के रूप में आते हैं।

वास्तविक जगत में ये दोनों ही रूप एवं अवस्थाएँ नहीं मिलतीं। यह मूलतः प्रतीकात्मक है। इस तरह की अतिरिक्त भूमिका को हमेशा बूर्जुआ विचारधारा के मिथकों में पेश किया जाता है। लेखिका औरत बोहेमियन रूप में नजर आती है, किंतु बागी नजर न आये, यह कोशिश रहती है। इसको आंतरिक तौर पर स्त्री की अस्मिता के प्रति समर्पित दर्शाया जाता है।

महिला पत्रिकाओं में औरत के सहजजात गुणों को उभारा जाता है। उन्हें स्वाभाविक (नेचुरल) के रूप में पेश किया जाता है। यहाँ पर परंपरागत एवं आधुनिक मूल्यों का रोपण किया जाता है। यहाँ संदेश का वर्गीकरण पाठकों की प्रकृति के आधार पर होता है। प्रच्छन्नतः औरत को मातहत समूह के रूप में उभारा जाता है। उसके तर्कों एवं मुक्ति को स्त्रीत्व के दायरे में ही पेश किया जाता है। स्त्रीत्व के दायरे को प्रतिगामी दृष्टिकोण के आधार पर तय किया जाता है। इसमें मूलतः रोमानियत, इश्कबाजी या पुरुषत्व से पैदा होनेवाले तनावों को उभारा जाता है। परिणामतः औरत में आकर्षक बने रहने की लालसा पैदा हो जाती है। यहाँ औरत याचना करती दिखाई देती है। इत्र-सेंट, जूते, फैशनेबुल कपड़े आदि के विज्ञापनों में जीवन की नयी बुलंदियों का स्पर्श करते हुए औरत को दर्शाया जाता है। इसे ही नारी मुक्ति का रास्ता बताया जाता है। इसी परिप्रेक्ष्य में फैशन की प्रतिस्पर्धा एवं गतिशीलता को दर्शाया जाता है। इसकी संरचना यह है कि औरत को अपनी प्राइवेसी के दायरे से बाहर आना चाहिए। बाहर की दुनिया में कदम बढ़ाने चाहिए, जहाँ उसका व्यक्तिकरण हो सके, मुक्ति मिल सके। इसके लिए वस्तुओं की प्राप्ति के लिए प्रतिस्पर्धा करनी होगी। फैशन का सम्मान करना होगा। इस सिद्धांत संरचना के तहत जो औरत पेश की जाती है वह सुसंस्कृत गुलाम है जिसे पुरुषों के चरणों में फेंक दिया गया है, जो उस पर वर्चस्व बनाए हुए है। यह मालिक एवं गुलाम के पुराने रवैए का ही नवीकृत रूप है। परंपरागत औरत को आधुनिक फैशन एवं वस्तुओं से जोड़ कर आधुनिक बनाने की यह कोशिश हकीकत में परंपरागत व्यवहार एवं ढांचे में फिट नहीं बैठती। खासकर उसके काम के तरीकों के साथ, दृष्टिकोण के साथ इन सबका मेल नहीं है। उसके कार्यक्षेत्र की जटिलता को सरलीकृत रूप में पेश किया जाता है। उसके जिन मुक्तिकामी मूल्यों की वकालत की जाती है, वे अयथार्थ कार्य व्यापार के प्रति समर्पण से प्रेरित होते हैं। कार्य का उसके अनुभवों से विच्छेद कर दिया जाता है। फलतः अवास्तवीकरण हो जाता है। यह स्थिति औरत की घरेलू कामकाज के संदर्भ में नहीं है, अपितु आम कामकाज या नौकरी-पेशा या बाह्य जगत के कार्य-व्यापार के रूपायन में स्पष्टतः दिखाई देती है। यहाँ पर कार्य एवं अनुभव का संबंध-विच्छेद दिखाई देता है।

संबंध विच्छेद के रूप की महिमामंडित छवि पेश की जाती है। वह ज्यादा

आकर्षक लगती है। इसे औरत के सुखी संसार से जोड़ कर दिखाया जाता है, जहाँ शारीरिक या भौतिक तौर पर कोई प्रतिरोध भाव नहीं होता। शारीरिक एवं मानसिक प्रदूषण, कुंठाओं, अंतर्विरोधी एवं समस्त शक्तिशाली सामाजिक क्रमानुवर्ती ढाँचे का हवा में लोप हो जाता है।

मसलन, कोई औरत जब ऑफिस से घर आती हुई दिखाई जाती है, तो ऐसी लगती है कि किसी पार्टी से आ रही हो। इस तरह की प्रस्तुति वस्तुतः औरत एवं उसके श्रम का विद्रूपीकरण है। इसमें जीवन की परिस्थिति, कार्य एवं क्षमता के ठोस यथार्थ का नोटिस ही नहीं लिया गया। कार्य क्षेत्र को इस तरह पेश किया गया है गोया वह जादुई इलाज हो। हकीकत में कार्य तो अलगाव एवं टकराव का सबसे बड़ा उपकरण है।

विज्ञापनों एवं औरतों पर केंद्रित पत्रिकाओं में औरत की कार्य में हिस्सेदारी को विकसित प्रौद्योगिकी की शिरकत के साथ जोड़ कर पेश किया जाता है अथवा एकदम विपरीत रूप में पेश किया जाता है। ऐसा तब करते हैं जब प्रकृति का प्रचार-प्रसार करते हैं। इसी तरह फैशन शो हमारे वास्तव जगत के साथ सतही एवं छद्म संबंध बनाते हैं। वह हमारे संपर्क के क्षण और आनंद के क्षण के रूप में आता है। फैशन को बैठने की लोकप्रिय शैली एवं अवस्थाओं के साथ जोड़ कर पेश किया जाता है—यहाँ तक कि सबसे पुराने गाँवों या महलों की प्राचीरों के साथ फ़ैशन के वस्त्रों का रूपायन किया जाता है, जो सभ्यता से आज कोसों दूर है।

लोकप्रिय प्रेस पर नजर डालें तो स्त्री केंद्रित एवं अर्धकामुक पत्रिकाएँ, ये दो धाराएँ मिलती हैं। इन दोनों किस्म की पत्रिकाओं में प्रस्तुतिगत वैषम्य होने के बावजूद दृष्टिकोण के रूप में पलायनवाद का दृष्टिकोण सामान्य रूप में पाया जाता है। अर्धकामुक या रोमांस पत्रिकाओं में परंपरा से पलायन दिखाई देता है, तो स्त्री पत्रिकाओं में आधुनिकता से पलायन दिखाई देता है। इनमें रूप एवं अंतर्वस्तु का अंतर दिखाई नहीं देता, बल्कि दोनों एक-दूसरे का निर्धारण करते हैं। पलायनवाद को इनकी धुरी माना जा सकता है। ये दोनों तरह की पत्रिकाएँ दो खास तरह के क्षणों की बूर्जुआ विचारधारा के वर्चस्व के संदर्भ में प्रस्तुति करती हैं। ये एक-दूसरे की पूरक हैं। अर्धकामुक एवं रोमांस पत्रिकाओं में प्रतिक्रियावादी एवं प्रतिगामी दृष्टिकोण फैलाने की व्यापक क्षमता होती है। ये मूलत फासिज्म की विचारधारा का विकास करतीं हैं। जर्मनी में फासिज्म के विकास में कामुकता की बड़ी भूमिका रही है, जिस पर जर्मनी के विचारकों ने विस्तार से सोचा है। महिला पत्रिकाओं का 'लायुत' आधुनिकता की माँग के अनुसार बनाया जाता है। इसमें निपुणता, सम्मान और सरलता के वैविध्यपूर्ण रूपों, अवाँगार्द फोटोग्राफी एवं 'लग्जरी' को पेश किया जाता है, जबकि रोमांस या कामुक पत्रिकाओं में इन तत्वों का अभाव होता है। वहाँ नगण्य या तुच्छ चीजों का प्रभुत्व होता है। इससे यह भी पता चलता है कि जन माध्यमों में किस

तरह की चीजों को संरक्षण दिया जा रहा है। यह भूमंडलीकरण की प्रक्रिया का रहस्यमय चरित्र है, जिसे आधुनिकता ने पैदा किया है।

महिला पत्रिकाएँ सांस्कृतिक तौर पर अभिरुचियों का निर्माण करती हैं जिनमें विषमतापूर्ण जीवन शैली, परिष्कृत अभिरुचि, नेतृत्वकारी स्वरूप, समृद्धिसूचक प्रतीकों की अभिव्यक्ति होती है। प्रच्छन्नतः अभिरुचि एवं लोकवादी संस्कृति के सार्वभौम रूपों का निर्माण किया जाता है। यह कार्य मानवीकृत र्‍हेटोरिक के साथ होता है। इनमें व्यक्त व्यष्टि यथार्थ की आरोपित सीमाएँ भी सहज दिखाई देती हैं। इजारेदाराना पूँजी के परिवेश में श्रम विभाजन के ढाँचे को पेश किया जाता है।

माल के उपभोग को बढ़ाने के लिए जब 'नए' पर जोर दिया जाता है, तो यहाँ मूलतः आधुनिकता की ही अभिव्यक्ति होती है। यह वर्गीय रणनीति है। युगानुरूप पुनः नवीकरण की रणनीति है। इसमें सभी इकाइयों को 'रिएडजस्ट' कर दिया जाता है। इस प्रक्रिया में फैशन सबसे बड़ा सामाजिक अभ्यास बन जाता है। फैशन में आधुनिकता की निग्रहकारी या अवपीड़क प्रकृति अभिव्यक्ति पाती है। क्या पैदा हुआ और क्या अनिवार्यतः पहनना चाहिए, कौन चीज मत पहनो, इन सबका महिला पत्रिकाओं में वर्चस्व मिलता है। यह मूलतः उपभोग की विचारधारा है, जिसका दमनात्मक ढंग से दैनिक जीवन में समायोजन किया जाता है। प्रभावी ढंग से यह कार्य विज्ञापन करते हैं। उन्हें आधुनिकता का र्‍हेटोरिक भी कह सकते हैं। यह दो तरह की भूमिकाएँ अदा करता है। प्रथम—उपकरण के रूप में, दूसरी—प्रतीकात्मक रूप में।

इन दोनों के द्वारा यथास्थिति या सम्मान को बनाये रखने की कोशिश की जाती है। औरतें यहाँ आधुनिकता में कैद नजर आती हैं। विज्ञापनों एवं महिला पत्रिकाओं में औरत के मिथक के आम रूपों को देखें तो पाएँगे कि इनमें शहरीकरण, स्थापत्य, घर के अंदर की सजावट, व्यावसायिक कला, लेखन, आर्थिक विकास आदि की औरत के मिथक के साथ अभिव्यक्ति होती है। इन क्षेत्रों में विभिन्न किस्म के लोगों की भूमिका भी होती है। अतः जब औरत का इन क्षेत्रों में रूपायन किया जाता है तब वह प्रच्छन्नतः सामाजिक संबंधों को पुनर्संगठित करता है। उनका ऐतिहासिक प्रगति से निर्धारण होता है। आधुनिकता के तहत शिरकत का फॉर्म या 'रूप उपभोग' की अवधारणा पर बल देता है। यह रूप का 'उपभोग' है। इसे अप्रत्यक्ष ढंग से संस्कृति एवं विकास पर आरोपित किया जाता है। यह 'पर-निर्भर' समाज के विकास की अभिव्यक्ति है। इसे आधुनिक अधिरचना का सृजन भी कह सकते हैं। यह ऐसा आधुनिक है, जो आर्थिक विकास के मॉडल के रूप में आता है और उसी के अधीन महानगरों की गतिशील माँगों के तहत सक्रिय होता है। वह सार्वभौम संस्कृति का निर्माण करता है।

आधुनिकता की पृथक्कृत ढंग से स्वस्थ, सुंदर, विवेकवादी, स्वतंत्रता,

आत्मविश्वास, मौलिकता आदि पदबंधों के जरिये अभिव्यक्ति होती है। वह इन पदबंधों को इस तरह पेश करता है कि इनको अतिक्रांत नहीं किया जा सकता। किंतु स्वयं निरंतर इनका अतिक्रमण करता है। उसके ये गुण प्रगति, प्राचीन एवं अस्वास्थ्यकर रूपों के साथ जुड़ कर प्रगति करते हैं। वह इनको मानवीयता के सभी विकल्पों की समाप्ति के तौर पर पेश करता है। यहाँ पर सिर्फ आधुनिक की परिभाषा ही अस्थिर होती हैं। वह इसका विकास के तत्व के तौर पर प्रयोग करता है, जबकि आधुनिकता को तार्किक तौर पर स्थिर या शाश्वत रूप में पेश करता है।

आधुनिकता जब उपभोग पर बल देने लगे तो खोखली आधुनिकता हो जाती है। वह छद्म अनंतता को जन्म देती है। आधुनिकता जब तार्किक तौर पर स्थिरता प्राप्त कर लेती है तब वह जिन चरित्रों का निर्माण करती है, वे हमेशा परिष्कृत रूप में या समाधान के रूप में आते हैं। 'नये' एवं 'पुराने' का टकराव होता है। इस टकराव में 'नये' को भूतकाल के साथ पेश किया जाता है। इसके अलावा 'अप्रचलित' या 'लोप' की प्रवृत्ति हमेशा आधुनिकता के साथ-साथ सक्रिय रहती है। नये एवं पुराने का अंतर्विरोध तनाव पैदा करता है। यह तनाव हमेशा व्यावसायिक क्षेत्र में छद्म गतिशीलता एवं बंद विश्व के 'डिसेप्टिव' क्षण की टकराहट में व्यक्त होता है। वस्तु के उपभोग पर बल देते समय उसके बहुत छोटे रूप पर बल दिया जाता है। यह वस्तुतः खोखली आधुनिकता है। उसका नयापन 'शो-केस' में दिखाई देता है। साथ ही, सनसनीखेज दृष्टिकोण एवं वर्गयोजना में यह नयापन दिखाई देता है। इस प्रक्रिया में उल्लास बरकरार रखा जाता है। परिवर्तन का लक्षण वस्त्रों में 'ग्राफिक' रूप में अभिव्यक्ति पाता है। 'पैकेजिंग' में नई किस्म की कामुक एवं सौंदर्यात्मक संतुष्टि के लिए निरंतर प्रयत्न किये जाते हैं। 'सूचना' एंव 'परिवर्तन' जगत की सीमा तय करने के संदर्भ में 'एपीयरेंस' निर्देशक तत्व की भूमिका अदा करता है। आधुनिकता के उद्योग की खूबी है कि इसमें शृंखलाबद्ध रूप में इमेजों का पुनरुत्पादन किया जाता है। वे अराजक ढंग से गश्त लगाती दिखाई देती हैं। यह ऐसी आधुनिक फैक्ट्री है जो उत्पादन की व्यवस्था एवं सामाजिक संबंधों को छिपाती है। यह अपरिहार्य प्रवृत्ति है। इसी के कारण आधुनिकता अपना मूल्य नहीं खोती।

व्यक्ति जगत में आधुनिकता के प्रवेश का अपना ही तरीका है। वह 'रूटीन' जीवन का अतिक्रमण करती है। 'रूटीन' से पैदा होनवाले टकरावों को वैसे ही हल करती है जैसे वे पैदा होते हैं। आकांक्षाओं का नवीनीकरण करती है। परिणामतः सिद्धांतों का भी नवीनीकरण किया जाता है। 'नये' पर बल देते समय वह उसे मात्र 'तथ्य' में बदल देती है। 'नये' तत्व के रूप में सिर्फ तकनीकी को पेश करती है। उसे प्रगति का प्रतीक बताती है। उसके जरिये लगातार उत्तेजना पैदा करती है, उन्हें वैधता प्रदान करती है और ऊर्जस्वित करती है। इसका समाचार एवं विज्ञापन के 'एपरेटस' के माध्यम से समर्थन किया जाता है।

जनमाध्यमों में औरत की प्रस्तुति देखें तो पायेंगे कि वहाँ जीवनशैली के लक्ष्य पर सबसे पहले हमला किया। आकांक्षा के स्तर पर प्रौद्यागिकी को दैनिक जीवन का अंग वना दिया। जनसूचना जगत वस्तुओं की काल्पनिक अवस्था और आरोपण करता है। 'ऑडिएंस' को इससे पृथक् नहीं करता। यहाँ औपचारिक लोकतंत्र ठोस हकीकत के खिलाफ व्यक्त होता है। यह ठोस हकीकत है क्रयशक्ति और कुंठाएँ। नए बाजार की हकीकत यह है कि वह छद्म सार्वभौम 'टाइप' पर बल देता है। प्रमुख औद्योगिक राष्ट्रों में आधुनिकता को मानक उपभोग का प्रतीक बना दिया जाता है। उपभोक्ताओं के बीच में खास बहुसंख्यक समूह के प्रतीकों का प्रचार किया जाता है। साथ ही उसे अंतर्राष्ट्रीय प्रतिष्ठा से जोड़ कर पेश किया जाता है।/एकसार रूपों को अब सड़कों पर ले जाता है। आम तौर पर सड़कों पर आधुनिकता के प्रकाशित यथार्थ और उपभोक्ता के यथार्थ अंतरों को बने रहने दिया जाता है। यह मूलतः 'निर्भर समाज' है, जो सुविधा, साधन-संपन्न आभिजात्य की प्राथमिकता को उभारता है। यह प्रवृत्ति स्टायल में दिखाई देती है। महिला पत्रिकाओं में हमेशा लोकप्रिय व्यक्तियों के साक्षात्कार होते हैं। लेखों में प्रसिद्ध लोगों का जिक्र होता है। इनमें पेशेगत तौर पर व्यापारी, गायक, नर्तक, अभिनेता, मॉडल, तकनीकी, विशेषज्ञ, डॉक्टर आदि की अभिव्यक्ति होती है। स्थापित व्यवस्था का किसी भी तरह उल्लंघन स्वीकार नहीं किया जाता। प्रभुत्वशाली विचारधारा का कैनवास इतना व्यापक होता है कि उसमें संपादकीय सामग्री से लेकर विज्ञापन सभी को शामिल करना चाहिए। तब समग्रता में इन पत्रिकाओं की विचारधारा को समझ पायेंगे। प्रभुत्वशाली वर्ग के विचारों को हम लोकवादी और संस्कृति के आनंद के रूप में भोगते हैं।

लोकवादी संस्कृति का प्रमुख तत्व है विज्ञापन। इसमें 'विश्व' या 'वर्ल्ड' शब्द पर सबसे ज्यादा जोर दिया जाता है। इस तरह माल को विश्व के केंद्र में लाने में मदद मिलती है। इसी के आधार पर सभी उपभोक्ताओं की मुक्ति का दावा भी किया जाता है। साथ ही इसका समुदाय भी पैदा किया जाता है। इस तरह माल के अज्ञात अलगाव के खिलाफ संघर्ष किया जाता है। अंतरंग प्रवृत्तियों को सतह पर उभारा जाता है। साथ ही, औरत की दुनिया के साथ संवाद बनाया जाता है। इस प्रक्रिया में 'डिफरेंस' या 'भिन्नता' का लोप हो जाता है। यह कार्य वस्तु एवं व्यक्ति के बीच संवाद बनाते हुए किया जाता है।

विज्ञापन का दूसरा महत्वपूर्ण तत्व है वस्तु एवं उससे लाभ उठानेवालों को एक साथ समूहबद्ध करना। इन सबको उपभोग के रवैये के इर्द-गिर्द इकट्ठा करता है। मसलन, जब यह कहा जाता है कि यह यूरोप का सबसे नया फैशन है या यूरोप का माल अब इंडिया में, या यह लक्स साबुन पेरिस, लंदन, न्यू यॉर्क में सभी पसंद करते हैं, तो माल के स्वामित्व, अर्जन, प्रसार केंद्रों, जीवन शैली में मिथकीय शिरकत को साम्राज्यवाद की उच्चस्तरीय इमेज के साथ पेश करते हैं। वस्तुतः इसमें बहुत

कम 'नया' होता है। विज्ञापन का सांस्कृतिक संदर्भ सबसे ज्यादा बेचनेवाले से जुड़ा होता है, सांस्कृतिक उत्पादन के क्षेत्र में उसकी कोई भी अवस्था हो। यहाँ पर उसका एक ही आधार होता है बिक्री, प्रतिष्ठा और घुसपैठ। उन तीनों के आधार पर वह अपना उपनिवेश बनाता है। यह उसके घरेलू परिदृश्य को सीमित करता है।

विज्ञापन की यह खूबी होती है कि वह वस्तु को गैर-भौतिक चीजों की शृंखला के बीच में पेश करता है। मिथकीय लाभों, नए आदि को 'कैपिटल लेटर' में पेश किया जाता है। ब्रॉडकास्टिंग में उसे हठात तेज आवाज में पेश किया जाता है। यह आधुनिकता का विश्वव्यापी रूप है। यह बुनियादी रूप से 'पराराष्ट्रीयगान' है।

आधुनिकता का केंद्रीय तत्व है 'दुभाँति' या 'द्विअर्थी' पन, जो विज्ञापन संदेश में निहित होता है। 'दुभाँति' या 'द्विअर्थी' सूचना को 'उत्तेजना' में संप्रेषित करता है। यह लक्ष्यार्थ तक जाता है। इसी तरह व्यंग्यार्थ को गतिशीलता, परिवर्तन एवं अपरिवर्तनीय प्रगति के प्रतीक के रूप में पेश किया जाता है। तात्पर्य यह है कि आधुनिकता का फार्मूला उपभोक्ता को भविष्य की ओर उन्मुख करता है। आधुनिकता की विशेषता है कि वह प्रौद्यागिकीय समाज का मुक्तिकामी विचारधाराओं से मोर्चा बनाती है। यह उपभोक्ता की जन रूपांतरण की रणनीति का प्रत्युत्तर है। वह प्राथमिकता के चिह्न खत्म कर देती है। स्वयं को सद्भाव, स्वास्थ्य एवं प्रसन्नता की विचारधारा के रूप में पेश करता है। स्वार्थी उपभोग को भूल जाने देता है। वह खरीद में अस्थायी आनंद लेता है। उपभोक्ता को आधुनिकता के माध्यम से बंदी बना लेता है, उपभोग की भूमिका को सांस्कृतिक भूमिका में बदल देता है। व्यक्तिवादी और दमनात्मक सभ्यता में योगदान करता है। औरत के 'एब्सर्ड' रूपों को उभारता है। औरत की संस्थागत हैसियत और उत्पादन में शिरकत को छिपाता है। शादी, परिवार आदि में औरत की भूमिका एवं असंतुलन को व्यक्त करता है। सद्भाव पैदा करने के लिए जड़ नियमों को लागू करता है। औरत को अछूत व्यवस्था एवं अपरिहार्य वैधानिकता के संबंधों में फायदेमंद दर्शाया जाता है। इस तरह औरत को बंदी बनाते हैं। औरत की सामयिकता, जीवन की गुणवत्ता और यथार्थ को छूते हैं। उसका समूचा परिवेश बनाते हैं। संस्कृति के आयामों को बनाते हैं। इसी से हमारे हाव-भाव बनते हैं। उपभोक्ता संस्कृति को आशाओं, प्रतिबंध एवं कुंठाओं को कामुकता से जोड़कर केंद्र में पेश करते हैं।

उपभोक्ता संस्कृति जब कामुकता को प्रेरक की तरह इस्तेमाल करती है तब सेक्स की सौंदर्यात्मक भूमिका खत्म हो जाती है। अब वह सिर्फ 'खेल' हो जाता है। वह उसके कष्टदायी पहलुओं को छिपाता है। यह एक तरह से आमोद-प्रमोद का हिस्सा हो जाता है। इस तरह वह आमोद-प्रमोद की अनंत भूख को जन्म दोत है। मनुष्य की सहजजात प्रवृत्तियों को उभारत है। उनको एक नये आदिम संसार में ले जाता है। प्राचीन और मध्ययुगीन कामुकता के रूपों को नवीकृत अर्थ में पेश

करता है।

अर्ध-कामुक एवं स्त्री केंद्रित पत्रिकाओं में कामुकता, अप्राकृतिक मैथुन, समलैंगिक मैथुन आदि विषयों पर केंद्रित सामग्री के साथ-साथ विज्ञापनों से भी कामुकता का संप्रेषण होता है। ऐतिहासिक दृष्टि से देखें तो पायेंगे कि कामुकता का साहित्य में महत्वपूर्ण स्थान रहा है।

दरबारी साहित्य, रीतिवादी साहित्य एवं अलंकार साहित्य में कामुकता, स्त्रीसौंदर्य नायिका भेद एवं रूढ़िगत प्रतिमानों का प्रयोग मिलता है। आधुनिक युग में इस क्रम में नया तत्व हैं कामुकता का वस्तुकरण। कामुकता के विषयों को जनमाध्यमों में 'देह प्रदर्शन ही सर्वस्व है' इस दृष्टि से रूपायित किया जाता है। परिणामतः देह का वस्तुकरण हो जाता है। इसका अधिक से अधिक मुनाफा कमाने और प्रतिस्पर्धा को बाजार में पछाड़ने का भाव केंद्रीय लक्ष्य है। यह भी कह सकते हैं कि कामुक चेतना, वस्तुचेतना एवं बाजार चेतना में गहरा अंतस्संबंध है। यहाँ सौंदर्य की मनोवज्ञैनिक संवेदनाओं के रूप-रूपांतरों को मूलभूत एवं चरम मान लिया जाता है। विज्ञापनों में जब माल एवं कामुकता साथ-साथ आते हैं तो जहाँ माल की बिक्री होती है, वहीं सामाजिक संबंधों की भी बिक्री होती है। इसमें स्त्रीत्व पर मुख्य जोर होता है। यह मूलतः औरत और माल के बीच का विनिमय है, जिसमें औरत माल बन जाती है। माल औरत की संवेदनाओं का संप्रसार करने लगता है। अगर स्त्री स्त्रीत्व प्राप्त करना चाहती है तो उसे संबंधित वस्तु या माल के उपयोग से ही इसकी प्राप्ति संभव है। यह एक तरह से माल से माल को अपदस्थ करने की कोशिश है। इस प्रक्रिया में औरत को एक निर्जीव माल में बदल दिया जाता है। इसमें माल के उपभोग पर बल होता है, किंतु औरत का पारिवारिक एवं सामाजिक श्रम नदारद रहता है। माल के इस्तेमाल में औरत के श्रम की भूमिका को छिपाया जाता है।

यहाँ माल के आनंद पर जोर रहता है। इस तरह आनंद एवं पूँजी के नए संबंध का जन्म होता है। इन विज्ञापनों में स्त्री की जो धारणा प्रस्तुत की जाती है, वह पितृसत्तात्मक पूँजीवादी संबंधों को रूपायित करती है।

महिला पत्रिकाओं के आवरण चित्रों को गौर से देखें तो पाएँगे कि इन आवरण चित्रों का संपादकीय चयन एवं पाठकीय दृष्टिकोण से गहरा संबंध होता है। ये चित्र बहुअर्थी होते हैं। इनका पत्रिका की अंतर्वस्तु से संबंध होता है। इनसे दो सिद्धांत निकलते हैं—(1) मुझे खरीदो, मैं स्वयं को पसंद करती हूँ। (2) तुम मेरी जैसी युवा, सुंदर, समृद्ध या सफल न भी हो तब भी तुम मेरी जैसी औरत को पसंद करती हो। वे मूलतः स्टीरियोटाइप सांस्कृतिक मिथक का निर्माण करते हैं। इनमें आम तौर पर एक विसंदर्भीकृत इमेज का प्रयोग किया जाता है। इससे दो लक्ष्य सधते हैं। जहाँ एक ओर स्त्रीत्व का आदर्शीकरण होता है, वहीं दूसरी ओर प्रकाशन की इमेज बनती है।

कामुकता के प्रदर्शन के लिए जो चित्र चुने जाते हैं, उनमें मूलतः तीन श्रेणियों की औरतों के फोटोग्राफ मिलते हैं—(1) अल्पवयस्क, (2) युवा, (3) किसी भी उम्र की औरत। 'अल्पवयस्क' आयु वर्ग के फोटोग्राफ देखें तो पाएँगे कि इनमें 'युवापन' और 'मजा' इन दो तत्वों को उभारा जाता है जबकि युवा केंद्रित आवरण चित्रों में शारीरिक अंगों की भंगिमाओं, केशसज्जा की शैली, एवं कपड़ों के नए फैशन पर जोर होता है। यहाँ इमेज कुछ कम कामुक एवं कम उत्तेजक होती है। 'किसी भी उम्र की औरत' के आवरणचित्रों की छवियों में आदर्श उम्र का रूपायन होता है। यहाँ युवापन पर जोर होता है। तीस वर्ष से ऊपर के पाठकों को संबोधित होते हैं। इन तीनों श्रेणियों के आवरणचित्रों में दो तत्व मिलते हैं। पहला—कुछ चित्र ऐसे होते हैं जो फैंटेसी के द्वारा युवापन को उभारते हैं। दूसरा—यह चित्र ज्यादा यथार्थपरक होते हैं। पाठक के द्वारा इन चित्रों से अर्थग्रहण की संभावनाएँ निश्चित अर्थ पर निर्भर करती हैं। इनमें यह कोशिश रहती है कि अस्पष्टता से बचा जाए। तत्काल समझ में आये। ये मूलतः स्टीरियोटाइप होते हैं। रोलॉ बार्थ ने लिखा कि 'प्रेस फोटोग्राफ स्वयं में संदेश होता है। यह संदेश निर्माण के स्रोत, संचार, चैनल और ग्रहण केंद्र पर निर्भर करता है। उसके उदय का स्रोत उसके कर्मचारी होते हैं। इनके ग्रहण का केंद्र है जनता। चैनल स्वयं अखबार है। फोटो का केंद्र और इसके आस-पास का दायरा, पाठ का निर्माण करते हैं (यानी शीर्षक, मेकअप, कैप्शन) ये सब अमूर्त ढंग से कार्य करते हैं और ज्यादातर सूचनात्मक होते हैं।'[9] फोटों का उदय, संदेश का ग्रहण समाजशास्त्र के अंग हैं। यह मानव समूहों के अध्ययन का क्षेत्र है। इसके द्वारा उनके एटीट्यूड, मंशाओं और व्यवहारों को समग्रता में सामाजिकता के अंग के रूप में देखना चाहिए।

फोटों को मात्र चैनल की देन नहीं समझना चाहिए। उसकी अपनी संरचनात्मक स्वायत्तता होती है। किंतु संरचनात्मक स्वायत्तता को भूल से पृथक् करके विश्लेषित नहीं करना चाहिए। इसे पृथक-पृथक संरचना के रूपों के तौर पर भी नहीं देखना चाहिए। फोटोग्राफ की खूबी होती है कि वह संचार की अन्य संरचनाओं के साथ संप्रेषण करता है। बार्थ ने दो भाषिक संरचनाओं का जिक्र किया है। ये अन्योन्याश्रित हैं। पाठ में शब्दों के माध्यम से मुख्य संदेश का निर्माण किया जाता है, जबकि फोटोग्राफ शब्देतर संदेशों का संप्रेषण करता है। ये दोनों संरचनाएँ एक-दूसरे से जुड़ी हैं और स्वतंत्र भी हैं। अतः प्रेस फोटोग्राफ विश्लेषित करते समय शीर्षक एंव टिप्पणी पर भी ध्यान दें। भाषित संरचना को तो हम जानते हैं, किंतु फोटो संरचना के बारे में हम कुछ भी नहीं जानते।[10] कामुकता की संरचना के अध्ययन के लिए इसका महत्व है। आम तौर पर महिला पत्रिकाओं के आवरण पर समस्यामूलक चित्र का प्रकाशन नहीं किया जाता। अपितु सकारात्मक चित्र छापा जाता है। ये चित्र महिला की अवस्था का एहसास कराते हैं। ये मूलतः उपभोग के संदर्भ में से चुने जाते हैं।

स्त्रीत्व एवं स्टीरियोटाइप छवि इसकी विशेषताएँ हैं। साथ ही, संपादकीय सामग्री के साथ इन्हें पेश किया जाता है।

आवरणचित्र की इमेज को लावण्यमय, सुंदर और प्रभावोत्पादक, आक्रामक एवं संवेदना पैदा करनेवाली होना चाहिए ताकि इसमें निहित अर्थ को पाठक समझे। इसका आधार है पाठक का सामान्यबोध। सामान्यबोध के आधार पर ही संपादक पाठक से संवाद बनाता है। संपादक फोटोग्राफ की मानसिकता को पाठक के जेहन में उतारने में सफल हो जाता है।

महिला पत्रिकाओं के आवरणचित्रों के चयन के पीछे जो सिद्धांत दृष्टि कार्य कर रही है, उसका उदय सन 60 के दशक के 'कॉसमोगर्ल' की छवि के साथ हुआ। माल की खरीद और बिक्री के साथ आवरणचित्र की प्रस्तुति का बड़े पैमाने पर इस दौर में प्रारंभ हुआ। इसके अलावा जो सिद्धांत पैदा हुआ, उसके अनुसार 'अपने पति को कैसे वश में करें' और 'कैसे अर्जित करें'। इस सिद्धांत का जवानी, सुंदरता, कामुकता, सफलता, सामाजिक हैसियत, पुरुष को वश में करने की क्षमता आदि के द्वारा विकास किया गया। 'सानंदा', 'गृहशोभा' और 'मनोरमा' पत्रिकाओं के आवरणचित्र औरत की समग्र इमेज का दावा पेश करते हैं। इनमें विवाहित एवं कामकाती औरत की छवि प्रस्तुत की जाती है। परिवार और व्यक्तिगत संबंधों के निजीकरण पर बल दिया जाता है। ये फोटोग्राफ 'कम-रोमैंटिक' और 'कम-कामुक' होते हैं[11] जबकि 'फेमिना' पत्रिका के आवरण पर अविवाहित युवा मॉडल की इमेज पेश की जाती है।

इन सभी पत्रिकाओं में एक सामान्य तत्व यह उभरता है कि 'अपने को कैसे पायं' और 'पुरुष को कैसे वश में करें'। यह सिद्धांत आम नियम के रूप में लागू किया जाता है। स्त्री-पुरुष की जब एक ही साथ छवि पेश की जाती है तब प्रच्छन्नतः इन दोनों बीच में मौजूद वैषम्यपूर्ण संबंधों को छिपाया जाता है और लैंगिक समानता पर जोर दिया जाता है।

लोकवादी संस्कृति के विकास के दौर में प्रेस का आनंद एवं मनोरंजन वस्तुतः 'विखंडन का आनंद' होता है। इसमें असंबद्ध सामग्री का संकलन होता है। असंबद्ध होने के कारण ही पाठक को बोरियत नहीं होती। 'तुलना' एवं 'अंतस्संबंध' स्थापित करने की जरूरत महसूस नहीं होती। परिणामतः 'असंबद्धता' और 'सहजता' को संप्रेषण संरचना का 'सर्वस्व' मान लिया जाता है। प्रत्येक 'नया' आइटम पिछले आइटम की तुलना में ज्यादा रुचिकर होता है।

परिणामतः उत्प्रेरक के रूप में महत्वपूर्ण भूमिका अदा करता है। इन दिनों सनसनीखेज एवं उत्तेजनापूर्ण आइटम ने उत्प्रेरक की अंतर्वस्तु पर कब्जा जमा लिया है। परिणामतः ऐसी चीजों का अंतहीन सिलसिला चल पड़ा है जिससे दृष्टिकोण के विकृतिकरण का खतरा पैदा हो गया है।[12] यह मूलतः अखबार का मेलोड्रामा है। आम

अभिरुचि की मानवीय कहानियों में व्यक्तिकरण छाया रहता है। व्यक्तिकरण अच्छी संवेदनाओं को आमंत्रित करता है, उनका रूपायन करता है। अतिसरलीकरण पर जोर देता है। हलके ढंग से छिपाना और क्रमशः व्यक्तिकरण इसकी विशेषता है।

लोकवादी संस्कृति के परिप्रेक्ष्य में विकसित प्रेस की आम समस्याओं में कोई रुचि नहीं होती। लोकवादी संस्कृति की पत्रिकाओं 'सेवी', 'फेमिना', 'सोसायटी', 'मनोरमा', 'गृहशोभा' आदि में राजनीति नहीं होती। किंतु अर्ध-कामुक पत्रिकाओं में राजनीति होती है। कलाओं के बारे में कोई गंभीर चर्चा नहीं होती। इनमें स्वास्थ्य, सौंदर्य, निजी जीवन की समस्याओं पर सुझाव देनेवाले स्तंभ होते हैं। सामाजिक प्रश्नों की बजाय गप्पबाजी होती है। प्रेम कहानियों में धोखा और फरेब के तत्व को उभारनेवाली कहानियाँ होती हैं। इनमें तथ्यों के ऊपर भावनाओं की जीत दर्शायी जाती है। घर और विवाहित जीवन को व्यक्तिगत भावात्मक संबंधों से ऊपर दर्शाया जाता है। ऐसी कहानियाँ सकारात्मक जीवन, वास्तविक घर और विवाहित जीवन को नष्ट करती हैं।[13]

लोकप्रिय प्रेस की खूबी होती है कि वह वास्तविक विवादों से घृणा करता है, क्योंकि ऐसे विवाद पाठक समुदाय एवं खरीदार के बीच के अलगाव, विभाजन, अजनबीपन को खत्म कर देते हैं। लोकवादी संस्कृति के परिदृश्य में विकसित बूर्जुआ प्रेस बार-बार 'सहिष्णुता' की हिमायत करता है। किन्तु यह कमजोर सहिष्णुता है जो अस्वीकार योग्य है। इसमें चुनौतियों के प्रति डर और विक्षोभ है। ऐसी अवस्था में आम लोग बिना किसी प्रतिरोध के कुछ भी स्वीकार कर लेते हैं।[14] प्रेस से जिस तरह की लोकप्रिय संस्कृति लाई जा रही है , वह अमेरिकी मिथकीय जगत से ली गई है। यह ऐसी संस्कृति है, जिसमें व्यक्ति को व्यक्तिगत चयन की जिम्मेदारी नहीं लेनी होती। यह 'फॉरवर्ड फॉर फॉरवर्डनेस' में विश्वास करती है। यह ऐसी प्रगति है जो अंतहीन है, जिसमें मूल्यों और विवेक व्यवस्था का क्रम टूट चुका है। जो व्यक्ति इसे स्वीकार नहीं करता, वह समाज से बहिष्कृत या पिछड़ा मान लिया जाता है। यहाँ उदासीनता का साम्राज्य है। अंतर न कर पानेवाली मूल्यहीन चीजों की बाढ़ है। यह ऐसा जगत है जहाँ प्रत्येक चीज अंत में अर्थहीन हो कर रह जाती है अब सिर्फ सिरों की गिनती तक चीजें सिमट जाती हैं। जीवन के प्रति गंभीरता के अभाव के कारण गंभीरता का कोई महत्व नही रह जाता। अपितु महत्वपूर्ण वह है जो अर्थहीन है। कोई भी अधिकारी प्रामाणिक नही रह जाता। यह ऐसा युग है, जहाँ बहुसंख्यक जनता सही होती है। अगर हम उसकी राय से सहमत नहीं होते तो बहिष्कृत कर दिए जाते हैं। 'सभी मानते हैं, तुम भी मानो' यह सिद्धांत इसकी धुरी है। यही इस संस्कृति का केंद्रीय संदेश है। लोकवादी संस्कृति की दुनिया ऐसी दुनिया है, जहाँ शब्दहीन दुनिया होती है, जहाँ जीवन के तनावों की संवेदना के गायब हो जाने की स्थिति पैदा हो गई है। अब सब कुछ 'रूटीन' में बदल जाता है। हम वास्तविक चुनौती

के अनुभव से वंचित हो जाते हैं। परिणामतः जब वास्तविक चुनौती आती है तब हम शक्तिहीन और 'किंकर्तव्यविमूढ़' महसूस करते हैं।

संदर्भ

1. स्टिनर, जॉर्ज, नाइट वर्ड्स, लेख, डेविड हेलबुक, संपादित, दि केस अगेंस्ट पोर्नोग्राफी, न्यू यॉर्क लाइब्रेरी प्रेस, 1973, पृ. 230।
2. उपर्युक्त, पृ. 236।
3. मार्कुज, ए., दि अंडर विक्टोरियंस : ए स्टेडी ऑफ सेक्सुएलिटी एंड पोर्नोग्राफी इन मिड नाइंटींथ सेंचुरी इंग्लैंड, बेसिक बुक्स, न्यू यॉर्क 1964, पृ. 278।
4. द्विवेदी, हजारीप्रसाद, मध्यकालीन बोध का स्वरूप, पब्लिकेशन ब्यूरो, पंजाब यूनीवर्सिटी, चंडीगढ़, 1970, पृ. 115।
5. विलियम्स, बर्नार्ड, संपादित, आब्सिनिटी एंड फिल्म सेंसरशिप : वन एब्रिजमेंट ऑफ दि विलियम रिपोर्ट, कैम्ब्रिज यूनीवर्सिटी प्रेस, कैम्ब्रिज, 1981, पृ. 137।
6. स्टीनेम, ग्लेरिया, इरोटिका एंड पोर्नोग्राफी : विलयर एंड प्रजेंट डिफरेंस, निबंध, लोरा लीडर, संपादित, टेक वैक दि नाइट : वूमेन ऑन पोर्नोग्राफी, मोरोव, न्यू यॉर्क, 1980, पृ. 35-39।
7. वोग, अप्रैल 1986, पृ. 212-214।
8. मेटलार्ट, मिशेल, नोट्स ऑन माडर्निटी : ए वे ऑफ रीडिंग वूमेंय मैगजींस, लेख, ए. मेटलार्ट और एस.एस. लॉव, संपादित, कम्युनिकेशन एंड क्लास स्ट्रगल, I, कैपिटलिज्म, इम्पीरियलिज्म, इण्टरनेशनल जनरल, न्यू यॉर्क. 1979, पृ. 162।
9. बार्थ, रोलाँ, इमेज-म्यूजिक-टेक्स्ट, फोण्टाना, 1977, पृ. 15।
10. उपर्युक्त, पृ. 16।
11. बंगला पत्रिका 'सानंदा' और हिन्दी की 'गृहशोभा', अंग्रेजी की 'फेमिना' के आवरणचित्रों के आधार पर। सन 1993-94 के अंकों को आधार बनाकर ये निष्कर्ष निकाले गए हैं।
12. होगार्ट, रिचर्ड, यूजेज ऑफ लिटरेसी, चट्टो एंड विंडुज, लंदन 1971, पृ. 167-168।
13. उपर्युक्त, पृ. 104।
14. उपर्युक्त, पृ. 148।

अश्लीलता के दबाव

वंदना भारतीय

आजादी के पचास वर्षों बाद आज देश सामाजिक जीवन के सबसे विडंबनापूर्ण बिंदु पर खड़ा है। हर समाज की एक आंतरिक गति होती है। स्थितियों के स्वीकार-अस्वीकार, सहमति-असहमति को वह उसी आंतरिक गति की कसौटी पर कसता है और जो स्थितियाँ या दर्शन सामाजिक उर्जा-प्रकार में बाधक लगती हैं, उन्हें आहिस्ता-आहिस्ता किनारे कर देता है। हमारे यहाँ ऊर्जा का यह प्रवाह पूरी तरह छिन्न-भिन्न हो गया है।

आजादी मिलते ही सरकार चलानेवाले लोगों के मन में कहीं चोर छिपा बैठा था। लिप्सा और सुविधा की उस कमजोर नस पर यदि तभी उँगली रखी जाती तो आज नक्शा ही कुछ और होता। पर थके शरीर और बूढ़े मन के नेताओं से यह उम्मीद बेकार थी। समाज की आंतरिक गति के रास्ते में राजनीति का यह रोड़ा आज पहाड़ जितना हो गया है।

नागरिक जीवन के कमजोर पड़ते ही पूँजीवादी ताकतों के आगे समर्पण का जो सिलसिला शुरू हुआ, वह चलता ही जा रहा है। आखिर पूँजीवाद से भय खाने की क्या जरूरत है, जबकि वह सारे उन्नत देशों का आधार है ! मुझे लगता है, पूँजीवादी दर्शन को हर देश ने अपने हिसाब से अपनाया है, अपनी तरह से उसमें काट-छाँट की है, जबकि यह मूलतः भारतीय चिंतन का दर्शन नहीं रहा है। जब हमने उसका आयात किया, तो अमेरिका और ब्रिटेन के अलावा कहीं और देखने-सुनने की जरूरत नहीं समझी। एक बात और भी है। औपनिवेशिक विस्तार के मूल में पूँजीवादी दर्शन रहा है, या यों कहें कि पूँजीवादी दर्शन का फल औपनिवेशिक विस्तार है। हम तो सदियों से औपनिवेशिक नीति का शिकार रहे हैं। खुद हमारी अपनी प्रकृति किसी रूप में कभी आक्रामक रही नहीं। तब यूरोपीय पूँजीवादी दर्शन कितना फलदायी होता,

यह सोचने का विषय है।

इस दर्शन का एक खतरनाक पक्ष यह भी है कि इसमें वस्तु से लेकर भावनाएँ और संवेदनाएँ तक अंततः व्यापार का रूप ले लेती हैं। यहाँ आधुनिक होने का मतलब अधिकाधिक व्यापारिक होते जाना है। आज सारी कशमकश इसी व्यापारिकता बनाम मानवीयता के बीच है। भारतीय समाज अपने मूल रूप में मानवीय सरोकारों से थोड़ा ज्यादा ही जुड़ा रहा है, इसलिए संबंधों-संवेगों को बेचने की कला उसे कभी नहीं आई। आज नई अर्थव्यवस्था उसे वस्तुओं के साथ-साथ रिश्तों को बेचने की कला भी सिखा रही है और लोग चमत्कृत हैं। इस चमत्कार की चकाचौंध में जो चीज सबसे ज्यादा विज्ञापित की जा रही है, वह नारी देह है। आधुनिक होने का मतलब अधिक से अधिक खुलना है और खुलने के लिए नारी देह से अधिक बंद और है क्या ?

यह एक गंभीर मुद्दा है आधुनिक भारतीय समाज के संदर्भ में। कहावत है कि सारे नकटों के बीच एक नाकवाला ही हँसी का पात्र बनता है। कुछ इसी तरह की स्थिति में आज की औरत अपने को पाती है। यदि ब्यूटी पार्लर, फैशन शो, ब्वॉय फ्रेंड आदि की प्रासंगिकता उसकी समझ में नहीं आती है, तो वह पिछड़े समाज की दकियानूस लड़की है। इसी दबाव का करुण एहसास पटना में आयोजित एक सौंदर्य प्रतियोगिता में हुआ। यद्यपि आधुनिकता के फ्लड-लाइट में बिहार भी नहा रहा है, पर सामाजिक जीवन में औरत-मर्द के बीच स्वस्थ संबंधों का कोई आधार वहाँ विकसित नहीं हुआ है। कॉलेज कैंपस की तो बात ही छोड़ दें। जो कुछ है, वह सड़क-छाप मजनुओं की दिलफेंक अदाएँ हैं जो मानव युग की शुरुआत से चली आ रही हैं। जिस समाज में लड़कियाँ बेहिचक साइकिल तक नहीं चला सकतीं, सीधे लड़कों की आँखों में देख का बात नहीं कर सकतीं, वहाँ सौंदर्य प्रतियोगिता में पूछे गए एक अटपटे सवाल के जवाब में लड़कियों ने बेहिचक उत्तर दिया—'उन्हें चुंबन से कोई परहेज नहीं !' यह जवाब पिछड़ेपन पर आधुनिकता का ठप्पा है या लड़कियों पर अश्लीलता का दबाव है ! जाने-अनजाने आधुनिकता का सबसे ज्यादा दबाव आज औरत ही झेल रही है। उसने 'खिलने के लिए' खुलना शुरू किया था, पर अब इस दौड़ में आज वह लगभग नंगी हुई जा रही है।

भारतीय समाज में नारी अस्मिता के लिए अपना पूरा जीवन खपा देनेवाली दो औरतें प्रमुख रही हैं और सामाजिक जीवन पर इनका प्रभाव लंबे समय तक रहा है—द्रौपदी और मीरा। अपने-अपने काल की ये दोनों स्त्रियाँ सही मायनों में आधुनिक थीं। अपने समय के समाज की रूढ़िगत मान्यताओं पर चोट कर इन्होंने न केवल अपना जीवन अपनी तरह जिया, वरन संपूर्ण सामाजिक ताने-बाने को प्रभावित किया। आज के आधुनिक समाज को शायद यह बात असंभव-सी लगे कि अपने समय से कई बरस आगे का जीवन दर्शन अपनाने के बाद भी उनमें से किसी के लिए देह प्रमुख नहीं रही। मीरा के जितना निडर और समरस व्यक्तित्व तो इतिहास में फिर

दिखाई नहीं देता।

आधुनिक भारतीय समाज में द्रौपदी मिथक और मीरा भक्ति काल की कवयित्री के रूप में जानी जाती हैं। इनका बस इतना ही प्रयोजन रह गया है। स्त्री देह के साथ जो मनमानी यहाँ हो रही है और सब कुछ जानने के बाद भी कमनीयता के जाल में औरत जिस तरह फँसती जा रही है,उसका एक कारण अपनी जड़ों से कटना भी है।

यह कैसी अजीब विसंगति है कि छात्रों की समस्याओं को जानने-समझने के लिए विश्वविद्यालय में जिन छात्र संगठनों का जन्म हुआ, उन्हीं में से एक दिल्ली विश्वविद्यालय में पिछले चार-पाँच सालों से यूनियन के चुनाव में छात्राओं का वर्चस्व रहा है। इसकी वजह छात्र समस्याओं पर उनकी पकड़, दिलचस्पी या कर्मठता नहीं रही है, वरन उनका सुंदर होना उनकी जीत का एक महत्वपूर्ण कारक है। आम बातचीत में छात्र स्वीकारते हैं कि छात्राओं के अध्यक्ष या उपाध्यक्ष होने से उनकी गतिशीलता में कमी ही आई है।

युवा पीढ़ी के अंदर सुंदरता का आकर्षण हमेशा से रहा है, पर यह युवा ही हैं जिन्होंने खास मकसदों के आड़े धर्म, संप्रदाय, सुंदरता या प्यार को नहीं आने दिया है। पिछले पचास बरसों में मूल्यों का अवमूल्यन होते-होते हालत यहाँ तक आ गई है कि औरत जिस्म के आगे कुछ रह ही नहीं गई है। विश्वविद्यालयों के संदर्भ में जहाँ सुंदरता से वंचित, पर सक्षम कर्मठ लड़कियों का हीनभावना से ग्रस्त होकर हाशिए पर पहुँच जाना है, वहीं सुंदर लड़कियाँ दूसरों को नचाने की कोशिश में कभी-कभी पूरी जिंदगी नाचती रह जाती हैं। सुंदरता ऐसे असंतुलित निष्कर्ष भी निकालती है।

दैहिक सौंदर्य आज अचानक जैसे रणनीति का हिस्सा बन गया है और औरत के प्रति उसका रुख आक्रामक हो उठा है। आक्रामक मैं इस अर्थ में कह रही हूँ कि बिना 'अपीलिंग' हुए जैसे अब औरत का निस्तार नहीं ! सच तो यह है कि विज्ञापनों के अलावा औरत की निजता को सबसे ज्यादा छिन्न-भिन्न औरत ने ही किया है। सुष्मिता सेन और ऐश्वर्य राय का सौंदर्य किसी एक के जीने-मरने का सबब (!) न रह कर किस तरह विज्ञापित वस्तुओं का लेबल बन कर रह गया है, उसकी कोई परवाह किए बिना चौदह साल से ऊपर की हर किशोरी, जिसके पास 5 फुट 4 इंच से ऊपर की लंबाई है और नाक-नक्श थोड़े सीधे हैं, सुष्मिता के हाथों अपने सर पर किसी न किसी ताज को रखा हुआ देख रही है। इसके लिए वह कुछ भी करने को तैयार है। हर छोटे-बड़े शहर के गली-मुहल्लों में खुलते ब्यूटी पार्लर और उसी तादाद में छोटे-छोटे शहरों तक में होनेवाली 'मिस सिटी' सौंदर्य प्रतियोगिताएँ उसकी देहभक्ति को और परवान चढ़ा रही हैं। गाहे-बगाहे उज्ज्वला राउत जैसी (बंबई उपनगर दहीसर निवासिनी) मध्यम वर्गीय परिवार की कोई लड़की जब ऐसी प्रतियोगिताओं की किसी ऊँची सीढ़ी तक जा पहुँचती है, तो लड़कियों की आँखों

की नींद उड़ जाती है। हर किसी की आँखों में बसने का सपना तो साकार होना ही है—साथ ही समृद्धि के पहले दरवाजे में दाखिला मिलता है पचास हजार डॉलर के साथ। हर सौंदर्य प्रतियोगिता के पीछे कोई न कोई विज्ञापन एजेंसी होती है जो प्रत्यक्ष या परोक्ष यह कहती होती है कि 'सौंदर्य प्राकृतिक अवदान नहीं। हमारी शरण में आओ, हम तुम्हारे छिपे सौंदर्य को उभार देंगे।' उपग्रह की मदद से टीवी द्वारा जब यह संदेश 'सात दिन के चमत्कारी उपाय' की शक्ल में घर-घर पहुँचता है, तो जैसे एक जटिल मनोवैज्ञानिक ग्रंथि हर घर में अपनी जगह बना लेती है। 'थम्सअप के लिए गगनचुंबी इमारत से छलाँग लगा, मौत के मुँह में समानेवाला बच्चा इसका ही शिकार है, तो शिकार है वह किशोरी भी, जो महानगर की गलियों में घर-घर चौका-बर्तन करती हुई माँ से उसकी एक महीने की पगार लड़ कर लेती है—पढ़ने के लिए नहीं, गोरा बनाने वाली क्रीम के लिए। इन सौंदर्य प्रसाधनों के कंधे से कंधा मिलाए खड़े हैं ब्यूटी पार्लर, जो रंग-रूप को सही आकार देने का दावा करते हैं। इन सौंदर्य प्रसाधनों और ब्यूटी पार्लरों ने सम्मोहिनी विद्या का ऐसा जादू फैलाया है कि बच्चे की स्कूल की फीस और ब्यूटी पार्लरों की मासिक फीस के बीच रस्सा-कशी शुरू हो गई है।

आज पन्द्रह सौ करोड़ रुपए के सौंदर्य-प्रसाधन उद्योग में जहाँ हर साल पन्द्रह प्रतिशत का उछाल आ रहा है, वहीं नाक-नक्श को आकर्षक रखने के लिए प्लास्टिक सर्जरी का चलन भी बढ़ रहा है। मशहूर प्लास्टिक सर्जन डॉ. नरेश पंड्या (बंबई) का कहना है कि 'कॉस्मेटिक सर्जरी सिर्फ मॉडल ही नहीं, साधारण लोग भी अपना रहे हैं।' दरअसल, ये साधारण लोग ही सौंदर्य के आक्रमण का शिकार हैं। किसी भी कीमत पर सौंदर्य को बनाए रखना है। देह को उम्र से चुराए रखना है, वरना नौकरी या पढ़ाई से ही नहीं, औरत घर से बाहर कर दी जाएगी—विज्ञापन की दुनिया के माध्यम से कुछ ऐसा ही समाँ सौंदर्य-विशेषज्ञों ने बाँध रखा है। लाचार मध्यगवर्गीय स्त्री ठिठक कर सोचती है कि मुट्ठी में अतिरिक्त बच गए दस रुपये का फल खरीद ले या अपनी भवें दुरुस्त करवा ले। बात यहीं आ कर नहीं रुकती। अब तो नाक या ठुड्डी ही नहीं, कॉस्मेटिक सर्जरी द्वारा स्तनों को घटाने-बढ़ाने के कारगर उपाय मौजूद हैं। इस सारी स्थिति पर सौंदर्य विशेषज्ञों की टिप्पणी है कि 'भारतीय महिला ने अंततः मातृत्व से स्त्रीत्व की हैसियत हासिल कर ली है। अब वह अपनी सेक्सुअलिटी को ले कर सचेत है।' (इंडिया टुडे, 20 नवंबर 1996) यह सौंदर्य का कोमल पवित्र चेहरा नहीं, विरूपित और आक्रामक मुद्रा है, जिससे डर लगता है।

इसकी एक बड़ी वजह उपग्रह टीवी का हमला है। टेलीविजन के चलते आज विज्ञापन बाजार सुरसा के मुँह की तरह बढ़ता हुआ घरों से स्त्री और बच्चों को उठाने लग गया है। 'प्रत्यक्ष को प्रमाण क्या' का अनुकरण करते हुए मात्र आधा घंटा टीवी के विज्ञापनों पर नजर दौड़ाइए। कार और इस्पात से ले कर रेजर, ब्लेड, आफ्टर शेव

तथा अंडरवीयर तक के विज्ञापन में अगर कुछ विज्ञापित होता है, तो वह है नारी देह। विज्ञापित वस्तुएँ जेहन में कम आती हैं, प्रतीक रूप में आती हैं। औरत, जिसका एकमात्र कर्म-धर्म पुरुष को लुभाना रह गया है। मर्द के कंधे से कंधा मिलाकर चलने की औरत को कितनी बड़ी कीमत अदा करनी पड़ रही है ! कामकाजी महिलाएँ अपने वेतन का एक तिहाई हिस्सा अपनी सुंदरता पर खर्च करती हैं। हेल्थ सेंटर, ब्यूटी पार्लर, ब्यूटी क्लिनिक और इन सबके ऊपर होनेवाली सौंदर्य प्रतियोगिताएँ, सब मिल कर एक ऐसा जाल बुन रहे हैं जो स्त्री को जितना फँसा रहा है, उसका स्त्रीत्व उतना ही नष्ट हो रहा है। कसा शरीर और चिकना चेहरा यदि मन को भी इतने ही आत्मविश्वास से भर देता कि स्कूल कॉलेज, बस, बाजार, दफ्तर, घर हर नगह नाजायज माँगों के आगे औरत को झुकाना मुश्किल होता, तो बात बनती दिखाई देती। पर यहाँ तो कई तरह के दबावों के बीच जीती औरत को इस साज-सज्जा ने जैसे और दबा दिया है। दफ्तर, कारखाने, बस, बाजार, कॉलेज, कैम्पस—हर जगह उसका रूप जैसे आमंत्रण देता-सा लगता है और पहले से ही दुराग्रही समाज का दुराचरण थोड़ा और बढ़ जाता है।

एक तरफ समाज में बढ़ती बलात्कार और छेड़छाड़ की घटनाएँ, अबोध बच्चियों के साथ किए जानेवाले पाशविक कुकृत्य, दफ्तरों-कारखानों में औरतों के नाजायज संग की चाहना शालीन सुसंस्कृत (आधुनिक परिभाषा में शालीन सुंस्कृत=अमीर) लोगों के लिए चलाए जानेवाले पब्लिक स्कूलों में, आठवीं-नवीं कक्षाओं से लड़के-लड़कियों का झुरमुट के पीछे झुंड में बैठ कर सिगरेट पीना और दूसरी तरफ एक पूरी पीढ़ी के बचपन का पेट की आग बुझाने के लिए कचरे के ढेर से ले कर कल-कारखाने, ढाबे और घरों में मशीन की तरह जुटना, एक तरफ़ अधिक से अधिक पा लेने की भूख और फकतदम आदमी और दूसरी तरफ बेशुमार सुविधाओं का सतत प्रदर्शन—आखिर इनके बीच कोई संबंध बनता है या नहीं ?

महानगरों के आस-पास बसने वाले कस्बों के सरकारी स्कूलों के बच्चों को स्कूल बैग के अंदर कच्ची शराब की थैलियाँ सप्लाई की जाती हैं और प्रति थैली पचहत्तर पैसे से एक रुपए कमा लेने की छूट होती है। कितनी भयावह स्थिति में हम जी रहे हैं ! सौंदर्य के आत्म-विश्वास से भरपूर किसी ब्यूटी क्वीन ने, किसी ब्यूटी पार्लर, किसी कॉस्मेटिक कंपनी ने उपर्युक्त परिस्थितियों में से किसी के खिलाफ आज तक कोई दबाव नहीं बनाया है। दरअसल, यह सब उपभोक्तावादी समाज के सहज परिणाम हैं। परिस्थितियाँ इनका निर्माण करती हैं, पर चपेट में इंसान आता है।

वैसे इन सारी परिस्थितियों के लिए भारतीय राजनीति भी कम दोषी नहीं। 'स्व' के स्वार्थ के इर्द-गिर्द लिपटे दिशाहीन राजनीतिज्ञ इस हद तक अश्लील हो उठे हैं कि नागरिक सरोकारों से उनका कोई वास्ता ही नहीं रह गया है। अपनी करनी से ये लोगों को धनपशु होने के लिए उकसा रहे हैं। सामाजिक जीवन की बहुत सारी

विसंगतियाँ अश्लीलता के इस दबाव का ही परिणाम हैं।

अंततः फिर लौटें अपने विषय की ओर। गहराई से परखें, तो पता चलता है कि सुंदरता और चाहत मूलभूत प्राकृतिक भावनाएँ हैं। जितना सच यह है, उतना ही सच यह भी है कि सुंदरता देखनेवालों की आँखों में बसी होती है। सबसे ज्यादा सुंदर तो हमें हमारी करनी बनाती है। तभी शिशु को अपनी माँ से ज्यादा सुंदर और कोई नहीं लगता और मजनूँ लैला पर कुरबान होते आए हैं।

मदर टेरेसा और बा को देखते हुए सुंदर-असुंदर की सीमा-रेखाएँ समाप्त हो जाती हैं। आधुनिक भारतीय समाज में देखें, तो रूखे बालों वाली मेधा पाटकर और दो चोटियों वाली लता मंगेशकर में कोई नुक्स नजर आता है क्या ?

अश्लीलता का विस्तार

प्रेम सिंह

श्लीलता-अश्लीलता का सवाल और बहस मानव सभ्यता के साथ शुरू से जुड़े हैं। यहाँ तक कि आदि ग्रंथ ऋग्वेद में इसका हवाला मिलता है। ऐसा माना जाता है कि अश्लील शब्द ऋग्वेद में प्रयुक्त 'अश्रीर' शब्द, जिसका सायण ने पहले स्थान पर अश्लील और दूसरे स्थान पर श्रीहीन, गुण-विहीन और कुत्सित अर्थ किया है, का ही रूपांतर है। भारत और पश्चिम के काव्यशास्त्रियों ने अश्लीलता का विस्तृत विवेचन किया है। काव्याशास्त्रियों ने अश्लीलता की सौंदर्यबोध के संदर्भ में व्याख्या करते हुए उसे एक काव्य-दोष माना है, जबकि आधुनिक मनोवैज्ञानिकों, समाजशास्त्रियों, न्यायविदों आदि ने अश्लीलता की प्रकृति और परिभाषा के विषय में व्यक्तिगत और सामाजिक नैतिकता के संदर्भ में विचार किया है। इसके साथ ही आधुनिक राज्य व्यवस्थाओं ने अश्लीलता को अपराध मान कर उसकी रोकथाम के लिए कानून बनाए हैं। इन कानूनों के औचित्य-अनौचित्य पर लगातार बहस चलती रहती है। केट किलेट आदि साहित्य समीक्षकों ने अश्लीलता का स्त्रीवादी विचारधारा के परिप्रेक्ष्य में विश्लेषण किया है। इस सारे विवेचन की सीमा यह है कि यह अधिकांशतः लिखित साहित्य के संदर्भ में हुआ है। आधुनिक औद्योगिक सभ्यता के उच्च प्रौद्योगिकी युग में प्रचलित फीचर फिल्मों, गैर-फीचर फिल्मों, टेलीविजन एवं इंटरनेट प्रसारणों में अश्लीलता का सवाल नए सिरे से विवेचन की चुनौती उपस्थित करता है। जहाँ तक नग्न यौनाचार (पोर्नोग्राफी) के फिल्मांकन और प्रसारण का सवाल है, उन्हें सीधे कानूनन प्रतिबंधित किया जा सकता है। वैसी फिल्मों पर प्रतिबंध होता भी है। इनका निर्माण और प्रदर्शन समाज और कानून की निगाह से छिप कर ही होता है। बच्चे और किशोर, जिन पर अश्लीलता के दुष्प्रभाव की सर्वाधिक चिंता की जाती है, उनसे बचे रहते हैं। लेकिन बाकी बचा

जो कानूनी प्रसारण है. उसमें भी अश्लीलता का सवाल सुलझा हुआ नहीं है और अक्सर बहस का विषय बनता रहता है।

इधर पिछले कुछ वर्षों से फिल्मी तथा गैर-फिल्मी नाच-गानों एवं दृश्यों और कुछ विज्ञापनों में स्त्री के शरीर की झटकेदार मसालेदार नुमाइश भारतीय समाज में अभूतपूर्व कही जाएगी। नग्न यौनाचार की हदों को छूता मसाला रमणियों का यह प्रदर्शन कैसे भी कलात्मक और नैतिक मानदंडों से स्खलित महज कामोत्तेजक होता है। सौंदर्य पहली बार इतना श्रीहीन और कुत्सित हुआ है। हालाँकि साहित्य, स्थापत्य और चित्र कलाओं में बहुत पहले से स्त्री शरीर और काम चेष्टाओं का चित्रण पढ़ने-देखने को मिलता है, लेकिन नई लहर की विशिष्टता यह है कि उसमें शुरू से आखिर तक बाजारूपन तारी है। बाजारूपन इस मायने में भी कि वह सबके 'कंजप्शन' के लिए होता है। इलेक्ट्रॉनिक मीडिया की 'क्रांति' के चलते इसकी पहुँच समाज के हर तबके और हर उम्र के दर्शकों के लिए एक साथ है। यानी वैश्वीकरण केवल व्यापार का ही नहीं, देह व्यापार का भी हो रहा है। प्रतिबंधित पोर्नोग्राफी से ले कर स्त्री देह के खुले प्रदर्शन तक का उद्गम स्रोत अमेरिका और पश्चिमी यूरोप के देश हैं। बहुलतावाद की बात करनेवाली उत्तर-आधुनिक विचारधारा, में उच्च पूँजीवाद जिसका व्यवस्थागत आधार है, सभी समाजों और सभी उम्र के दर्शकों के लिए सुलभ एकरूप खुलापन परोसा जा रहा है। शायद अगले दस वर्ष भी न लगें कि भारत में भी फिल्मों और गैर-फिल्मी नाच-गानों में वैसे ही 'बेडरूम' दृश्यों का फिल्मांकन होने लगे जैसा कि हॉलीवुड और विभिन्न नृत्य मंडलियों की प्रस्तुतियों में होता है। उपभोक्तावाद के नशे में गर्क अधिकांश मध्य और युवा वर्ग गैर-फिल्मी नाच-गानों की मौजमस्ती में बहा जा रहा है। इसके संगीन सांस्कृतिक आयाम की तरफ ध्यान नहीं दिया जा रहा है। नाच मंडलियाँ स्त्री देह की चाशनी में लपेट कर जिन गीतों को बेच रही हैं, वे युगों-युगों से श्रमशील जनता की रचनात्मक प्रतिभा का सृजन है। सीधे शब्दों में यह लोक संस्कृति को बाजारू बनाने का उद्यम है। इसके प्रति न बौद्धिकों में गहरी चिंता है न नेताओ में।

यह एक सर्व-स्वीकृत मान्यता रही है कि पूँजीवाद के चलते व्यक्ति स्वातंत्र्य का मूल्य सभ्यता के केंद्र में आता है। लेकिन इसका अगला चरण उच्च पूँजीवाद, जिसका विचारधारात्मक आधार उत्तर-आधुनिकतावाद है, स्वतंत्रता के मूल्य को इतना 'स्वतंत्र' कर देता है कि उसका कोई आगा-पीछा या ऊँच-नीच नहीं सोचा जा सकता। यह 'वैल्यू जजमेंट' से रहित स्वतंत्रता है। यह उच्च पूँजीवादी देशों के बारे में भी सत्य है और व्यक्तियों के बारे में भी। इलेक्ट्रॉनिक मीडिया उच्च पूँजीवाद का क्षेत्र है। तभी यहाँ कार्यरत 'प्रतिमाएँ' वैसी स्वतंत्र हैं। इस स्वतंत्रता का स्तर यहाँ तक जाता है कि कई स्त्रियों को यह कहते सुना जा सकता है कि उनके पास दिखाने को कुछ है तो दिखाती हैं। यह स्पष्ट है कि पूँजीवाद पितृसत्तात्मकता की

पोषक विचारधारा है। यदि यह (पितृसत्तात्मकता) वैसे 'दिखाने' को तत्परता से मंच प्रदान करती है तो आश्चर्य नहीं होना चाहिए। स्त्रीवादी विचारक अक्सर स्त्री देह के इस तरह के 'शोषण' के लिए पूँजीवादी और पितृसत्तात्मक विचारधाराओं की सहभागिता को जिम्मेदार मानते हैं। लेकिन इसमें सक्रिय स्त्रियों की व्यक्तिगत स्वतंत्रता के 'उपयोग' के कारक को नजरअंदाज नहीं किया जा सकता। जिस उत्साह और उल्लास से वे अपनी भूमिका में उतरती हैं, वह उनकी स्वतंत्रता का बोधक है। अन्यथा देह प्रदर्शन का जैसा विस्फोट इस सभ्यता में हुआ है, वैसा कभी नहीं रहा। यह इस सभ्यता का विरोधाभास ही है कि स्त्रीवाद और देहवाद दोनों एक साथ परवान चढ़े हैं। मैंने एक जगह लिखा है कि यह देहवादी 'फिल्मी कला' स्त्रीवादी आंदोलन के साथ भितरघात करती है। कहना न होगा कि इस प्रक्रिया में पितृसत्तात्मकता ही मजबूत होती है--स्त्री देह के ग्राहक स्त्रियाँ नहीं, पुरुष होते हैं।

इन अश्लील प्रदर्शनों की सामाजिकता या सामाजिक प्रभाव की चिंता वाजिब मानी जाएगी। अश्लीलता चित्रण में नहीं, पढ़ने-लिखनेवाले की दृष्टि में होती है--यह तर्क परिपक्व बुद्धि के पाठकों-दर्शकों के लिए तो ठीक है। वे नग्न यौनाचार में भी सहज रस ले सकते हैं। लेकिन कच्ची बुद्धि के पाठकों-दर्शकों पर अश्लीलता के दुष्ट नहीं तो असहज प्रभाव को नकारना असंभव है। अगर देह प्रदर्शन या स्त्री-पुरुष के परस्पर देह घर्षण को कलात्मक कसौटी से इतर केवल कामोत्तेजना पैदा करने की स्वतंत्रता के तहत भी स्वीकार किया जाए, तो भी कामोत्तेजना का समुचित ग्रहण कर पानेवाले और साथ ही इच्छुक पाठकों--दर्शकों तक उसकी उपादेयता बनती है। गिने-चुने परिवारों में ही ऐसी वस्तुनिष्ठ दृष्टि विकसित हुई होगी, जहाँ भाई-बहन, पिता-पुत्री, माता-पुत्र, पति-पत्नी आदि अश्लील मनोरंजन का एक साथ आस्वाद कर सकें। जहाँ नगरों-महानगरों से भी ऐसे परिवारों की संख्या नगण्य हो, वहाँ पूरे कस्बाई और देहाती भारत की यातना का अंदाजा लगाया जा सकता है। किशोर मानस और मस्तिष्क पर तो इस अश्लीलता का प्रभाव कुचलनेवाला होता है।

यहाँ मैं अपने गाँव का अनुभव साझा करना चाहूँगा जो दिल्ली की जड़ में स्थित है। भाषाई और सांस्कृतिक दृष्टि से यह ब्रजमंडल का सीमांत है, जहाँ चुकते हुए आर्य समाज का प्रभाव भी रहा है। गाँव की सांस्कृतिक-धार्मिक संरचना में सनातनी और आर्य समाजी दोनों धाराओं की मिश्रित मौजूदगी रही है। साठ के दशक तक मनोरंजन का परंपरागत स्वरूप विद्यमान था। सालाना राम लीला और दो-चार साल के अंतराल पर रास लीला का आयोजन होता था। सांगीतिक-सांस्कृतिक मनोरंजन का सर्व प्रमुख माध्यम हरि कीर्तन था, जिसका आयोजन विशेष अवसरों पर मंदिर में और प्रायः हर सप्ताह अलग-अलग घरों में होता था। साल में तीन-चार

बार आर्य समाजी भजनी या महाशय रागनियों में निबद्ध 'इतिहास' और प्रवचन सुनाते थे। स्वाँग या नौटंकी के 'चौक' गाँव में नहीं होते थे। वैसे 'खेलों' को अश्लील माना जाता था। उनका खर्च उठाना भी छोटे-से पुरवे की आर्थिक हैसियत के बाहर था। अलबत्ता लखमीचंद, यादराम या चंदरनट के 'सांग' इलाके में जहाँ भी होते थे, गाँव के कुछ लोग देखने जाते थे। गाँव से तीन मील की दूरी पर स्थित शहर में मनोहर और गिराज की मंडली साल में एक बार 'सांग' करती थी, जिसमें एक-दो 'रंडियों' की भूमिका भी होती थी। आस-पास के गाँवों और शहर के लोगों की भारी भीड़ दर्शकों के रूप में जुटती थी। प्रांत के लोग संपर्क विभाग की नाटक मंडली की साल में एक-दो बार उपदेशात्मक नाटक खेलने आती थी। तीज-त्यौहारों और विभिन्न अनुष्ठानों से जुड़े स्त्रियों के स्वायत्त मनोरंजन भी थे, जिसमें कभी-कभार नाटक, नाच और मुख्यतः सामूहिक गायन, जिसे गीता गाना कहा जाता है, शामिल थे। गीतों की विषयवस्तु अधिकांशतः धार्मिक-सामाजिक और अंशतः समसामयिक होती थी। राधा-कृष्ण और गापियों की लीलाओं से संबद्ध श्रृंगार रस प्रधान रसिया बहुत कम गाए जाते थे। विवाह के अवसर पर बारातियों को दी जानेवाली गालियाँ इस मायने में अश्लील होती थीं कि स्त्रियाँ स्वयं उन्हें वैसा मानती थीं। वैसी गलियों की माहिर एक-दो बड़ी स्त्रियाँ ही होती थीं। मनोरंजन का यह मुकम्मल परिदृश्य था, जिसमें, ऐसा नहीं है, अश्लीलता नहीं थी और उसके निवारण की आवश्यकता नहीं थी। हद दर्जे के अश्लील रागनियाँ और रसिया गाए जाते थे। यहाँ तक कि अवतारों को ले कर भी अश्लील तुकबंदियाँ होती थीं। इसके अलावा पुरुषों और स्त्रियों में अलग-अलग घनघोर अश्लील चर्चाएँ होती थीं, जिन्हें सुन कर बच्चे भी वैसा ही करते थे। यह सब अभी भी होता है। लेकिन तब भी और अब भी एक छिपे व्यापार के रूप में। केवल झगड़ों के समय गालियों और एक-दूसरे की 'खोलने' के रूप में छिपी अश्लीलता सतह पर आती है।

कहना न होगा कि आधुनिकीकरण की प्रक्रिया के चलते ग्रामीण मनोरंजन के इस परिदृश्य में बदलाव आना अनिवार्य था। इक्का-दुक्का लोग शहर में सिनेमा देखने जाने लगे। ससुराल से लिवाते समय रास्ते में पत्नियों को भी कभी-कदा ले जाते। 1970 में गाँव में पंचायती टेलीविजन आया, जिसने निर्णायक रूप से मनोरंजन के पूर्व प्रचलित रूपों को तोड़ना शुरू कर दिया। पुरानी पीढ़ी द्वारा चित्रहार और फिल्मों के 'स्वच्छंदतावाद' को अनैतिक माना गया, हालाँकि किस्से-कहानियों में स्वच्छंदतावादी वस्तु का पूर्ण आनंद लिया जाता था। फर्क टीवी कार्यक्रमों के सर्वाकर्षण और सर्वसुलभता का था। किशोरों-युवाओं और बहू-बेटियों का चलन खराब होने की गंभीर चिंता की गई। टीवी और सिनेमा को रहना था, सो रहे। इनका प्रचार-प्रसार बढ़ना था, सो बढ़ा। यही वह समय था जब भारत की पूरी आबादी के संदर्भ में और मद्देनजर एक नई, दूरदर्शितापूर्ण तथा समुचित

मनोरंजन नीति बनाने की जरूरत थी। लेकिन इस दिशा में गंभीर प्रयास नहीं हुए। आज गाँव की कहानी यह है कि प्रायः प्रत्येक घर में केबलशुदा टीवी है, जिस पर दिन-रात धुआँधार मनोरंजन चलता है। अधिकांशतः देखा भी वही जाता है। घर इतने बड़े नहीं होते कि टीवी एक अलग कमरे में रख कर केवल वयस्क सदस्य कार्यक्रम देखते रह सकें। पूरे भारत की तरह यहाँ भी बेरोजगार युवकों की बड़ी फौज है। इनमें से अधिकांश टीवी से चिपके रहते हैं। अगर क्रिकेट का नशा न होता तो केवल मनोरंजन ही देखा जाता। किशोरियाँ और युवतियाँ घर के काम में व्यस्त कनखियों से देखती और आवाजाही करती रहती हैं। दिन-रात चलनेवाले मनोरंजन की वजह से युवक-युवतियों का भाव जगत की नहीं, पूरे घर का वातावरण असहज रहता है। घर के सदस्य एक-दूसरे से आँख मिलाते कतराते हैं। अंग-प्रदर्शन या अंग-स्पर्श का दृश्य समाप्त होने पर जैसे राहत की साँस ली जाती है। एक वर्जनाजड़ित समाज और वर्जना-रहित फिल्मी लोक के बीच की चौड़ी खाई में कुंठित स्वप्नों तथा दिवास्वप्नों और कुटेव (छिपी काम-संबंधी गतिविधियाँ, जिनमें आत्मरति की प्रमुखता होती है) का पनपना अवश्यंभावी है और वे ही पनपते हैं। नतीजतन प्रतिभाओं का सम्यक विकास बाधित होता है, जिसका समग्र प्रभाव समाज और राष्ट्र निर्माण की प्रक्रिया पर पड़ता है।

वर्जनाओं और काम कुंठाओं से ग्रस्त समाज में खुलापन लाने की आवश्यकता से इनकार नहीं किया जा सकता। लेकिन देह और काम चेष्टाओं का खुला प्रदर्शन समस्या का समाधान नहीं है। बल्कि समस्या इससे और जटिल होती हैं। यहाँ ध्यान दिया जा सकता है कि जब से भदेस देह प्रदर्शन का दौर शुरू हुआ है, फिल्मों से स्त्री-पुरुष संबंधों में काम्य खुलेपन की वस्तु गायब होती चली गई है। ऐसा लगता है, भारतीय फिल्मों में जीवन से जुड़ी कला दम तोड़ चुकी है। तुर्रा यह है कि मनोरंजन के नाम पर जो परोसा जा रहा है, वह जनता की रुचि और माँग पर है। यह वर्ग-स्वार्थी तर्क है, जिसमें फाइनांसर, निर्माता, डिस्ट्रीब्यूटर, अभिनेता ही नहीं, माफिया और तस्कर भी शामिल हैं।

अभी तक वेश्यावृत्ति को देह व्यापार की संज्ञा दी जाती है। लेकिन देह का प्रदर्शन भी देह व्यापार की श्रेणी में गिना जाना चाहिए। कई स्त्री संगठन वैसी माँग करते भी हैं। अपनी देह दे कर जीविका कमाने के धंधे यानी वेश्यावृत्ति को स्वेच्छ से अपनानेवाली स्त्रियों की संख्या नगण्य है। भारत में बड़ी संख्या में नाबालिग लड़कियाँ बलात इस धंधे में झोंकी गई हैं। यहाँ हालात की मजबूरी और बेबसी का कारक ही निर्णायक होता है। कल्पना की जा सकती है कि वह एक नारकीय जीवन है, जिसमें आत्मसम्मान और उन्नयन का मानवीय सरोकार हमेशा के लिए निर्जीव हो जाता है। वेश्याओं को लगातार दलालों, पुलिस और बाइयों के कहर में जीना होता है। उन्हें दूर-दराज जगहों से चुरा कर-फुसला कर कोठों तक लाया

जाता है, जहाँ उन्हें अपनी जन्मभूमि और प्रियजनों का मृत्युपर्यंत विछोह सहना पड़ता है। अपनी मिट्टी से पूर्णतः तिरस्कृत और स्वास्थ्य की दृष्टि से हमेशा खतरों से भरा सभ्यता का यह आदि धंधा निश्चित उम्र तक ही साथ देता है। उसके बाद अकेलेपन, असहायता और बीमारी भरा जीवन काटना होता है। वेश्या का ठप्पा लगने के बाद मुख्यधारा जीवन व्यापार में प्रवेश पूर्णतः निषिद्ध होती है। मानव सभ्यता का यह शायद सर्वाधिक त्रासद क्षेत्र है।

इसके विपरीत देह दिखा कर या मटका कर जीविका कमानेवाली स्त्रियाँ, जिन्हें अभिनेत्री और मॉडल की कोटि में रखा जाता है, शौक से इस 'कैरियर' का वरण करती हैं, हालाँकि वे जिस निर्लज्जता से अंगों और भंगिमाओं का प्रदर्शन करती हैं, वैसा न तो वे 'लौंडे' कर सकते थे जो स्त्रियों का रूप धर कर नाचा करते थे, न ही वे 'रंडियाँ' जिन्हें अमीर लोग खुशी के अवसरों पर नाच-गाने के लिए बुलाते थे। एक स्वर और सिरे से वेश्यावृत्ति को अनैतिक माना जाता है। वेश्याओं के प्रति सामाजिक व्यवहार घृणा करने का होता है। दूसरी ओर देह प्रदर्शनकारी स्त्रियों को धन और शोहरत के साथ सामाजिक प्रतिष्ठा भी मिलती है। अपने कैरियर के बल पर वे विभिन्न पुरस्कार और सम्मान हासिल करती हैं। विभिन्न मंचों की शोभा बढ़ाती हैं, पत्रिकाओं की संपादक बनती हैं और कई बार सरकारी आयोगों तथा संसद की सदस्य भी। लोग उन्हें प्यार करते हैं और वे लोगों के दिलों पर राज। तो क्या वे पूर्णतः या अधिकांशतः नैतिक हैं ? वेश्यावृत्ति एक दोषपूर्ण सामाजिक-आर्थिक-सांबंधिक-नैतिक व्यवस्था की देन तो है, लेकिन उसका समाज पर व्यापक दुष्प्रभाव होता हो, ऐसा नहीं माना जाता। उलटे उन्हें समाज की गंदगी साफ करनेवाली नालियाँ कहा जाता है। इसके विपरीत मसाला रमणियाँ न केवल अपनी कीमत, शाही खर्च, टैक्स चोरी आदि के जरिए आर्थिक बेईमानी करती हैं, बल्कि समाज की नाड़ियों में विकृति और उपभोक्तावादी अपसंस्कृति का जहर प्रवाहित करती हैं। तो यह नहीं कहा जा सकता कि पेट भरने के लिए मजबूरन देह समर्पण (यहाँ शोषण पढ़ा जाए) का अभिशाप झेलनेवाली स्त्रियाँ अनैतिक हैं और देह प्रदर्शन करनेवाली स्त्रियाँ नैतिक हैं। बल्कि इसका उलटा ही सही मानना चाहिए।

सौंदर्य का षड्यंत्र

मधु किश्वर

सौंदर्य प्रतियोगिताओं के खिलाफ प्रदर्शन, सेक्स के प्रतीक के रूप में महिलाओं का उपयोग और नारी शरीर का उपभोक्ता सामग्री माना जाना--पश्चिमी देशों के नारी आंदोलनों का यही मूलाधार रहा है। पाश्चात्य नारीवादियों को इस बात का एहसास हुआ कि मीडिया के जरिए प्रदर्शन के कारण सौंदर्य प्रतियोगिताएँ नारी को शारीरिक, मानसिक और भावनात्मक रूप से क्षति पहुँचा सकती हैं। अफसोस की बात यह है कि पश्चिम की नारी द्वारा सौंदर्य के इन तथाकथित प्रतिमानों को ठुकरा दिए जाने के वर्षों बाद हम भारत में सौंदर्य प्रतियोगिताओं के इस पश्चिमी बुखार से ग्रस्त होते जा रहे हैं। मिस इंडिया प्रतियोगिताएँ एक महत्वपूर्ण राष्ट्रीय घटना बनती जा रही हैं। सौंदर्य प्रतियोगिताओं का रोग हजारों महिला कॉलेजों और स्थानीय क्लबों और होटलों तक फैल गया है।

अगर कोई व्यक्ति सौंदर्य प्रतियोगिताओं के प्रति अरुचि दिखाता है, तो फौरन ही यह मान लिया जाता है कि वह हर नारी को गाँधी आश्रम की संवासिनी-सा देखता है, जिसका जीवन आत्म-दमन का शिकार हो। यह बात समझी जानी चाहिए कि सौंदर्य प्रतियोगिताओं का विरोधी होने का अर्थ यह कतई नहीं है कि विरोध नारी के सुंदर दिखने या शृंगार से है। इतिहास गवाह है कि नारी में शुरू से ही सौंदर्य चेतना रही है और वह अपने आस-पास की तकरीबन हर चीज से अपने आपको अलंकृत करती रही है।

इस क्षेत्र में भारतीय महिलाएँ खास तौर पर रचनाशील रही हैं। वे मिट्टी के साधारण फर्श को तरह-तरह के सुंदर डिजाइनों से सजाती हैं, तरह-तरह के कसीदे वाले रंगारंग कपड़े पहनने की उनकी एक परंपरा रही है और वे भाँति-भाँति के आईनों और डिजाइनों का उपयोग करती रही हैं। इसलिए यह स्वाभाविक है कि वे सौंदर्य

से मिलनेवाले आनंद की अभिव्यक्ति अपने शरीर को अलंकृत करके भी करेंगी। शृंगार भारत की सदियों पुरानी परंपरा रही है, जिसमें स्त्रियाँ विशेष प्रकार के गहने पहनती हैं, सजती-धजती हैं और पूरे शरीर को अलंकृत करती हैं।

सौंदर्य प्रतियोगिताओं के साथ सौंदर्य का जो प्रतिमान पश्चिमी देशों से हमारे यहाँ आया है, उसका सौंदर्य से कोई लेना-देना नहीं है। वह तो नारी द्वारा खुद को बाजार में मानकीकृत उत्पाद की तरह पेश करने का एक तरीका है, जिसमें कोई मानवीय पक्ष नहीं होता। एक ग्लैमरस गुड़िया की तरह अपने आपको परोस कर नारी खुद ही घृणा का पात्र बन जाती है।

वर्षों तक पश्चिमी देशों के नारीवादी इस मसले से जूझते रहे कि पुरुष ने सौंदर्य की व्याख्या इस तरह कैसे की कि महिलाएँ अपने को आकर्षक तभी मानने लगीं जब पुरुष को वह यौन रूप से उत्तेजक लगे। पाश्चात्य संस्कृति के युवा इसी बीमार मानसिकता से ग्रस्त हैं, जिसका असर समाज के सभी वर्गों पर पड़ता है। सत्ता तक नारी की पहुँच तभी तक है जब तक पुरुष की दृष्टि में वह युवा और आकर्षक लगती हो। अलबत्ता पाश्चात्य पुरुष ने अपने लिए खुद अलग मानक तय कर रखे हैं। उसका मानना है कि वह प्रौढ़ावस्था में भी आकर्षक लगता है। बल्कि अगर वह धनी और शक्तिशाली हो तो उसकी उम्र उसका आकर्षण बढ़ाती ही है। माना जाता है कि पुरुष के बालों की रुपहली चमक उसकी सेक्स अपील बढ़ाती है। मगर स्त्री पर यह बात लागू नहीं होती। उस पर यह दबाव होता है कि वह अपने सफेद होते बालों को रँग कर तथा अन्य प्रयासों से बुढ़ापे के अन्य लक्षणों को छुपाए। ज्यों-ज्यों बढ़ती उम्र के साथ उसके वक्ष ढलते हैं और नितंब भारी होने लगते हैं, उसे यह एहसास कराया जाता है कि उसे अब अग्राह्य किया जा सकता है। बड़े सुडौल वक्षों, पतली कमर और सुडौल अंगों का पागलपन पश्चिमी देशों की महिलाओं में इतना ज्यादा है कि वे डायटिंग पर डायटिंग करती रहती हैं। पश्चिमी देशों में कम से कम पन्द्रह लाख महिलाएँ ऐसी हैं जिन्होंने स्तनों का आकार बढ़ाने के लिए सर्जरी तक कराई है। मेरे एक अमेरिकी मित्र के अनुसार, छरहरापन वहाँ एक ऐसी राष्ट्रीय ललक है कि ऐसा हो ही नहीं सकता कि आप किसी स्त्री से बात करें और बात घूम-फिर कर किसी न किसी तरह कैलोरी और डायटिंग तक न पहुँचे। छरहरा बनने की ललक में अनेक महिलाएँ मंदाग्नि या बिल्कुल भूख न लगने की बीमारी का शिकार हो जाती हैं और पौष्टिक आहार न लेने के कारण तरह-तरह की बीमारियाँ उन्हें आ घेरती हैं। जो स्त्रियाँ खाना खाने की ललक नहीं रोक पातीं, वे खाने के बाद वमन करने की कला सीख लेती हैं, ताकि स्वाद का आनंद भी लिया जा सकें और वजन भी न बढ़े।

'फेमिना' और अब बंद हो गई पत्रिका 'ईव्ज वीकली' ऐसी पाश्चात्य सनक को भारतीय महिलाओं में प्रतिपादित करने का प्रयास करती रही हैं। मगर उनका

असर शहरों की संपन्न महिलाओं के एक खास वर्ग तक ही सीमित रहा है । खानपान की विसंगतियाँ और प्लास्टिक सर्जरी जैसी चीजें तो खैर हमारे देश में नहीं होती। परंतु यदि सौंदर्य प्रतियोगिताओं का यह उन्माद इसी गति से फैलता रहा और मीडिया के एक खास वर्ग की शह उसे इसी प्रकार मिलती रही, तो भारतीय महिलाओं के लिए खतरें की घंटी बजने ही वाली है।

स्त्री के सौंदर्य की हमारी अवधारणा का सबसे अस्वास्थ्यकर पहलू यह है कि हम काली चमड़ी को कुरूपता का प्रतीक मानते हैं। गोरी स्त्रियों को खासी अहमियत दी जाती है (इस अर्थ में भारतीय भी गोरी चमड़ीवाले कुछ पाश्चात्य लोगों को कम रंगभेदी नहीं हैं)। मेरी एक मित्र हैं–सुरभि सेठ। संस्कृत की विद्वान सुरभि बताती है कि गोरी चमड़ी के प्रति पक्षपात भारतीय साहित्य में भरा पड़ा है। गौर वर्ण प्रकाश और सौंदर्य से जुड़ा माना गया है। इसमें जातिगत वरीयता भी है। प्राचीन साहित्य में कहा गया है कि ब्राह्मणों की त्वचा गोरी, क्षत्रियों की लाल, वैश्यों की पीत तथा शूद्रों की काली होती है। गोरा रंग पारंपरिक रूप से सौंदर्य से जुड़ा हुआ तो था ही, उपनिवेशवादी शासन के दौरान यह सत्ता का प्रतीक भी बन गया। भारतीय नेहरू परिवार के प्रति इतने मुग्ध क्यों थे, इस प्रश्न का उत्तर शायद इसी मानसिकता में है। चूँकि वे यूरोपीय लोगों की भाँति गोरे थे, उन्हें जन्मजात शासकों की तरह माना गया। मेरी मान्यता है कि इंदिरा गांधी अगर काली होतीं तो न तो उन्हें इतना गरिमामंडित किया जाता और न उनकी इतनी सारी बुराइयाँ अनदेखी कर दी जाती।

परिवारों में भी काली लड़कियों की उपेक्षा की जाती है। विवाह के बाजार में उसकी पूछ नहीं होती। यहाँ चमड़ी को गोरा बनाने के क्रीम ठीक वैसे ही बिकती हैं जैसे पश्चिमी देशों में झुर्रियाँ रोकनेवाली क्रीम। हममें से अधिकांश काले या साँवले हैं, इसे देखते हुए भारतीय नारी के गोरेपन की खासी कीमत लगाते हैं।

सौंदर्य की हमारी पारंपरिक अवधारणा कहीं अधिक संतुलित और स्वस्थ थी। उदाहरण के लिए, हम भारतीयों पर छरहरा बने रहने का दबाव नहीं है। अगर मैं मोटी हो जाऊँ तो मेरे अधिकांश परिजन और मित्र यही कहेंगे कि मैं स्वस्थ हो गई हूँ। इसी तरह जब-जब मेरा वजन घटा है तो लोगों ने पूछना शुरू कर दिया है–'तुम बीमार हो क्या ? इतनी दुबली क्यों होती जा रही हो ?' जब तक कोई महिला बिल्कुल थुलथुली और बेडौल न हो जाए, तब तक उसका मोटापा भारत में अच्छे स्वास्थ्य की निशानी माना जाता है। अधिकांश माता-पिता इस बात को पसंद नहीं करते कि उसकी बेटी वजन कम करने के लिए डायटिंग करे। वे इसे हतोत्साहित ही करते हैं। अगर शादी के बाद किसी महिला का वजन नहीं बढ़ता तो यह माना जाता है कि उसका दांपत्य जीवन सुखमय नहीं है। यह आम धारणा है कि अगर किसी स्त्री का वैवाहिक जीवन सुखद है, तो उसका शरीर भर जाना चाहिए।

यहाँ तक कि भारत में फिल्मी अभिनेत्रियाँ भी हॉलीवुड की अभिनेत्रियों की

तरह दुबली-पतली-छरहरी नहीं होतीं। पश्चिमी मानदंडों से देखें तो हमारे अधिकांश फिल्मी सितारे मोटे माने जायेंगे। मगर भारत में मीना कुमारी, नरगिस, आशा पारेख, हेमा मालिनी और माला सिन्हा जैसी अभिनेत्रियों को पुरानी पीढ़ी ने सिर्फ इस वजह से कभी खारिज नहीं किया कि बढ़ती उम्र के साथ वे मोटी होती गईं। युवा पीढ़ी में भी श्रीदेवी, जुही चावला आदि मोटी ही हैं। मगर इस वजन से उन्हें नकारा नहीं जाता, बल्कि उनकी भरी-भरी देहयष्टि के कारण दर्शक उनकी ओर आकृष्ट ही होते हैं।

पश्चिम में नारीवादियों द्वारा संभ्रात वर्ग में सौंदर्य प्रतियोगिताओं के प्रति वितृष्णा पैदा कर दिए जाने के बाद भी महिलाएँ पुरुषों में अपने प्रति यौन आकर्षण बनाए रखने के निरंतर दबाव में हैं और फैशन पत्रिकाओं की मॉडलों की भांति अपना शरीर बनाए रखने के लिए प्रयास करती रहती हैं। अधिकतर द्वारा डिजाइन किए गए फैशन इस बात पर बल देते है। कि स्त्री की पोशाक ऐसी हो जिसमें वह सेक्सी लगे। इसके सर्वथा विपरीत भारत जैसी संस्कृतियों में अगर कोई लड़की उत्तेजक कपड़े पहनती है तो उसकी शादी होना भी मुश्किल हो जाता है।

परिवार द्वारा तय की गई शादियों की हमारी प्रथा में कई खामियाँ हो सकती हैं, मगर इससे कई लाभ भी हैं। मसलन, पश्चिमी देशों के विपरीत, जहाँ स्त्री का विवाह होना इस बात पर निर्भर करता है कि पुरुष उसे सेक्सी मानता है या नहीं, भारत में स्त्री का विवाह इस बात पर निर्भर नहीं करता। चूँकि वधू के चुनाव में पूरा परिवार भाग लेता है, इसलिए लड़की को सिर्फ एक पुरुष को नहीं, बल्कि पूरे परिवार को संतुष्ट करना पड़ता है। ऐसा होना यह सुनिश्चित करता है कि सौंदर्य के प्रतिमान केवल एक पुँरुष तय न कर पाये, जैसा कि पश्चिम में होता है।

विवाह और पारिवारिक जीवन का पश्चिमी देशों की अपेक्षा भारत में स्थायित्व अपेक्षाकृत स्थायित्व भारत में स्त्री को इस दबाव से मुक्त कर देता है कि वह हमेशा युवा और झुर्रियों से मुक्त बनी रहे। खास तौर पर संयुक्त परिवार में विवाह का स्थायित्व काफी हद तक इस बात पर निर्भर करता है कि स्त्री अपने पति के परिवार के विभिन्न सदस्यों से कैसा व्यवहार करती है—पति के माता-पिता, भाई-बहिन, चाचा-चाची आदि से। इन लोगों के लिए स्त्री का यौवन कोई खास अहमियत नहीं रखता, बल्कि अन्य मानवीय मूल्य ही ज्यादा अहम् हैं। अगर शेष परिवार से स्त्री का तादात्म्य स्थापित हो गया है, तो पति द्वारा परित्याग कर दिए जाने के भय के खिलाफ उसे इनकी मदद मिलती रहती है। तलाकशुदा होने का दंश मर्द के लिए उतना ही तीव्र नहीं होता जितना औरत के लिए होता है, मगर इतना तो होता ही है कि अधिकांश पुरुष विवाह संबंध को बनाए रखने का प्रयास करते हैं। तब भी, जब पत्नी से उनके संबंध बहुत अच्छे न हों या दूसरी स्त्रियों से उनके संबंध हो गए हों।

विवाह के स्थायी हो पाने का यह एहसास ही—भले ही वह पति की यौन फंतासियों को संतुष्ट करती हो अथवा नहीं—हमारी जैसी संस्कृतियों में स्त्री को गरिमामय ढंग से उम्रदार होने देता है और वह ढलती उम्र, भूरे होते बालों, ढलते वक्षों, चौड़ी होती कमर या झुर्रियों के प्रति अनावश्यक भय में नहीं जीती। पुरुष को संतुष्ट रखने में अपना अनावश्यक समय बरबाद करने वही जगह भारतीय नारी अन्य लोगों, बल्कि स्त्रियों से संबंध कायम करने में इस मूल्यवान समय का उपयोग कर सकती है।

अगर सौंदर्य प्रतियोगिताओं की संस्कृति भारत में जड़ें पकड़ती है, तो वह पारंपरिक रूप से भारतीय नारी को मिली शक्ति के ही कुछ क्षेत्रों पर आघात करेगी। यह संस्कृति नारी के बीच एक दूषित प्रतिद्वंद्विता पैदा करती है और उसमें आत्मकेंद्रित होते जाने तथा अन्य स्त्रियों का प्रतिद्वंद्वी मानने के कारण खुद के खिलाफ ही एक घृणा को जन्म देती है। वह एक ऐसी नारी को जन्म देती है, जो पुरुष का ध्यान अपनी ओर आकृष्ट करने को आतुर है। यह नारी को निरंतर एकायामी जीव में बदलती चला जाता है जिसे पुरुष आसानी से बरगला सकता है, क्योंकि वह खुद को पुरुष की ही आँखों से देखना चाहती है। जहाँ लाखों पुरुष 'सुष्मिता' और 'ऐश्वर्य' के बारे में फंतायिों के ताने-बाने बुनते रहते हैं, वहीं मुझे एक भी ऐसा युवा नहीं दीखता जो उन्हें बहन के रूप में या एक भी माता-पिता नहीं दीखते जो उन्हें पुत्री के रूप में पाना चाहते हों। वे केवल दो प्रकार की भावनाएँ भड़काती हैं—पुरुष में यौन उत्तेजना और स्त्री में ईर्ष्या और विद्वेष। मेरी दृष्टि में अगर कोई स्त्री अपनी समकालीन स्त्रियों में केवल ईर्ष्या और विद्वेष को जन्म देती हो तो वह बहुत ही असुरक्षित हो जाती है, भले ही वह पुरुष की कितनी ही प्रशंसा क्यों न अर्जित कर ले।

चोली के पीछे जो है

राजकिशोर

चोली के पीछे क्या है—यह सवाल जब सुभाष घई जैसे लोग पूछते हैं, तो उनकी नजर रुपए पर रहती है। उनके लिए चोली के पीछे सिर्फ रुपया है—कुछ और नहीं। सिर्फ चोली के पीछे ही नहीं, चुनरी के पीछे भी और हिंसा तथा बलात्कार के पीछे भी उनकी यही अर्थलोलुपता है। मुंबई की हिंदी बाजारू फिल्म रुपया कमाने की एक अद्भुत, लेकिन बीमार और बासी मशीन है। इसलिए उस पर हिंसक या अश्लील होने का आरोप लगाना बेकार है। वह ऐसी ही हो सकती है, क्योंकि उसके पीछे किसी प्रकार की संवेदना या संस्कार नहीं है। कोई समाज ऐसी फिल्मों पर प्रतिबंध लगा देगा, तो अपना भला ही करेगा। 'चोली के पीछे क्या है'—सिर्फ इस गाने पर प्रतिबंध लगाने से बात नहीं बनेगी, क्योंकि जब यह सवाल सार्वजनिक तौर पर नहीं पूछा जाता था, तब भी चोली का महत्व कम नहीं था। वह तरह-तरह से दिखाई जाती थी। और वह भी, जो चोली के पीछे था। जिनका यह उन्नत नहीं था या कम उन्नत था, उन्हें कृत्रिम उपकरणों का सहारा लेना पड़ता था, ताकि दर्शकों को निराश न होना पड़े। निश्चय ही कला में सृजनशीलता होती है, लेकिन मुंबई का फिल्म उद्योग कला नहीं, कौशल है। अतः वह चोली का प्रयोग कला के हिस्से के रूप में नहीं, कौशल के हिस्से के रूप में करता है। 'चोली के पीछे क्या है' इसे राष्ट्रीय महाप्रश्न बनाना इसी कौशल का विस्तार है। इस कौशल के खिलाफ कोई छिटपुट रणनीति नहीं बनाई जा सकती। यह एक सभ्यतागत मामला है और उससे उसी स्तर पर निपटा जा सकता है।

आधुनिक-पूर्व सभ्यताएँ कामुकता के दमन पर आधारित थीं। प्रत्येक वयस्क पुरुष और वयस्क स्त्री को यह बताया जाता था कि उनके शरीर में या उनके शरीरों के मिलन में सुख के जो झरने फूटते हैं, वे अनैतिक हैं। ये सभ्यताएँ धर्म पर आधारित

थीं और धर्म को सबसे ज्यादा खतरा कामुकता के उभार से नजर आता था। कामुकता व्यक्ति के अस्तित्व की स्वीकृति है। धार्मिक व्यवस्था भी व्यक्ति को मान्यता देती थी, लेकिन एक दूसरे प्रकार के व्यक्ति को, जो सिर्फ ईश्वर से अपना वास्तविक रिश्ता मानता है। इसके विपरीत, कामुकता व्यक्ति से व्यक्ति का प्राकृतिक और वास्तविक रिश्ता स्वीकार करती है। ऐसे सभी संबंधों को धर्म संदेह की निगाह से देखता था, क्योंकि ये संबंध उसकी दृष्टि में कहीं न कहीं ईश्वर से जुड़ने में बाधक थे। हिंदू धर्म के आत्म-प्रशंसक इस बात का बहुत ढिंढोरा पीटते हैं कि हमारे यहाँ ऐसा बीमार चिंतन नहीं रहा है। संभव है, किसी काल विशेष के बारे में यह सच हो, किंतु पिछले दो हजार वर्षों से हम जिस हिंदू समाज को जानते हैं, उसमें स्वस्थ कामुकता के लिए कोई स्थान नहीं रहा है। खासकर स्त्री की कामुकता का तो बेहद दमन किया गया है।

क्या आधुनिक सभ्यता उसी का प्रतिशोध है ? निश्चय ही आधुनिक युग में कामुकता का विस्फोट-सा हुआ है। इसका बहुत बड़ा श्रेय सिगमंड फ्रॉयड को है। लेकिन आज कामुकता का जिस व्यापक स्तर पर व्यावसायिक शोषण हो रहा है, वह उसे देख पाता तो एक नए प्रकार के मनोविश्लेषण की माँग करता। कामुकता का दमन बुरी बात है, लेनिक कामुकता का निरंकुश और व्यावसायिक उभार उससे भी बुरी बात है। धार्मिक व्यवस्थाओं और मध्यकालीन समाजों ने कामुकता की अभिव्यक्तियों पर अंकुश लगाए, तो इसके पीछे उनका अज्ञान था, तथाकथित पवित्रतावादी आग्रह थे और यह विश्वास था कि मनुष्य को अपनी इच्छाओं पर लगाम लगानी चाहिए। यह अंतिम कारण बहुत महत्वपूर्ण है, क्योंकि यह तर्क सभी प्रकार की इच्छाओं पर लागू होता हुआ दिखाई देता है। सभी धर्मों ने सादगी सिखायी, क्योंकि आधुनिक युग के पूर्व टेक्नोलॉजी का जो स्तर था, उसके कारण सादगी ही सबके लिए व्यावहारिक थी—सिर्फ कुछ राजा-महाराजा या व्यापारी ही ऐश कर सकते थे। आज उस सादमी का स्थान उपभोकतावाद ने ले लिया है, क्योंकि मौजूदा अर्थव्यव्स्था उपभोक्तावाद से ही आगे चल सकती है। कामुकता स्त्री-पुरुष संबंधों के स्तर पर इस उपभोक्तावाद का ही अनुवाद है। वस्तुओं से हमारा जो संबंध रहेगा, अंततः वही मनुष्यों से भी बन जायेगा। उपभोक्तावाद का यह शरीरशास्त्र इसलिए और ज्यादा खतरनाक है, क्योंकि यह स्त्री को मनुष्य नहीं, माध्यम बना डालता है। स्त्री पहले भी माध्यम थी, पर पुरुष भी अपने को कुछ चीजों का माध्यम मानता था। अब दोनों स्वाधीन हैं या एक जैसे परवश हैं।

'60 और '70 के दशक में जब नारी मुक्ति की समर्थक महिलाओं ने अपनी चोली उतार कर चौराहे पर फेंक दी थी, तब उन्होंने घोषणा की थी कि वे पुरुषों की विकृत इच्छाओं का माध्यम बनने के लिए तैयार नहीं हैं। चोली के पीछे जो है, उसे वैसा ही दिखना चाहिए, जैसा वह है। वह सुंदर दिखे, इसके लिए उसे अप्राकृतिक

आकार देने की जरूरत नहीं। यह तार्किक इच्छा एक व्यापक आंदोलन की शक्ल ले सकती थी, अगर पुरुषों की रुचियाँ भी बदलतीं। यही नारी आंदोलन की कमी थी। उसने सिर्फ स्त्री को बदलना चाहा। पुरुष के सामने उसने महज माँगपत्र रखे। स्त्री और पुरुष हमेशा अपने को एक-दूसरे के संदर्भ में ही परिभाषित करते रहेंगे। पुरुष वैसा दिखना चाहेगा, जैसा स्त्री उसे देखना चाहेगी। स्त्री वैसा दिखना चाहेगी, जैसा पुरुष उसे देखना चाहेगा। चूँकि पुरुष का मिजाज नहीं बदला, इसलिए चोली अपनी जगह पर वापस आ गई। वह तब तक वहाँ रहेगी, जब तक आधुनिक सभ्यता यह तय नहीं करती कि चोली के बगैर भी स्त्री शरीर को सहन किया जा सकता है। स्पष्ट है कि इसके साथ ही चोली के पीछे झाँकने की लालसा भी जीवित है। इसीलिए आज व्यावसायिक स्तर पर चोली के बगैर कोई मांस-पिंड दिखाया जाता है, तो वह भी उतना ही घटिया है जितना कि वह जो चोली के साथ।

बहुत-सी आदिवासी सभ्यताएँ चोलीविहीन दिखाई पड़ती हैं। अतः यह अनुमान लगाया जाता है कि शायद यही मनुष्य की स्वाभाविक स्थिति है। इसी तर्क से पश्चिमी देशों में अनेक ऐसी कॉलोनियों का गठन किया गया है, जहाँ लोग निर्वस्त्र रहते हैं। लेकिन शायद यह एक प्रकार की अतिवादी जिद है। निर्वस्त्र कालोनियों के अनुभवों को ज्यादा प्रकाश में नहीं लाया गया है। लेकिन जितना पता लगा है, उसके आधार पर कहा जा सकता है कि वहाँ भी जटिलताओं का अंत नहीं हुआ है। अबोध मनुष्य निर्वस्त्र रहें, तो कोई दिक्कत नहीं होगी। मानवेतर प्राणी जगत को अपने अंगों को आच्छादित करने की जरूरत नहीं होती। लेकिन सभ्यता के कई हजार वर्षों के अनुभवों से गुजर जाने के बाद क्या आज का मनुष्य ऐसा कर सकता है ? शायद तभी, जब सभी मनुष्य और सभी स्त्रियाँ सहज और शिष्ट हो सकें। तब कामुकता बहुत कम समस्याएँ पैदा करेगी। उसका आंतरिक नियमन संभव होगा। लेकिन फिलहाल यह संभव दिखाई नहीं देता। जिस तरह निजी संपत्ति की समाप्ति के लिए उस दिन की उम्मीद नहीं की जा सकती जब संपति से मनुष्य का मोह समाप्त हो जाएगा, उसी तरह मनुष्य की अन्य लालसाओं पर भी सामाजिक नियंत्रण लगाने की जरूरत सदैव बनी रहेगी। वस्त्र कुछ हद तक यही काम करते हैं। वे निजी और सार्वजनिक के बीच एक परदा हैं। ऐसा लगता है कि इस परदे की जरूरत मानव जाति को लंबे समय तक बनी रहेगी, क्योंकि उसकी कामुकता देश-काल से निबद्ध नहीं रही--वह उसके अस्तित्व मात्र का सतत कोलाहल मचाए रखनेवाला अंग हो चुकी है। इस कोलाहल को हम जितना अधिक उद्दीपन मुहैया कराएँगे, वह उतना ही तीव्र होगा और मानव जीवन के दूसरे पहलुओं को आच्छादित करता जाएगा। क्या इस जिन को वापस बोतल में भेजा जा सकता है ? आह ! वह दिन कितना सुंदर होगा।

चोली के पीछे क्या है--यह दूध पीता बच्चा भी जानता है। यह मूलतः तो उसी के काम की चीज है, हालाँकि बड़े कुछ ज्यादा ही ढिठाई से उस पर अपना

मौलिक अधिकार जताते हैं। वस्तुतः कोई टार्जन या अत्यंत पवित्रतावादी यानी स्त्री-रहित आश्रम में पला युवक ही किसी स्त्री से यह पूछ सकता है कि उसकी चोली के पीछे क्या है। तभी यह प्रश्न सुंदर लगेगा। फिर भी, बाकी लोग यदि इस ओर से आश्वस्त हो जाना चाहते हैं, तो इसीलिए कि नारी शरीर का आकर्षण अदम्य है। अपने पति या प्रेमी के अलावा और किसी की भी यह जिज्ञासु दृष्टि किसी भी स्त्री को अपमानजनक लगनी चाहिए, लेकिन शायद लगती नहीं, क्योंकि विवाह या एकसंबंधवाद एक कृत्रिम स्थिति है। वैसे इसे उतना कृत्रिम भी नहीं कह सकते, क्योंकि यह मानव स्वभाव की किसी आंतरिक माँग की अभिव्यक्ति प्रतीत होती है। यानी कृत्रिमता बाह्य है, आंतरिक नहीं। लेकिन कुछ हद तक ही, क्योंकि विवाह संस्था की मर्यादाओं का अक्सर हृदय से आदर नहीं किया जाता। यह नियम स्त्री और पुरुष, दोनों पर लागू होता है, क्योंकि दोनों आज विवाह संस्था के बंदी प्रतीत होते हैं—उसके पूर्ण स्वैच्छिक सदस्य नहीं। मानव स्थिति की इसी द्वंद्वात्मकता के कारण चोली का महत्व उससे ज्यादा बढ़ा हुआ दिखाई देता है, जितना वह वस्तुतः है। सभ्यता के मौजूद स्तर पर चोली का हटना शायद वांछित नहीं है, लेकिन चोली का उचित से अधिक महिमान्वयन भी अवांछित है। चोली का सम्मान इसी में है कि चोली के पीछे जो है, उसका भी सम्मान हो। दिक्कत शायद यह भी है कि व्यावसायिकता के भँवर में खींच ली गई आधुनिक स्त्री भी चोली के साथ आँख-मिचौली खेलने पर आमादा है।

आयातित अश्लीलता के खतरे

विमल कुमार

पिछले दिनों मुंबई की एक अदालत ने हिंदी फिल्मों की पाँच चर्चित अभिनेत्रियों को नोटिस जारी कर यह पूछा कि फिल्मों में अश्लील प्रदर्शन के आरोप में उनके खिलाफ क्यों न मुकद्दमा चलाया जाए ? अदालत ने एक स्थानीय समाज सेविका की एक जनहित याचिका की सुनवाई के दौरान यह नोटिस जारी किया। इसी तरह कुछ दिन पहले महिला आयोग की सदस्यों ने सूचना एवं प्रसारण मंत्री को एक ज्ञापन देकर दूरदर्शन पर स्त्रियों की अश्लील छवि के प्रदर्शन को रोकने की माँग की।

फिल्मी अभिनेत्रियों या फिल्म निर्माताओं के खिलाफ अदालत द्वारा इस तरह नोटिस जारी करने या महिलाओं द्वारा इस तरह का ज्ञापन देने की यह कोई पहली घटना नहीं थी। लेकिन यहाँ रेखांकित करने योग्य बात यह है कि इस तरह की घटनाएँ लगातार घट रही हैं। ऐसे मामलों में अक्सर देखा यह गया है कि फिल्म अभिनेत्रियाँ या फिल्म निर्माता कानूनी दाँव-पेच से अपराध के दायरे से बाहर निकल आते हैं और दूरदर्शन या इस तरह की एजेंसियाँ अश्लीलता की परिभाषा को अपने तरीके से परिभाषित कर शिकायतकर्ताओं को या तो गोलमटोल जवाब दे देती हैं या फिर उस पर विचार करने का आश्वासन देकर उसे किसी गुमनाम खाने में डाल देती हैं, लेकिन प्रसार माध्यमों और समाज में अश्लीलता व्याप्त रहती है। कानूनी लड़ाई की विडंबना यह है कि अभियोजन पक्ष के लिए 'अश्लीलता' प्रमाणित करना मुश्किल हो जाता है और ज्ञापन देनेवाली महिलाएँ कोई बड़ा जन आंदोलन खड़ा नहीं कर पाती हैं।

इतिहास को देखा जाये तो हर समाज में अश्लीलता को रोकने के लिए राज्य सत्ता ने अपने यहाँ अलग-अलग नियम-कानून बनाए हैं और सभ्य समाज की यह एक निशानी भी है। ये नियम-कानून उस समाज विशेष के नैतिक मापदंडों पर ही

आधारित हैं। इसके पीछे उस समाज की परम्परा, संस्कार, मूल्य और सौंदर्य बोध-की शक्ति कार्य करती रही है। यही कारण है कि कुछ पश्चिमी देशों में अंग-प्रदर्शन की जितनी छूट है, उतनी हमारे देश में नहीं है। लेकिन कई पश्चिमी देशों में यह भी देखा गया है कि अंग प्रदर्शन के मामले में कानून के उदार रवैये के बावजूद वहाँ और अधिक यौन मुक्ति की माँग को लेकर जब-तब आंदोलन चलते रहते हैं। इसलिए केवल कानून बना देने से ही यह समस्या हल होनेवाली नहीं है। राष्ट्र के नैतिक एवं सांस्कृतिक चरित्र को मजबूत बनाने के बारे में भी हमें सोचना ही होगा। लेकिन इन बातों पर विचार करने से पूर्व हमें भारतीय समाज के संदर्भ में यह पहले सोचना होगा कि अश्लीलता के उत्स क्या हैं और इसके पीछे कौन-सी शक्ति कार्य कर रही है।

फिलहाल जरूरत इस बात की है कि अश्लीलता के वर्तमान स्वरूप पर विचार किया जाये। इस संबंध में सबसे पहले फिल्म माध्यम की भूमिका देखी जाये, क्योंकि भारतीय समाज में लोगों की मानसिकता के निर्माण में सिनेमा का आज भी बहुत बड़ा योगदान है। सिनेमा ने स्त्री-पुरुष के संबंधों, प्रतिरोध एवं हिंसा को अपने ढंग से परिभाषित किया है, जिसका जमीनी यथार्थ से कोई लेना-देना नहीं रहा है और इसे लोगों ने अपनी दुनिया का हिस्सा बनाने की कोशिश की है। भारतीय समाज का कमोबेश यही मनोविज्ञान रहा है। प्रेम संबंधों की बहुत सारी बचकानी हरकतों के पीछे सिनेमा ही मुख्य रूप से प्रेरक रहा है। प्रेम संबंधों की जटिलताओं, पवित्रताओं और यथार्थपरकता को समाजशास्त्रीय ढंग से चित्रित करने की हिंदी फिल्मों में, कुछेक अपवाद को छोड़कर, बहुत कम कोशिश हुई है। घिसे-पिटे कथानक और फार्मूलों की बाढ़ अभी भी हिंदी सिनेमा पर उसी तरह हावी है और हर नई पीढ़ी इसकी गिरफ्त में आ रही है। दरअसल, भारतीय फिल्म निर्माताओं ने अपने समाज में स्त्री-पुरुष के संबंधों की ईमानदारी से पड़ताल नहीं की। इसलिए इन संबंधों को विशुद्ध रूप से यौन दृष्टि से ही देखा गया, जिसका नतीजा यह हुआ कि सिनेमा ने अश्लीलता को, विशेषकर पिछले एक दशक में, सबसे ज्यादा बढ़ावा दिया। वस्तुतः भारतीय समाज मूलतः अभी भी अर्ध-सामंती समाज है, जिससे स्त्री-पुरुष के संबंधों में अभी भी गैर-बराबरी बनी हुई है। यह समाज, वर्जनाओं का समाज रहा है, जिसके कारण भी अश्लीलता को पनपने का यहाँ काफी मौका मिला। लेकिन यह भी सच है कि जिन समाजों में भारतीय समाज की तरह वर्जनाएँ नहीं रहीं और जहाँ यौन स्वतंत्रता अधिक रही, वहाँ भी अश्लीलता रही है। यह अलग बात है कि इन अश्लीलताओं की पृष्ठभूमि में फर्क होने से समस्या का स्वरूप भी अलग है। भारत समेत तीसरी दुनिया के ज्यादातर विकासशील देश आधुनिक काल में यौन दृष्टि से एक 'जिज्ञासु' और 'कुंठित' समाज रहे हैं, जबकि विकसित देश यौन दृष्टि से अब एक 'भोगी' समाज बन गये हैं। इन दोनों समाजों में फिल्म की भूमिका रही है। यह अलग बात है कि पश्चिमी समाजों में इस समस्या को लेकर भी अच्छी फिल्में भी बनी हैं। अंतर्राष्ट्रीय फिल्म समारोहों

में दिखाई जानेवाली अनेक फिल्में इस बात की गवाह हैं कि पूँजीवाद समाज में मनुष्य की यौन कामना इतनी प्रबल हो गई है कि उन्होंने सभ्य समाज के सारे गुण त्याग दिये हैं। सोवियत संघ के विघटन के बाद वहाँ पूँजीवाद ने उच्छृंखल यौनाचार को काफी बढ़ावा दिया है।

यौन प्रसंगों के अश्लील समाचार कई बार भारतीय समाज में भी सुनने को मिल जाते हैं, पर यहाँ 'यौन कुंठा' मुख्य कारण है। लेकिन अगर हाल के वर्षों में फिल्मों में अभिनेता-अभिनेत्रियों की नृत्य शैली, भाव-भंगिमाओं, असभ्य फैशन एवं सौंदर्य-उद्योग में फलने-फूलने तथा पोर्नो लिटरेचर के फैलाव और ब्लू फिल्मों की तस्करी तथा निर्माण में वृद्धि पर गौर करें तो यह बात समझ में आती है कि इस 'यौन कुंठा' को कौन बढ़ावा दे रहा है। इलाहाबाद, जो उत्तर प्रदेश की अब तक सांस्कृतिक नगरी रहा है, में 'फैंटेसी' जैसी पत्रिका का प्रकाशन इस बात का प्रमाण है कि अश्लीलता की सेंध कहाँ तक लग चुकी है। अश्लीलता के प्रभाव को देश की नयी आर्थिक नीति, उपभोक्तावाद और उदारीकरण से जोड़कर देखें तो अश्लीलता के उत्स का भी पता चल जाएगा।

सच पूछा जाये तो अब विकसित देशों के लिए भारतीय समाज केवल आर्थिक बाजार नहीं रह गया है, बल्कि वह एक संस्कृति का भी बाजार बन चुका है, जिसमें मूल्य और सौंदर्य बोध को खरीदने-बेचने की काफी गुंजाइश है।

इसका मूल कारण यह है कि भारतीय समाज में, विशेषकर मध्य वर्ग में, प्रतिरोध की क्षमता काफी कम हो गई है। मुख्य रूप से इन सबकी चपेट में मध्य वर्ग ही है, पर इसका असर समाज के सभी वर्गों पर दिखाई देता नजर आ रहा है। मध्य वर्ग जहाँ विदेशों से आयतित इस तरह की अश्लीलता का कुत्सित आनंद उठा रहा है, वहीं समाज के निचले तबके में एक विचित्र किस्म की समस्या पैदा हो रही है। वहाँ अज्ञान, गरीबी और निसहायता ने उन्हें इस कदर तोड़ दिया है कि वे यौन व्यापार को रोजी-रोटी का प्रमुख साधन बनाने के लिए मजबूर हो गए हैं। उनके यहाँ कई बार बाप-बेटी और पति-पत्नी तथा भाई-बहन के संबंध भी 'सामान्य' हो गये हैं, लेकिन इस तरह की घटनाएँ अभी भी उनके पूरे समाज में लागू नहीं होतीं। नैतिकता को लेकर द्वंद्व उनके यहाँ बना हुआ है, लेकिन मध्य वर्ग इस नैतिकता के केंचुल को उतार फेंकने में लगा हुआ है। उपभोक्ता संस्कृति ने उसे विशुद्ध रूप से 'भोगी' बना दिया है। इसलिए वह भी यौन इच्छाओं को एक उपभोक्ता की तरह पूरा करना चाहता है। हाल के दिनों में 'आउटलुक' और 'इंडिया टुडे' जैसी पत्रिकाओं ने कई सर्वेक्षणों के द्वारा इस बात की पुष्टि भी की है। लेकिन अभी तक समाज में फैल रही अश्लीलता की इस बाढ़ का अध्ययन करने की कोई गंभीर कोशिश नहीं हुई है। भारतीय समाज में अभी भी राजनीति और अर्थ पर ही राजनेताओं तथा बुद्धिजीवियों का ध्यान केंद्रित रहा है, लेकिन किसी भी समाज को नैतिक रूप से तोड़नेवाली चीज को अक्सर संस्कृति

के सवाल के रूप में हाशिये पर छोड़ दिया जाता है।

यह महत्वपूर्ण तथ्य है कि अश्लीलता का आयात भी हमारे देश में तब बढ़ा है, जबकि भ्रष्टाचार के घाव ने पूरे देश के शरीर को ढक लिया है और जब राजनीति का पूरी तरह अधोपतन हो गया तथा घरेलू पूँजीपति वर्ग को बहुराष्ट्रीय कम्पनियों के सामने एक तरह से आत्मसमर्पण कर देना पड़ा है। अश्लीलता का यह आयाम और पहलू भारतीय समाज के किसी भी काल में इतना गंभीर नहीं दिखाई देता है, जितना आज। प्राचीन और मध्ययुगीन समाज में भी भोग-विलास के काफी किस्से हमारे यहाँ प्रचलित हैं और उसकी झलक श्रृंगारपरक साहित्य में भी दिखाई देती है, लेकिन तब वह राजे-रजवाड़ों और धनाढ्य वर्ग तक ही सीमित थी। उसके प्रचार-प्रसार में किसी बाहरी व्यक्ति का हाथ नहीं था। वह आयातित सामग्री नहीं थी और उसे आज की तरह प्रसार माध्यमों का इतना समर्थन नहीं मिला था। सेक्स को लेकर हमारे इतिहास में एक अभिव्यक्ति का नमूना 'खजुराहो' भी है, लेकिन उसने भी समाज में अश्लीलता के प्रचार-प्रसार में मदद नहीं की। 'कामसूत्र' की अभिव्यक्ति भी चरित्र व्यवहार की एक अभिन्न जरूरत के रूप में ही आँकी गई। यह 'यौन उच्छृंखलता' को बढ़ावा देनेवाली चीज कभी नहीं थी, क्योंकि इन सारी अभिव्यक्तियों में 'व्यापार' का उद्देश्य नहीं था। उनमें राग का तत्व ही प्रमुख था, अन्यथा सारे देवी-देवताओं के बीच 'कामदेव' न होते। सबसे बड़ी बात कि हम शिवलिंग की पूजा न करते।

वस्तुतः अश्लीलता के प्रसंग में जो पश्चिमी दृष्टिकोण रहा है, वह हमारे यहाँ से भिन्न है। लेकिन आज उपभोक्ता समाज ने इस भारतीय दृष्टि को भी खंडित किया है। वह 'राग' और 'धर्म' की जगह 'मुनाफा' को स्थानापन्न करने की कोशिश में लगा है। यही कारण है कि भारतीय समाज में भी पश्चिम की नकल पर समलैंगिक आंदोलनों की शुरुआत हो गई है और यौन उच्छृंखलताओं को बाकायदा 'यौन उद्योग' के रूप में विकसित करने का प्रयास किया जा रहा है, जिसमें राष्ट्र के नैतिक चरित्र का ताना-बाना खतरे में है। इसी यौन कामना का नतीजा है कि साहित्य में अशोक वाजपेयी जैसे कवि अचानक 'श्रृंगारिक' हो गए हैं। कथा साहित्य में भी मृदुला गर्ग ने एक 'चितकोबरा' जैसा उपन्यास लिखकर इस यौन पिपासा को मान्यता दिलवाने की कोशिश की थी। परन्तु शुक्र है कि हिंदी के पाठकों ने उसे अस्वीकार कर दिया था। लेकिन प्रसार माध्यमों ने उसे बढ़ाने में काफी भूमिका निभाई है। दरअसल, आजादी के पचास वर्ष बाद भी राष्ट्र की कोई संस्कृति नीति नहीं है, दूरदर्शन जैसे शक्ति माध्यम बेलगाम हैं और वहाँ भी कार्यक्रमों की गुणवत्ता को नियंत्रित करने के लिए कोई स्पष्ट दिशा-निर्देश नहीं है। ऐसे में इस तरह के विषाणुओं का फैलना स्वाभाविक है। वस्तुतः अश्लीलता के माध्यम से ही बहुत-सी चीजों का बाजार फल-फूल रहा है।

इलेक्ट्रॉनिक तरंगों की मनमानी

अरविंद त्रिपाठी

इलेक्ट्रॉनिक मीडिया में अश्लीलता पर विचार करते समय यह प्रश्न स्वभाविक रूप से उठता है कि इलेक्ट्रॉनिक माध्यम के पास कोई सौंदर्य बोध की दृष्टि है भी अथवा नहीं। अपने देश में इलेक्ट्रॉनिक माध्यम की आधार शिला रखते हुए 'सत्यं शिवम् सुन्दरम्' और 'बहुजन हिताय बहुजन सुखाय' का उद्‌घोष किया गया। अनुभव बताता है कि आज इलेक्ट्रॉनिक माध्यमों में बहुजन की जगह अभिजन के ही सत्य, शिव और सौंदर्य की उपासना की छवि ही चारों ओर मुखरित हो रही है। क्या विडंबना है कि इलेक्ट्रॉनिक मीडिया की आधी शताब्दी के इतिहास में हम आज तक कोई ठोस प्रसारण नीति नहीं तय कर पाए। आकाशवाणी की प्रसारण संहिताएँ (ए.आई.आर. मैनुअल) एक ऐसी जर्जर किताब है, जिससे गुजर कर आप कोई स्वस्थ, प्रगतिशील जीवन दृष्टि की ओर उन्मुख, कोई प्रसारण परंपरा नहीं विकसित कर सकते।

फलस्वरूप एक दशक में आकाशवाणी और दूरदर्शन का जितना विस्तार किया गया है, उसके पीछे सिर्फ संख्या बढ़ाने की ही महत्वाकांक्षा काम कर रही है। कार्यक्रमों को जनहित के केंद्र में रखकर मीडिया का कोई विकास नहीं हो पा रहा है। विदेशी प्रसारण चैनलों के भूमंडलीय आक्रमण ने भारतीय-शिशु प्रसारण माध्यमों को आज कुपोषण का शिकार बनाकर एक विकलांग प्रसारण की व्यवस्था कायम करने पर मजबूर किया। आज इलेक्ट्रॉनिक माध्यम इसीलिए अपनी अधिकांश विश्वसनीयता खोकर, आर्थिक उदारीकरण और खुले विश्व बाजार के दौर में उपभोक्ता संस्कृति के उत्पाद का एक अस्वास्थ्यकर, किंतु चमकीला 'फास्ट फूड' बन कर रह गया है। चूँकि वह एक बिकाऊ माल है, जिसे सरकार अपना सबसे बड़ा कमाऊ पूत समझती है, इसलिए उसकी माँग व्यावसायिक जगत और भारतीय दर्शक समाज में आज सबसे ज्यादा है। यह सच्चाई है कि एक औसत भारतीय दर्शक दूरदर्शन को लाभ-हानि,

अच्छे-बुरे की दृष्टि से नहीं ग्रहण कर रहा है, बल्कि समाज में उपभोक्ता वर्ग की अन्य चीजों की तरह, आज हमारे औसत घरों में टीवी सेट एक सोसायटी स्टेटस सिम्बल बन सका है। वह क्या चीज है, यह महत्वपूर्ण नहीं है। वह ड्राइंग रूम की सजावट का एक जीवंत हिस्सा बनकर हमेशा शोर, अनावश्यक चीख-पुकार का दौड़ता-भागता चलचित्र है, यही क्या कम है ! यानी भारतीय समाज में दूरदर्शन की उपस्थिति एक खूबसूरत पैकिंग वाली साबुन का टिकिया या महँगे कास्मेटिक उपकरणों की तरह कोई एक नायाब चीज है, जो हमेशा हमारे आम घरों में लोगों के दिलों की तरह धड़क रहा है। हो सकता है, हमारे समाज के थोड़े-से बुद्धिजीवियों के लिए दूरदर्शन 'बुद्धू का बक्सा' हो, पर आम लोगों के लिए यह बक्सा किसी जादूगर की पिटारी की तरह है, जिसको खोल कर देखना हमारे रोजमर्रा के जीवन की एक शैली बन चुकी है।

ऐसे परिदृश्य में इलेक्ट्रॉनिक माध्यमों में अश्लीलता की शिनाख्त करना मूर्ख में मूर्खता की खोज करना है। एक सही चीज में अश्लीलता ढूँढ़ना आसान है, पर जो चीज अश्लीलता के मनोविज्ञान पर ही टिकी हो, उसमें अश्लीलता की खोज निश्चय ही दूर की कौड़ी लाने जैसा है। जिस समाज और देश का पूरा वर्तमान ढाँचा अश्लीलता के ढाँचे पर खड़ा हो, वहाँ सिर्फ उसके एक माध्यम पर उँगली उठाना और यह कहना 'यहाँ सब अश्लीलता का बाजार है' एक हास्यास्पद वक्तव्य है।

आजादी के बाद नेहरू के जमाने में रेडियो का जिस तरह से विकास हुआ, उससे निश्चय ही साठ के दशक में साहित्य, संस्कृति और संगीत के क्षेत्र में उल्लेखनीय प्रगति हुई। रेडियो के साहित्यिक अवदान की भूमिका को अस्वीकार भी कर दिया जाए तो संगीत के क्षेत्र में रेडियो का योगदान आज भी मील की पत्थर की तरह समाज और संस्कृति के प्रवाह में सुरक्षित है। हमारी वाचिक परंपरा की संस्कृतिवाले देश में संगीत आज भी एक श्रव्य माध्यम की अनुपम धरोहर की तरह रेडियो माध्यम में सुरक्षित है। जब आप देर रात गए आज भी संगीत के अखिल भारतीय कार्यक्रम में उस्ताद अलाउद्दीन खाँ, कुमार गंधर्व, भीमसेन जोशी, रविशंकर सरीखे गायकों, कलाकारों के आलाप को नीरव एकांत में रेडियो सेट पर सुनते हैं, तो वहाँ सिर्फ मनुष्यता का एकांत उपस्थित रहता है जहाँ सिर्फ संगीत के उजले फूल रात के सन्नाटे में चुपचाप झरते हैं। यह उदाहरण इलेक्ट्रॉनिक माध्यम की श्लीलता का है। पर जब आप रेडियो के बजाय दूरदर्शन से अपना दिल लगाना चाहते हैं, तो पता चलता है, वहाँ एक ऐसा सीरियल चल रहा है जो शुरू से आखिर तक छल में डूबा हुआ, एक-दूसरे पात्र को धोखा देता हुआ, फूहड़ रोमांस से अवेष्ठित एक स्त्री देह का आलिंगन और उसके बाद तुरंत उसकी हत्या के खून में सना हुआ एक सनसनीखेज बंबइया फिल्म के मेलोड्रामा की तरह खौफनाक दृश्य आपकी आँखों में डूब रहा है। आप अपने दिन भर की थकान की गर्द को झाड़ कर, स्वस्थ और सकुशल रात की गाढ़ी नींद के

मुंतजिर हैं, पर आप अचानक पसीने-पसीने होकर अपनी आत्मा में लहूलुहान होकर बेचैन हो उठते हैं।

यह दृश्य उदाहरण दर्शकों से मीडिया के छल का एक सबूत भर है। दूसरे शब्दों में, यह दूरदर्शन की सूक्ष्म अश्लीलता है, जिससे बचने का कोई रास्ता नहीं है। देखने में यह एक सस्पेंस है, पर बुनियादी तौर पर यह एक भयानक अश्लीलता है। आजकल दिखनेवाले दर्जनों सीरियलों की कथाएँ इसी अश्लीलता का ही आख्यान हैं, जिसके बारे में दूरदर्शन के मंडी बाजार में बैठे दलाल कहते हैं 'आजकल ऐसे ही सीरियल के स्पांसर ज्यादा मिलते हैं।' गौर से देखा जाए, तो ऐसे सीरियलों में कथा एक सिरे से नदारद है या लगभग एक जैसी है। उनकी मुख्य थीम है—स्त्री, शराब, वादाखिलाफी और हत्या। इन चार चरित्रों से बनने वाले जो आज सैकड़ों सीरियल हैं, वे बुनियादी रूप से मनुष्य विरोधी, समाज विरोधी और एक हिंसक समाज के क्रूर चेहरे हैं, जिनके चरित्रों से हमेशा अश्लीलता टपकती है। चूँकि प्रसारण की आचार संहिता के मुताबिक खुले रेप और सहवास दृश्य वर्जित है, इसलिए सीरियल निर्माताओं ने स्त्री को शराब के वजन पर खड़ा कर दिया है। फलतः इन सीरियलों में जितनी खपत शराब की है, उतनी ही खपत अर्धनग्न स्त्री की भी है। स्त्री की छवि को शराब के घूँट में बदल देना इन निर्माताओं का एक सफल फार्मूला है जिसे दूरदर्शन धड़ल्ले से परोस रहा है। कहने के लिए ये पारिवारिक सीरियल हैं। पर बुनियादी रूप से यह हमारे तथाकथित उत्तर-आधुनिक समय में स्त्री की असहाय देह को बेचने का एक क्रूर व्यावसायिक सौदा है। दुर्भाग्यवश इन व्यावसायिक सीरियलों में हमारे सभ्रांत घरों की काम करने वाली उत्तर आधुनिक लड़कियाँ इस सूक्ष्म शोषण से बहुत मासूमियत भरे अंदाज में नावाकिफ हैं। कहने के लिए दूरदर्शन उन्हें कलाकार बना रहा है। पर वास्तविकता यह है कि वे बहुत सस्ते दामों पर सार्वजनिक रूप से देर रात गए बेची जा रही हैं। दूरदर्शन द्वारा स्त्री छवि के साथ ऐसा क्रूर मजाक-भरा सौदा हमारे सामाजिक जीवन में किसी दलाल के हाथों एक असहाय लड़की का एक खुर्राट वेश्या के हाथों बिकने के सौदे से ज्यादा भयानह और सूक्ष्म अत्याचार से भरा हुआ है। ऐसे दृश्य स्त्री छवि के साथ सार्वजनिक छेड़छाड़ भरी निर्लज्ज अश्लीलता है। सवाल उठता है कि 'सत्यं शिवं सुन्दरम्' का ढोल पीटने वाला भारतीय दूरदर्शन क्या इतना भोला और नाबालिग है जो स्त्री छवि के साथ बरती जा रही इस तरह की अश्लीलताओं से सर्वथा अनभिज्ञ है ? शायद नहीं। मौजूदा व्यवस्था चूँकि इलेक्ट्रॉनिक माध्यम को अपनी आन, बान और शान का हमेशा तैयार एक शिखंडी महारथी समझती है, इसलिए उसने दूरदर्शन को फिलहाल कमाऊ पूत बनाकर खुले बाजार के खेल में झोंक दिया है। जाहिर है, अधिक पैसा कमाने के आज जो नुस्खे सबसे ज्यादा चिर-परिचित हैं, उन्हें ही तो यह माध्यम अपनायेगा। इसलिए समाजशास्त्रियों का यह निष्कर्ष निकालना गलत नहीं है कि दूरदर्शन का बहुलांश

आज अश्लीलता का ही व्यापार है, तो यह बात अत्युक्ति नहीं, बल्कि सच्चाई है।

'80 के दशक में दूरदर्शन ने सांस्कृतिक और सामाजिक जागरूकता की जो कोशिशें 'रजनी', 'हम लोग', 'बुनियाद', 'तमस', 'कब तक पुकारूँ', 'काला जल', 'मैला आँचल' और 'महाभारत' जैसे साहित्यिक महाकाव्यात्मक सीरियलों के जरिए आरंभ की थी, वह इस शताब्दी के ढलते-ढलते सामूहिक ऐयाशी और मौज-मस्ती के चालू फार्मूले में सिमट गई है। इस माध्यम से कभी राही मासूम रजा, कमलेश्वर, मनोहर श्याम जोशी, मन्नू भंडारी और शानी जैसे लेखक जुड़कर इसे रचनात्मक गति दे रहे थे। आज इनकी जगह रातों-रात हजारों की संख्या में अज्ञात कुलशील लेखक कुकुरमुत्ते की तरह पैदा हो गए हैं। गुलशन नंदा और रानू शैली के ये लेखक आजकल अपना छाता ताने मेट्रो चैनल में अपनी जगह ढूँढ़ रहे हैं। दूरदर्शन जैसे सशक्त माध्यम का यह अचानक सांस्कृतिक ह्रास साहित्यिक ह्रास नहीं, बल्कि साहित्यिक हास्य में बदल गया है। यह साहित्यिक हास्य अपने फूहड़पन में साहित्यिक और सांस्कृतिक परिदृश्य में अश्लीलता की बाढ़ का एक दिलचस्प नजारा है।

इसलिए आज साहित्य को दूरदर्शन से खतरा उतना नहीं है, जितना दूरदर्शन को साहित्य से है। ऐसे सीरियल निर्माताओं के लिए साहित्य आज एक खतरनाक चीज है जिसका प्रयोग फिलहाल दूरदर्शन एक वर्जित क्षेत्र की तरह इस्तेमाल कर रहा है। शायद इसीलिए दूरदर्शन का दर्शक से छल और व्यवस्था का जनता से छल दो चीजें नहीं, बल्कि एक है। वहाँ हर गंभीर चीज को जो अश्लीलता की हद तक ले जाकर बेचने में जो माहिर है, वह सबसे बड़ा कामयाब निर्माता है। रामानंद सागर का 'कृष्ण' और अकबर खाँ का 'जय हनुमान' जैसे सीरियल आज इसी सौदागरी के नमूने हैं, जहाँ कृष्ण जैसे जननायक और हनुमान जैसे पराक्रमी जनयोद्धा जन हास्य के प्रतीक बन गए हैं। ऐसे अनेक पतनशील सांस्कृतिक हास्य से भरे सीरियल साहित्य और संस्कृति के नाम पर आज साहित्यिक और सांस्कृतिक अश्लीलता के परम प्रतीक बन गए हैं। कहा यह जा रहा है कि ऐसे सीरियलों की माँग दर्शकों में ज्यादा है इसलिए दूरदर्शन दिखा रहा है। 'चंद्रकांता संतति' जैसी कालजयी कृति से कमलेश्वर जैसा कथाकार का पटकथा लेखक के रूप से जुड़ना एक सांस्कृतिक खबर है तो दूसरी तरफ उसे ऐयारी और तिलिस्म के नाम पर फूहड़ कथाओं-अंर्तकथाओं के जाल में फँसा कर दर्शकों के धैर्य की परीक्षा करना एक बुरी सांस्कृतिक खबर है। यह उदाहरण साहित्यिक कृतियों के साथ एक क्रूर अश्लीलता भरी हरकत नहीं है तो और क्या है ? कल्पना कीजिए अगर देवकीनंदन शास्त्री आज जीवित रहते तो चंद्रकांता सीरियल को देखकर क्या सलूक करते ?

कभी-कभी तो लगता है कि दूरदर्शन का चेहरा ही इतना विकृत और क्षत-विक्षत हो गया है कि इसके हर एक्शन से ही क्रूरता और अश्लीलता टपकती है। दुर्भाग्य की बात यह है कि इस अश्लीलता के चेहरे से सूचना प्रसारण मंत्री, सूचना सचिव

से लेकर प्रोड्यूसर और कैमरामैन तक नावाकिफ हैं। हालत यह है कि उनके पास अच्छे कार्यक्रमों को प्रस्तुत करने के पीछे न कोई सुरुचि है और न कोई कलात्मक अभिव्यक्ति की तैयारी। इनके पास कोई सौंदर्य दृष्टि भी है, इसकी कामना भी एक असंभव कल्पना है। ऐसा लगता है कि आज दूरदर्शन इस सड़ी-गली, अपराध में लिप्त व्यवस्था का कोई 'बाई प्रॉडक्ट' होकर रह गया है।

दूरदर्शन की तुलना में कहा जा रहा है कि रेडियो ज्यादा सुरुचि का माध्यम है, क्योंकि वह केवल श्रव्य माध्यम है। चूँकि इस माध्यम ने एक जमाने में संगीत, नाटकों, रूपकों के अखिल भारतीय कार्यक्रमों के जरिए अपनी एक साख कायम की थी, इसलिए इस पर भरोसा किया गया था और कमोबेश आज भी इस पर भरोसा मीडिया प्रेक्षक करते रहे हैं। पर क्या आल इंडिया रेडियो '60 के दशक जैसी अपनी साख कायम रख सका है ? यह विचार करने की बात है। नेहरू के जमाने में वह कभी सांस्कृतिक, सामाजिक जागरूकता का उज्ज्वल माध्यम रहा होगा। लेकिन इंदिरा गाँधी के शासन काल में अचानक 'इंदिरा वाणी' बना यह माध्यम आज कई मीडिया प्रेक्षकों की निगाह में अपनी सल्तनत के आखिरी दिन गिन रहा है।

दूरदर्शन की चरम व्यवसायिकता भले ही इस माध्यम में आज हो, पर सच्चाई यह है कि इसकी वैदिक रीढ़ टूट चुकी है, इसकी आवाज का जादू बिखर चुका है। इसमें अब सिर्फ लड़खड़ाहट भरी कराह सुनी जा सकती है। स्थिति यह है कि हमारे सामाजिक जीवन में कई भद्र लोगों के लोक में रेडियो दूरदर्शन के आते ही मर चुका है। आजकल उसकी शव परीक्षा का दौर जारी है। अगर रेडियो मर रहा है तो क्यों मर रहा है, इसकी परवाह आज किसी को नहीं है—न व्यवस्था को और न रेडियो की रोटी खानेवाले नौकरशाहों को।

सच्चाई यह है कि आज सरकार की निगाह में ही रेडियो ने अपनी साख खो दी है। वह कभी व्यवस्था की एक ताकतवर रखैल थी। तब उसका दबदबा था। आज उसकी जगह दूरदर्शन जैसी नयी-नवेली रखैल ने ले ली है। भला एक नयी रखैल के आने के बाद पुरानी रखैल की किसे सुध है ? पंजाबी के प्रसिद्ध कवि पाश ने कभी इंदिरा गांधी पर एक व्यंग्य कविता लिखते वक्त आल इंडिया रेडियो को व्यवस्था की रखैल कहा था। आज हालत यह है कि इस रखैल को भूखों मार कर, अकेले में चुपचाप सिसकने के लिए छोड़ दिया गया है। अगर यही हालत रही तो वह दिन दूर नहीं जब इस रखैल को कभी भी बेघर किया जा सकता है। रेडियो तंत्र में काम करने वाले मनहूस मजदूरों के चेहरों पर इस तकलीफ को आज साफ देखा जा सकता है।

रेडियो कार्यक्रमों के बारे में आम तौर पर टीवी के मुकाबले अश्लीलता की गुंजाइश कम आँकी जाती है, क्योंकि वहाँ सिर्फ सुनने की गुंजाइश है, देखने की नहीं। पर वास्तविकता यह है कि वहाँ उच्चरित शब्द की उपेक्षा, तिरस्कार और पिछड़ेपन

की स्थिति इतनी भयावह है कि जागरूक श्रोता अपना सिर धुन लेता है। एक जमाने में रेडियो पर उच्चरित होने वाले शब्द से लोग अपनी भाषा और उसका उच्चारण दुरुस्त किया करते थे। पर आज स्थिति यह है कि अगर उच्चरित होने वाले शब्दों को छिपे रूप में तैयार किया जाए तो विराट शब्दों का एक निरर्थक मलबा इकट्ठा हो जाएगा।

खास तौर से अभी हाल के वर्षों में शुरू हुए एफ.एम. बैंड के अहर्निश चलनेवाले कार्यक्रम में उपयोग की जानेवाली भाषा से लेकर उसके प्रस्तुतीकरण और लहजे में एक निर्लज्ज अश्लीलता टपकती है। इस बैंड के कार्यक्रमों में हिंदी-अंग्रेजी के शब्दों की ऐसी खिचड़ी पकाई जा रही है जो आम तौर पर दिल्ली विश्वविद्यालय के 'मॉड' लड़के-लड़कियों की आम बोलचाल में व्यवहृत होती है, जिन्हें कायदे से न हिंदी आती है और न अंग्रेजी। रामविलास शर्मा ने एक साक्षात्कार में इसे मजाक में 'हिंग्लिश' नाम दिया है। कहने के लिए रेडियोवाले इसे आम बोलचाल की भाषा कहते हैं, पर सच्चाई यह है कि यह भाषा आम बोलचाल के एकदम उलट और बुनियादी तौर पर अश्लीलता की ही शाब्दिक नुमाइश है। जहाँ तक एम.एम बैंड के कार्यक्रमों की गुणवत्ता का सवाल है, तो ये कार्यक्रम बहुत सस्ते, उबाऊ और श्रोताओं के रुचि संस्कार को भ्रष्ट करने वाले हैं। इन कार्यक्रमों के प्रस्तुतीकरण की जो शैली और भाषा है, वह 95 प्रतिशत फिल्मी गीतों के आगे-पीछे कालेजिएट किस्म का सस्ता और दिलफेंक रोमांस है। सवाल उठता है, ये कार्यक्रम हमारे युवा वर्ग की रुचि को किस हद तक संस्कारित कर रहे हैं। सच्चाई यह है कि एफ.एम. बैंड के कार्यक्रम आज समाज में युवा वर्ग के जीवन संघर्ष के रणक्षेत्र को, सस्ते रोमांस के किस्सों, चुटकुलों और मसखरेबाजियों से वीर्यपात में बदल देने का एक खतरनाक खेल-भरा उपक्रम हैं। भारतीय युवा वर्ग में इस तरह की जीवन दृष्टि का विकास उसके रुचि संस्कार को न केवल भ्रष्ट करने का षड्यंत्र है, बल्कि उसके सौंदर्य बोध को अश्लील बनाने का एक नायाब नुस्खा भी है।

अश्लीलता का जिक्र आने पर आम तौर पर हमारा भारतीय दिमाग सेक्स के बारे में सोचने लगता है, जबकि सेक्स से अश्लीलता का उतना ही रिश्ता है, जितना जीवन के प्रति अन्य चीजों से उसके रिश्ते को प्रकट करने की तरकीबों का। उदाहरण के लिए किसी बूढ़ी स्त्री का आवश्यकता से अधिक साज-शृंगार करना, आँखें मटकाना अश्लीलता है, जबकि एक लड़की का उड़ती चिड़ियों की तरह आँखों को खोलना और बंद करना एक अद्‌भुत सौंदर्य बोध है। इसी तरह दूरदर्शन पर जब एक समाचार वाचिका आवश्यकता से ज्यादा सौंदर्य प्रसाधन का उपयोग करती दीखती है तब यह अश्लीलता है। वह वहाँ सौंदर्य प्रतियोगिता में हिस्सा लेने नहीं आई है बल्कि उसे दर्शकों को समाचार सुनाना है, सुंदर दीखना नहीं। दुर्भाग्य से दूरदर्शन पर आजकल अधिकांश समाचार वाचिकाएँ अपने को किसी फिल्मी अभिनेत्री की तरह सजाकर

पेश करती हैं। उनके अंतर्मन का मनोविज्ञान लोगों तक खबरें पहुँचाना नहीं दीखता, बल्कि अपने सौंदर्य को दूसरों तक पहुँचाना लगता है। उनकी मुस्कुराहट में सहजता नहीं दीखती, बल्कि वह व्यावसायिक मुस्कराहट ही ज्यादा थिरकती है, जो आम तौर पर किसी दुकान पर सेल्स गर्ल की मुस्कुराहट में दिखाई पड़ती है। गौर किया जाए तो यह अनावश्यक और व्यावसायिक मुस्कुराहट ही अश्लीलता है जिसकी गिरफ्त में अनेक समाचार वाचिकाएँ फँसी लगती है।

दूरदर्शन की तुलना से रेडियों के समाचार वाचक, वाचिकाएँ आज भी अपने समाचार वाचन की शैली में न केवल प्रतिमान हैं, बल्कि उनके आवाज की विश्वसनीयता के कारण कभी-कभी झूठे समाचार भी दूर-दराज में बैठे श्रोताओं को सच्चे और खरे लगते हैं। दशकों से देवकीनंदन पांडे, अशोक वाजपेयी, विनोद कश्यप, लोतिका रत्नम, सुषमा शर्मा जैसे समाचार वाचकों की आवाज का जादू इन लोगों के ओझल हो जाने के बावजूद आज भी श्रोताओं के दिलो-दिमाग पर छाया हुआ है। ये समाचार वाचक समाचारों के मनोविज्ञान को आवाज में पकड़ने का उद्यम करते थे और तदनुरूप उसे माइक्रोफोन पर पढ़ते थे। मसलन भूख, अकाल, महामारी, दुर्घटना की खबरें पढ़ते वक्त इनके स्वरों में अवसाद, करुणा की मंद धारा बहती थी। वे इस प्रकार की खबरों को निष्करुण होकर पढ़ ही नहीं सकते थे। इसी तरह भारत-पाक युद्ध के दौरान इनके स्वर में स्वाभिमान और आत्मोसर्ग का पौरुष बोलता था। उदाहरण के लिए 31 अक्तूबर 1984 की शाम 6.05 जब समाचार वाचक अशोक वाजपेयी माइक्रोफोन पर श्रीमती इंदिरा गाँधी की निर्मम हत्या की खबर देशवासियों को पहली बार सुनाने गए, तो कहा जाता है कि उस समाचार को पढ़ते हुए उनका गला रुँधा हुआ था और स्वर तंत्रियों से निकलनेवाले शब्द शोक के स्वर में डूब-उतरा रहे थे। उन्होंने जब कहा कि 'इंदिरा गाँधी नहीं रहीं' तो उनके स्वर से श्रोताओं को लगा जैसे एक विराट वृक्ष अर्रा कर गिर पड़ा हो और सैकड़ों चिड़ियों के मृत्यु भय का आर्त्तनाद गूँज रहा हो।

कहा जा सकता है कि आकाशवाणी से लेकर दूरदर्शन तक कार्यक्रमों के पीछे चूँकि मीडिया की कोई ठोस नीति नहीं है और कलात्मक मानदंडों का सर्वथा अभाव है। फलतः पिछले दशकों से इलेक्ट्रॉनिक मीडिया के कार्यक्रम स्तरहीन, कल्पनाहीन और अश्लील हुए हैं। इसकी एक बड़ी वजह सरकारी तंत्र का हस्तक्षेप रहा है, जिसके कारण यह माध्यम सरकारी प्रचार का सूचना माध्यम बनकर रह गया है। शायद हस्तक्षेप की वजह है कि अब आकाशवाणी कर्मी राजीव गाँधी के भी विचार प्रसारित करने के लिए बाध्य हैं। वह दिन दूर नहीं जब नरसिंह राव और देवगौड़ा समेत सोनिया गाँधी सरीखे लोगों के भाषण 'विचार बिंदु' और 'आज का विचार' कार्यक्रम में मीडियाकर्मी प्रसारित करने को बाध्य होंगे। सीधी-सी बात है, जब पूरी व्यवस्था अश्लील हो चुकी हो तो फिर इलेक्ट्रॉनिक माध्यम, जिस पर सरकार का वर्चस्व सबसे

अधिक है, वह भला श्लील कैसे हो सकता है ? ऐसे माहौल में प्रसार भारती से कुछ ज्यादा की उम्मीद नहीं की जानी चाहिए।

जहाँ तक दूरदर्शन और आकाशवाणी के विज्ञापनों में अश्लीलता का प्रश्न है तो इतना ही कहा जा सकता है कि विज्ञापन की मूल अवधारणा ही व्यवसाय है। खुले विश्व बाजार के इस दौर में कोई व्यवसाय और उसका विज्ञापन बिना निर्लज्ज हुए पैसा कमा ही नहीं सकता। चूँकि इन प्रसारित होनेवाले विज्ञापनों से सरकार को बेहिसाब आय हो रही है, इसलिए इनको रोकने की दिशा में आज कोई प्रयत्न है ही नहीं। फलतः विज्ञापनों में नग्नता का ही नाच है। एक लिरिल साबुन की टिकिया को अधिक से अधिक बेचने के लिए उसका विज्ञापन करने वाली मॉडल यथाशक्ति नग्न होने के लिए अभिशप्त है। यही नहीं, इधर राजदूत मोटर साइकिल का एक विज्ञापन इतना अश्लील और भोंडा है कि आप उसे देख नहीं सकते जिसमें लड़की के मित्र की चुस्ती, चाल और उसके सेक्स का पावर मोटर साइकिल की लय और चाल में तब्दील हो गया है। इन विज्ञापनों का ही असर है कि आज हमारे घरों में दैनिक जीवन की चीजों का चयन करने की जिम्मेदारी अब दूरदर्शन के विज्ञापन सँभाल रहे हैं। इन विज्ञापनों के जरिए हमारे समाज में एक ओर पूँजीवादी समाज विकसित हो रहा है, तो दूसरी ओर मध्यवर्गीय उपभोक्ता संस्कृति तेजी से फल-फूल रही है।

यही नहीं, दूरदर्शन के विज्ञापनों की अश्लीलता का आक्रमण अब हमारे एकांत में भी हस्तक्षेप कर रहा है। उपभोक्तावाद की ट्रेजेडी यही है कि मनुष्य अपनी इच्छा से न जी सकता है और न मर सकता है। इन विज्ञापनों का हश्र यह है कि फैशन के इस दौर में किसी भी चीज की गारंटी नहीं है। फिर हम विज्ञापन की चकाचौंध में वही चीजें खरीदने के लिए अभिशप्त हैं, जिनकी हमें वास्तव में कोई जरूरत नहीं है। इस तरह देखा जाए तो इलेक्ट्रॉनिक माध्यम ने हमारे सार्वजनिक जीवन से लेकर व्यक्तिगत जीवन के सौंदर्य-बोध को क्रूरता से रौंद दिया है और उसकी जगह हँसती-खिलखिलाती, शोर मचाती अश्लीलता का विराट मलबा परोस दिया है। विडंबना यह है कि आप इस अश्लीलता को देखने, भोगने और इसे अंततः अपना सौंदर्य बोध मानने के लिए अभिशप्त हैं।

इस परिदृश्य में अश्लीलता और फूहड़पन से बचने का फिलहाल कोई रास्ता नहीं दिखता, क्योंकि इस समय भारतीय दूरदर्शन विश्व दूरदर्शन के असंख्य चैनलों की होड़ के दौर से गुजर रहा है। जहाँ प्रतियोगिता होती है, वहाँ अत्याचार और फूहड़पन होने की स्थिति से कोई रोक नहीं सकता। इस परिप्रेक्ष्य में प्रसिद्ध मीडिया विशेषज्ञ पी.सी. जोशी का कहना सच है कि 'असलियत तो यह है कि आज टेलीविजन के लगभग पाँच करोड़ सेट हैं और वे सबके सब भारत के महानगरों और उसके नजदीक के शहरीकृत गाँवों में केंद्रित हैं जो मुख्य रूप से विशेष प्रकार का सस्ता मनोरंजन प्रस्तुत करते हैं। इसमें दोष टेलीविजन का नहीं, बल्कि उस आर्थिक और सामाजिक

ढाँचे का है, जिसके अंदर टेलीविजन लगभग पाँच करोड़ उच्च वर्ग या मध्य वर्ग के परिवारों का खिलौना-मात्र बनता जा रहा है। उसकी वे संभावनाएँ, जिनका कल्पना चित्र विक्रम साराभाई या बाद में हमारी कमेटी ने प्रस्तुत किया था, शनैः शनैः धुँधली होकर लुप्तप्राय हो गयी है।'

कहना चाहिए, आधुनिक जीवन और सभ्यता के जिस दौर से आज का भारतीय समाज पश्चिमी मॉडल की तर्ज पर तेजी से विकसित हो रहा है, वहाँ आधुनिकता का कोई विकल्प शेष नहीं है। आधुनिक समाज का विकल्प प्रगतिशील समाज कैसे बने और विकसित हो, इस मुद्दे पर आज सोचने की जरूरत है। समस्या कितनी गहरी है, इसकी सूचना इस तथ्य से मिलती है कि इलेक्ट्रॉनिक मीडिया आधुनिक जीवन का एक लुभावना और फिलहाल भारतीय समाज के लिए एक जादुई उत्पाद है, जो धीरे-धीरे हमारी दिनचर्या और आहार में किसी स्वाद की तरह शामिल हो चुका है।

अखबार के पन्नों पर

निर्मला भुराड़िया

प्रिंट मीडिया में बढ़ी अश्लीलता इतने अंतरसंबंधों की गाथा है कि इसका रेशा-रेशा सुलझाना भी अपने आपमें एक जटिल प्रक्रिया है। फिर भी कुछ तत्व ऐसे हैं जो खुली आँखों से दिखाई देते हैं, जिन पर सीधे उँगली रखी जा सकती है। ये हैं न पढ़ने-लिखने की आदत, इलेक्ट्रॉनिक मीडियम की चुनौती और प्रचार माध्यमों की बाढ़ के मद्देनजर पत्रकारिता का बदलता चेहरा, मीडिया और पाठक का बदला रिश्ता और अचानक वैश्विकता से उपजे नये सामाजिक परिवेश में पाठक की मानसिकता में बदलाव।

पिछले दिनों ब्रिटेन की राजकुमारी डायना की मौत के लिए डायना की कार का पीछा कर रहे खोजी पत्रकारों को जिम्मेदार माना गया। सभी ने एक स्वर से उनकी भर्त्सना की। डायना के किस्से में टैब्लॉइड प्रेस को बहुत कोसा गया कि वह डायना का निजी जीवन उजागर करने की झोंक में किसी भी हद तक चला गया। लेकिन इस मामले में दो अन्य पक्ष नजरअंदाज कर दिए गए कि जब अपने छोटे-से जीवन के उन तमाम सालों में डायना स्वयं की ही पब्लिसिटी एजेंट बन कर अपने अंतरंग जीवन को खोल रही थीं तब ? और, दूसरे के जीवन में झाँककर सनसनी पानेवाला पाठक टेब्लॉइडों पर टूट पड़ रहा था तब ? हमारे यहाँ कुछ फिल्मी सितारों ने भी यही किया। कैरियर के शुरुआती दौर में स्वयं ही पी. आर. ओ. के जरिए पर्चे भेज कर पत्रकारों को न्यौता, खुद के निजी जीवन और रोमांस के उल्टे-सीधे किस्से प्रसारित करवाये और सफलता के बाद जब ये गॉसिप फिल्मी पत्रिकाओं के पत्रकार उनके पीछे लगे, तो उन्हें थप्पड़ तक मार दिया।

जहाँ तक डायना का सवाल था, यह तो ब्रिटिश मीडिया भी जानता है कि वहाँ के शाही परिवार में न सिर्फ ब्रिटेन के लोगों की, बल्कि सारी दुनिया की दिलचस्पी

रही है। चार्ल्स से अलगाव के बाद जब डायना ने प्रेस के सामने अपना घरेलू रोना रोया, तब आम आदमी की रुचि इसमें और बढ़ी। ब्रिटेन के टेब्लॉइडों की बाकी दुनिया में धूम मची, खोजी पत्रकारों की संख्या में वृद्धि हुई। डायना के विवाहेतर संबंधों के बाद लोगों ने सुंदरी डायना के जीवन में झाँकने का चित्रमय आनंद उठाया। बाद में मौत भी डायना की ही बिकी—साथ ही मरे डोडी की नहीं। न लोगों ने अखबार जलाये, न टीवी बंद किया। जाहिर है, इस सबके प्रति पाठक-दर्शन का विरोध जुबानी ही था—मन से नहीं।

पाठक में पढ़ने की आदत भी निश्चित ही कम हुई है। न पढ़े-लिखे तो नहीं ही पढ़ सकते हैं, पढ़े-लिखों की भी पढ़ने की आदत घट रही है। कहा जा सकता है, यह 'इलिटरेसी' के बाद 'एलिट्रेसी' का आगमन है। इस स्थिति में जो पढ़ता है, वह भी अखबारों में गंभीर विवेचनात्मक आलेखों के बजाय, छोटे सरल आलेखों की चित्रमय प्रस्तुति चाहता है। यह भी ठीक है कि हमेशा से ही सभी पाठक बौद्धिक सामग्री नहीं चाहते और आज तो कई समाचार पत्र सरल सामग्री हेतु विशेष टेब्लॉइड निकालते हैं। (खास तौर पर महिलाओं के लिए)। लेकिन उसमें लोकप्रियकरण की आड़ में सरल नहीं, किंतु सस्ती सामग्री निम्न स्तरीय भाषा के साथ दी जाती है। देखें एक आलेख की झलक, जिसका शीर्षक है 'हुनरमंद ब्यूटीशियन बनें।' 'साधारण-सी दिखनेवाली संध्या का अंग-अंग दमक रहा था। बिजली की दूधिया रोशनी में तो वह स्वर्ग की परी बन गई थी। उसी बर्थ-डे पार्टी में आए सभी मेहमान उसके रूप-लावण्य पर इतने फिदा थे कि पार्टी में कम और उसमें दिलचस्पी ज्यादा ले रहे थे...' अब इस मसौदे को यह सस्ती प्रस्तुति पार करके अश्लीलता की ओर जाने के लिए एक महीन रेखा भर चाहिए।

अखबारों में टीवी का असर दिखता है। वे उसे रंगीन और चटपटा बनाना चाहते हैं। टीवीवाले रिनेगा की क्लिपिंग के साथ हाथ-मुँह मटकाती लड़की दिखा कर, युवाओं को आकर्षित करते हैं तो अखबारों और पत्रिकाओं को भी लगता है कि टीवी-सिनेमामय बनाने से उनके अखबार या पत्रिका का आकर्षण बढ़ेगा। यह एक ऐसी प्रक्रिया है जो एकतरफा नहीं है कि अखबारवालों की व्यावसायिकता के पल्ले सारा दोष मढ़ कर पल्ला झटक लिया जाए। यह पाठक-मीडिया के बदलते रिश्ते की बात है। यह भी हो सकता है कि अखबार पाठक की अभिरुचि का परिष्कार करने जाए, तो पाठक वह अखबार लेना ही बंद कर दे। एक चैनल पर जीवन रक्षक घोल बनाने की विधि आ रही है और दूसरे पर विवाहेतर रिश्तों से संबंधित कोई सीरियल, तो जाहिर है दर्शक विवाहेतर रिश्ते के चटखारे ही लेना चाहेगा। पढ़ना-लिखना न जाननेवाला घरेलू सेवक 'रामू' भी महिलाओं वाली ग्लॉसी मैग्जीन इस आस में पलटता है कि कहीं कोई फड़कता हुआ चित्र देखने को मिल जाए। फिर टीवी तीसरे दर्जे का मनोरंजन परोस रहा है, तो होड़ा-होड़ी में प्रिंट मीडिया कैसे पीछे रहे ?

दृश्य-श्रव्य की चुनौती में उसे और कल्पनाशील और तार्किक, वैचारिकता से और भरपूर होना चाहिए था, मगर ऐसा हुआ नहीं। आज स्थिति यह है कि आलेख के कवरिंग लेटर में यदि शिक्षाप्रद लिखा है, तो उसे पढ़ कर पहले तो संपादक हँसता है। शिक्षाप्रद के नाम पर पाठक के नाक-भौं सिकोड़ने की बारी तो तब आती है जब आलेख छप जाए !

एक नए माध्यम द्वारा प्रस्तुत चुनौती की वजह से समाचार तंत्र के रूप में अखबारों की भूमिका में भी गिरावट आई है। जो समाचार अब तक प्रथम पृष्ठ के लीड आइटम हुआ करते थे, जिनके लिए सुबह होते ही पाठक अखबार पर झपटता था, वे रात को ही विभिन्न टीवी चैनलों पर साक्षात देख लिए जाते हैं। इस शून्य को भरने के लिए अखबारों में फीचर पृष्ठों की संख्या बढ़ाई गई। मगर इन बढ़े हुए पृष्ठों को अमूमन सिनेमा संबंधी सामग्री से या किसी सतही सामग्री से भरा गया--इन पृष्ठों में ऐसे नए और चिंतनशील प्रयोग करने के बजाय, जो सिर्फ प्रिंट मीडिया में ही संभव थे। यह जरूर है कि टीवी पर आनेवाले समाचार राष्ट्रीय स्तर के होने से क्षेत्रीय समाचार-पत्रों का महत्व कुछ हद तक स्थानीय खबरों की माँग व आकर्षण के कारण यथावत रहा। लेकिन यहाँ भी बेहद लोकल टीवी स्टेशनों की सेंध पड़ चुकी है और कई बार स्थानीय समारोहों की झलक पाने के लिए विज्ञप्ति प्रेमी पाठक को अगली सुबह तक भी इंतजार नहीं करना पड़ता। उसी शाम समाचार दृश्य-श्रव्य में प्रसारित हो जाते हैं। यों दृश्य-श्रव्य माध्यम की एक बाधा यह रही है कि जो समाचार निकल गया, सो निकल गया। अखबार या पत्रिका तो सँभाल कर रखो और बाद में पढ़ लो। तो यह बाधा भी देश में इंटरनेट का बड़े स्तर पर आगमन दूर करनेवाला है, जिस पर जब चाहे, दुनिया की कोई भी जानकारी आसानी से घर बैठे प्राप्त की जा सकती है। अमेरिका में रही महिला क्रिकेट खिलाड़ी राजेश्वरी धोलकिया पिछले दिनों जब अपने गृहनगर इंदौर आईं तो उन्हें यह जान कर बड़ा आश्चर्य हुआ कि उनके पैर की हड्डी टूटने की खबर इंटरनेट के जरिए उनसे पहले ही इंदौर पहुँच चुकी थी।

नई पीढ़ी के दिमागों पर इलेक्ट्रॉनिक मीडियम का गहरा असर है, जिसमें हिंसा, उपभोक्तावाद और खुली जीवन पद्धति इस कदर उनके आँखों के समक्ष दिन-रात उपस्थित रहते हैं कि उसके लिए वही जीवन का परम सत्य है। किसी उपदेश, चिंतन, दर्शन के सहारे आप उसे उससे बाहर नहीं निकाल सकते। साँप लिपटे मिलिंद, मधु और उर्मिला मातोंडकर को रोज देखने के बाद वे पारंपरिकता से ताल-मेल नहीं बैठा पाते।

निश्चित ही इसका अचेतन पर इतना गहरा प्रभाव है कि लोगों की मानसिकता और सामाजिक मूल्य ही आमूल-चूल बदल रहे हैं। मूल्यों के बदलाव का यह प्रभाव प्रिंट मीडिया पर पड़े बिना कदापि नहीं रह सकता। और, छोटे पर्दे की पकड़ उच्च वर्ग तक ही सीमित नहीं है, इसके कब्जे में भारत का वृहद मध्य और निम्न वर्ग भी है, जो अब तक नैतिकताओं का पैरोकार रहा है। यहाँ तक कि ग्रामीण परिवेश

में भी विदेशी टेलीविजन अपनी जड़ें जमा चुका है और ग्राम्य आँखें सिर्फ दिल्ली-मुंबई जैसे महानगरों की चकाचौंध ही नहीं देख रही हैं। उससे भी कई कदम आगे वे हॉलीवुड की जीवन शैली से भी सीधे रूबरू हैं। विदेशी जीवन शैली में यहाँ भी श्लील-अश्लील की परिभाषाएँ बदली हैं। नए मापदंडों के अनुसार, पाठक को प्रिंट मीडिया के अर्धनग्न चित्र व अश्लील आलेख अब पहले की तरह चौंकाते नहीं। खास तौर पर इंटरनेट के आगमन के बाद तो किसी प्रकार की पाबंदी का भी कोई वजूद नहीं रह जाता। ऐसे में दायित्व बोध का दायित्व भी सिर्फ प्रिंट मीडिया के पल्ले ही आता है।

उपभोक्ता बाजार के साथ ही विज्ञापन उद्योग भी पनपा है। इसकी तस्वीरें तथा भाषा अश्लीलता की सभी हदों से आगे हैं। भारतीय विज्ञापन मानक परिषद भी अस्तित्व में है। इसकी अपनी विज्ञापन संहिता भी है। उपभोक्ताओं का हित देखनेवाली उपभोक्ता परिषदें भी हैं। फिर भी समाज विरोधी विज्ञापन अपने निरंकुश उफान पर हैं। कोई आचरण संहिता सख्ती से लागू नहीं की जा सकती, क्योंकि इसकी परिभाषा करना मुश्किल है कि श्लील क्या है और अश्लील क्या। उपदेश देने और मोर्चा निकालने से होगा भी क्या ? आखिर मानक भी किस आधार पर तय किए जायेंगे अगर अलग-अलग प्रचार माध्यमों के सामाजिक बर्ताव में इतनी खाई हो तो ? महिला जागृति समितियों ने मधु सप्रे का क्या बिगाड़ लिया ? प्रिंट मीडिया द्वारा मिली आलोचना ने उन्हें मुफ्त प्रचार दिया, सो अलग। ऐसे प्रसंगों की पारंपरिक अखबार चाहे जितनी लानत-मलामत करें, उपभोक्तावाद का जोश और तर्क विवेक की सभी सीमाएँ लाँघ चुका है। इन हालात में प्रिंट मीडिया भी कमोबेश समझौतावादी ही हो रहा है।

इन दिनों विज्ञापन और मार्केटिंग जगत का ब्रह्म वाक्य है 'सेक्स बिकता है।' 'आई केचर्स' और 'ग्लैमरस' जैसे शब्दों ने अन्यथा संस्कृति-संस्कृति की रट लगाते भारतीय परिवेश में असफलता नहीं पायी, बल्कि उम्मीद से अधिक द्रुत गति से जगह बनाई है। जाहिर है, व्यावसायिक सफलता की उम्मीद में प्रिंट मीडिया भी इन्हीं के चरण चिह्नों पर है और इस महामारी के रुकने के कोई आसार नहीं हैं।

इस सदी में तकनीकी विकास ने यदि सुविधाएँ प्रदान की हैं और अपेक्षित आधुनिकता दी है, तो इसके दुरुपयोग के भी कई खतरे पैदा हुए हैं। इंटरनेट ने दूरसंचार के क्षेत्र में क्रांति ला दी है। मगर इस तकनीक का भी दुरुपयोग किया गया। पिछले दिनों फिल्म अभिनेत्री पूजा भट्ट के एक अश्लील चित्र को इंटरनेट से डाउनलोड किया गया। वास्तव में दो चित्रों को मिला कर एक नया चित्र बनाया गया था। इस प्रक्रिया को मार्फिंग कहते हैं। यानी इसके जरिये किसी भी महिला की अस्मिता दाँव पर लगाई जा सकती है। फिल्मी पत्रिका 'स्टारडस्ट' ने इंटरनेट के जरिये प्राप्त पूजा के ये नग्न चित्र छापे थे। पिछले दिनों एक मॉडल भी शिकायत कर चुकी है कि कम्प्यूटर इमेज द्वारा प्राप्त उसके नग्न शरीर का प्रिंट मीडिया के एक विज्ञापन में उपयोग किया गया था। इस मायने में ये दोनों मीडिया एक-दूसरे के मददगार रहे। अमेरिकी सरकार

ने भी इंटरनेट प्रयोगकर्ताओं की ऐसी प्रवृत्ति के खिलाफ आवाज उठाई थी, मगर अमेरिकन सुप्रीम कोर्ट ने ही साथ नहीं दिया। फिर इंटरनेट का साइट अंतर्राष्ट्रीय स्तर पर उपलब्ध रहता है, अतः यह पता लगाना मुश्किल होता है कि प्रथम बिंदु पर यह कारस्तानी किसने की है। इसे नियंत्रित करना भी मुश्किल है।

प्रचार माध्यमों की इस बाढ़ ने अखबारों और पत्रिकाओं को भी माल बना दिया है, जो घोर प्रतिस्पर्धा के इस माहौल में पाठक को दूसरी तरफ से खींच कर अपनी तरफ कर लेने की फिराक में हैं। इस संदर्भ में मछली का चारा स्त्री छवि है। इसकी स्पष्ट परिणति है स्त्री देह दर्शन और बढ़ती अश्लीलता। यह प्रक्रिया अन उलट इसलिए भी है कि अचानक वैश्वीकरण के इस दौर में अन्यथा भी भारतीय समाज परिवर्तन की प्रक्रिया में है। विश्व सुंदरी प्रतियोगिता के गाजे-बाजे से प्रभावित गली-मुहल्ला सुंदरियाँ और कॉलेज सुंदरियाँ भी धड़ल्ले से ताज पहन रही हैं। अतः आज की तथाकथित वर्जनामुक्त और फीते से देह नपवाती लड़कियों को अश्लीलता विरोधी राग दादी माँ की दकियानूसी हिदायत से ज्यादा कुछ नहीं लगता। दूसरी ओर निश्चित ही नई पीढ़ी को जोड़े बगैर प्रिंट मीडिया को नया मार्केट और नयी ग्राहक संख्या नहीं मिल सकती। जैसे यह पीढ़ी साबुन का ब्रांड बदलती है, अखबार का ब्रांड भी बिना मानसिक अवरोध के बदल सकती है। पठन की पारंपरिकता के एहसास के बजाय इनमें चीजें बदल कर आजमाने की प्रवृत्ति भी है, जिससे लड़ने के लिए प्रिंट मीडिया सामग्री के सस्तेपन को आसान रास्ता मानता है। चिंतनपरक सामग्री पढ़ने की तासीर और वक्त, दोनों ही बदली मानसिकता वाले पाठक में नहीं हैं।

पाठक की वृत्तियाँ निम्न हुईं तो अखबारों ने भी उसकी इन वृत्तियों का शोषण किया। पत्रकारिता को व्यवसाय नहीं, क्रांति होना चाहिए था, लेकिन वह नहीं हुई—स्वस्थ पत्रकारिता के चंद अपवादों को छोड़ कर। और इन स्वस्थ पत्रों के हिस्से भी गुणवत्ता जरूर आयी, मगर सर्कुलेशन के आँकड़े नहीं। गुणवत्ता की मौखिक तारीफ करनेवाले पाठक की नजरें भी ऐसे 'मसाला' पत्रों पर ही रहीं जो डैश न्यूज को चार कॉलम की रपट बना दें। सनसनी खरीदने-बेचने के लिए पत्रकारिता में ब्लैकमेल के अड्डे बन गए।

आज कितने समाचार पत्र हैं, जो पाठक को सकारात्मक सोच वाली सामग्री देते हैं ? लूटमार, हिंसा, बलात्कार, अश्लीलता जैसी नकारात्मक वृत्तियाँ ही प्रिंट मीडिया पर भी हावी हैं। शायद हम उस समय में खड़े हैं जहाँ बौद्धिक दिवालियापन आपको पछाड़ता नहीं। प्रतिभा से बढ़ कर काम आते हैं लटके-झटके। तार्किकता और कल्पनाशीलता का अभाव पाठक और दर्शक को खटकता नहीं। यह सच है कि व्यावसायिकता आज की प्राथमिकता है। इसके खिलाफ भी नहीं हुआ जा सकता। लेकिन कहीं एक मध्य मार्ग खोजा जा सकता है, जहाँ सामाजिक सरोकारों को भी साथ लेकर चला जा सके—दायित्व बोध की खातिर ही सही।

अश्लीलता का अर्थशास्त्र

आलोक पुराणिक

ऐसे कई गाँव-कस्बे हैं, जहाँ पीने का साफ पानी उपलब्ध भले ही न हो, पर कोक-पेप्सी जरूर मौजूद हैं। कोक-पेप्सी इसीलिए मौजूद हैं कि इसके पीछे एक चौकस तंत्र मौजूद है। एक चौकस तंत्र इसीलिए मौजूद है कि उसके लिए छमाछम मुनाफा उस गाँव और कस्बे में मौजूद है। अब महत्त्वपूर्ण प्रश्न यह नहीं है कि साफ पानी ज्यादा वांछनीय है या कोक-पेप्सी। महत्त्वपूर्ण प्रश्न यह है कि पानी की माँग का मुनाफे में अनुवाद किया जा सकता है या कोक-पेप्सी की माँग का। पानी की वांछनीयता या कोक-पेप्सी की अवांछनीयता महत्त्वपूर्ण तत्त्व नहीं है। महत्त्वपूर्ण तत्त्व लाभ की संभावनाओं में छिपे हुए हैं। लाभ की ये संभावनाएँ ही बाजार खड़ा करती हैं, तंत्र खड़ा करती हैं। किसी भी वस्तु की मुनाफेदार माँग भर होना पर्याप्त है, बाजार में तंत्र खुद-ब-खुद खड़ा हो जाएगा। बाजार का अर्थशास्त्र मुनाफे की संभावनाओं पर टिका है, वांछनीयता या अवांछनीयता पर नहीं। अश्लीलता भी इस मामले में अपवाद नहीं है। अश्लील पत्र-पत्रिकाओं, वीडियो कैसेटों का व्यापार इतना मुनाफेवाला है कि इनका बाजार अपने आप खड़ा हो जाता है। मुनाफा अपना तंत्र तमाम अवांछनीय के बावजूद खड़ा कर लेता है। अश्लीलता इतनी ज्यादा मुनाफेदार है कि इसका बाजार दिन दूनी रात चौगुनी रफ्तार से बढ़ रहा है।

अखबार की कीमत 50 पैसे बढ़ने पर काँय-काँय करनेवाला मध्यवर्गीय पाठक 'फैंटेसी' और 'डेबोनेयर' के लिए 50-100 रुपए देने में कोई हिचक नहीं दिखाता। किसी उत्पाद की उपयोगिता, मूल्यवत्ता ही उस उत्पाद की कीमत तय करती है। अर्थशास्त्र का बहुत सीधा-सा सिद्धांत यह है कि उपयोगिता से ही मूल्य निर्धारित होते हैं। ग्राहक 'डेबोनेयर' या 'फैंटेसी' की क्या उपयोगिता देखता है ?

यह सवाल महत्त्वपूर्ण है।

वैसे तकनीकी और कानूनी दृष्टि से यह साबित किया जा सकता है कि 'डेबोनेयर' 'फैंटेसी' आदि अश्लील नहीं हैं। पर यह तो निश्चित तौर पर कहा जा सकता है कि पाठक इन पत्रिकाओं के पाठक इनकी वैचारिकता या इनके साहित्यिक मूल्य की वजह से 50 या 100 रुपए खर्च करने को तैयार नहीं होते। साहित्य की और तमाम वैचारिक पत्रिकाएँ निकलनेवाले यह बता सकते हैं कि किस तरह से इनके ग्राहक तलाशना लगातार मुश्किल होता जा रहा है। उधर 'फैंटेसी' और 'डेबोनेयर' टाइप पत्रिकाओं को बेचनेवाले बताते हैं कि माँग इतनी जोरदार है कि कीमतों की किसी को चिंता नहीं है। इनमें इतनी 'उपयोगिता' इतनी 'अर्थवत्ता' इसके ग्राहक तलाश रहे हैं कि 100-200 रुपए की कीमत उन्हें जरा भी अपत्तिजनक नहीं लगती।

अश्लीलता का अर्थशास्त्र गहरे तौर पर समाजशास्त्र से जुड़ा हुआ है। इधर समाज में जो कुछ चल रहा है, उसने अश्लीलता के अर्थशास्त्र के लिए काम आसान कर दिया है। एक जमाना था, जब अभिनेत्रियों की अधनंगी तस्वीरों के ग्राहक फिल्मी पत्रिकाओं के संपादक होते थे या अश्लील पत्रिकाओं के संपादक। पर अब सम्मानित अखबारों के संपादक भी इन तस्वीरों के ग्राहक हैं। हिंदी-अंग्रेजी के कई सम्मानित अखबार इन तस्वीरों को फख्र से छापते हैं। उनके सर्कुलेशन मैनेजर यह गर्व से बताते हैं कि उन तस्वीरों के छपने पर उनका सर्कुलेशन पाँच लाख हो गया या चार लाख से बढ़ कर साढ़े चार लाख हो गया। जो कल तक अश्लील था, वह अब सामान्य है। उसका बाजार व्यापक हो गया है। समाज की संवेदनाएँ लगातार इतनी समुन्नत होती जा रही हैं कि पहले जिन तस्वीरों को अवांछनीय माना जाता था, अब वे सहज भाव से देखी-दिखाई जा रही हैं। अश्लीलता के इस समाजशास्त्र ने इसके बाजार का स्वरूप खासा बदल दिया है।

लोग याद कर सकते हैं कि करीब 15-20 वर्ष पूर्व टीवी पर अर्धनग्न नायिकाओं-नायकों को देख कर परिवार के तमाम सदस्य खासे ऊहापोह की स्थिति में पड़ जाते थे। वह ऊहापोह अब गायब हो चुका है। वह सब अब सामान्य है। उसमें कुछ भी असामान्य नहीं है। उस किस्म की हरकतों का, गानों का, मुद्राओं का बाजार अब कुछ विशिष्ट जनों तक ही सीमित नहीं है। वह सहज तौर पर सबके लिए उपलब्ध है। अन्य शब्दों में स्थिति यह है कि पुराने संदर्भों में जिसे अश्लीलता माना जाता था, वह अब अश्लीलता के दायरे में नहीं आता। पहले ममता कुलकर्णी अपवाद होती थीं। बदलते समाजशास्त्र ने यह सुनिश्चित किया कि वह अपवाद न हों। अश्लीलता के अर्थशास्त्र का सहज उत्पाद बनें। आज अश्लीलता के बाजार में ममता कुलकर्णी सरीखे उत्पाद सामान्य माने जाते हैं। विशिष्ट तब माना जाता है, जब कोई साहसी उत्पाद अपने को और साहसिक अंदाज में पेश करता है। लेकिन

धीरे-धीरे यह विशिष्टता भी सामान्य हो जाती है। ऐसी स्थितियों में बाजार में तलाश रहती है और साहसी उत्पादों की, और विशिष्ट अंदाजों की। इस तरह अश्लीलता का अर्थशास्त्र पीढ़ी-दर-पीढ़ी चढ़ता चला जाता है। बाजार में नए आयाम जुड़ते चलते जाते हैं—सामान्य, विशिष्ट, विशिष्टतर, विशिष्टतम....।

यह सिलसिला थमता नहीं है। अश्लीलता के अर्थशास्त्र और समाजशास्त्र में इस तरह के अन्योन्याश्रित संबंध उद्‌घाटित होते रहते हैं। पर भारतीय संदर्भों में ये संबंध ठीक उस तरह के भी नहीं है, जिस तरह से ये पश्चिमी समाजों में उपस्थित हैं। भारतीय संदर्भों में अश्लीलता के समाजशास्त्र और अश्लीलता के बाजार या अर्थशास्त्र के बीच के संबंध खुले और खरे नहीं हैं। उनमें भारतीय समाज की तरह दोगलापन है। इसीलिए अश्लीलता का अर्थशास्त्र भी मूलतः बेईमानी पर आधारित अर्थशास्त्र है। अगर किसी वस्तु या सेवा की माँग है, तो उस माँग को ले कर एक साफगोई होनी चाहिए। पश्चिमी समाज इस मामले में ज्यादा खरा है। अपने यहाँ का उच्च-मध्य वर्ग और उच्च वर्ग तमाम तरह की अश्लील मुद्राओं का अवलोकन तो करना चाहता है, पर वह ऐसा दबे-छिपे ही करना चाहता है। इस संबंध में मैंने एक दिलचस्प सर्वेक्षण किया। 'डेबोनेयर', 'फैंटेसी', 'प्राइवेट लाइफ' 'इंद्रसभा' सरीखी पत्रिकाओं के स्टॉल के दुकानदार से मैंने पूछा कि भई, सामने के 20-25 फ्लैटों में इस तरह की पत्रिकाओं की कितनी प्रतियाँ खप जाती हैं। बात एक मध्यम वर्गीय कॉलोनी के तीन-चार ब्लॉकों की हो रही थी। उसने बताया कि आठ। 25 फ्लैटों में मैंने व्यक्तिगत तौर पर जा कर पूछताछ की कि वहाँ कौन-कौन सी पत्र-पत्रिकाएँ आती हैं। एक जगह से भी यह सूचना नहीं मिली कि 'डेबोनेयर' या 'फैंटेसी' भी वहाँ आती हैं। ये पत्रिकाएँ जाती जरूर हैं, पर जहाँ जाती हैं, वहाँवाले खुल कर मानने को तैयार नहीं हैं, यह भी इन पत्रिकाओं से जुड़े समाजशास्त्र का एक आयाम है।

अश्लीलता का बड़ा बाजार, दरअसल, चोर किस्म का बाजार है, जहाँ उपभोक्ता अपनी पहचान छिपाना चाहता है, पर उपभोग से वंचित नहीं रहना चाहता। उपभोग करना चाहता है, पर उपभोग करते हुए दिखना नहीं चाहता। यही खूबी इस बाजार को खास आयाम देती है। इस बाजार में उपभोक्ता का शोषण करने की भरपूर संभावनाएँ मौजूद हैं, इसीलिए इस बाजार में तमाम पत्र-पत्रिकाओं की तादाद लगातार बढ़ती जाती है। उपभोक्ता खुल कर कीमतों में बढ़ोत्तरी के खिलाफ आवाज नहीं उठाता। उधर इस बाजार के दुकानदारों को भी पता है कि यहाँ उपभोक्ता ठीक वैसे तेवर नहीं दिखा सकता, जैसे वह सामान्य अखबार-पत्रिका खरीदते वक्त दिखाता है। इस बाजार का उपभोक्ता, दरअसल, कई मामलों में सहानुभूति का पात्र है। पूरी रकम खर्च करने के बावजूद वह बाजार में शरमाता-झिझकता नजर आता है। यह होता है एक विचित्र-से सामाजिक दोगलेपन

के चलते, जिसमें तमाम कामों में परहेज नहीं है, पर उन्हें करते हुए दिखने से परहेज है। रिश्वत लेने से परहेज नहीं है, पर रिश्वत लेते हुए दिखने से परहेज है। वेश्यागमन में परहेज नहीं है, पर वेश्यागमन करते हुए दिखने से परहेज है। कुल मिला कर तमाम बेहूदा हरकतें करने से परहेज नहीं है, पर उन्हें करते हुए दिखते से परहेज है। यह प्रवृत्ति एक दृष्टि से देखें, तो सकारात्मक लग सकती है कि जो भी हो रहा है, दबे-ढके हो रहा है। पर दूसरी दृष्टि से देखें, तो यह बहुत ही बीमार किस्म की मानसिकता का संकेत भी है। इस स्थिति में खुले तौर पर यह पता लगाना बहुत मुश्किल है कि वास्तव में क्या चल रहा है, समाज के मानसिक विचलन की स्थिति क्या है।

आदर्श बाजार यह है, जहाँ तमाम ब्यौरे पारदर्शी हों। देनेवाले किस कीमत पर क्या दे रहे हैं, पूरा बाजार जाने। लेने वाले किस कीमत पर क्या ले रहें, पूरा बाजार जाने। इन स्थितियों में स्वस्थ प्रतिस्पर्धा और स्वस्थ बाजार का निर्माण होता है। पश्चिमी समाजों में इसीलिए अश्लीलता का बाजार उपभोक्ताओं की दृष्टि से ज्यादा बेहतर स्थिति में है। तमाम तरह के विकल्प खुले आम इस तरह से मौजूद हैं कि विक्रेता मनमानी कीमतें नहीं वसूल सकते। प्रतिस्पर्धा और प्रतिस्पर्धी का डर पूरे बाजार को हमेशा घेरे रहता है। पर यहाँ ऐसी स्थितियाँ नहीं हैं। अश्लीलता का बाजार यहाँ उपभोक्ता की दृष्टि से बहुत खराब स्थिति में है।

पर क्या यह चिंतनीय स्थिति है ? दरअसल, इस बाजार के उपभोक्ताओं की दशा-दर्दशा पर सिर्फ चिंता नहीं, सहानुभूति की जरूरत है। एक आदर्श स्थिति वह होगी, जब अश्लीलता का कोई बाजार न हो, अश्लीलता का कोई अर्थशास्त्र न हो। यह आदर्श स्थिति एक स्वस्थ मानव समाज में संभव है। गौरतलब है कि इस विराट जीव जगत में सिर्फ मानवीय समाज को अश्लील उपकरणों, माध्यमों की आवश्यकता महसूस होती है। तमाम जीव-जंतु अपना जीवन चक्र सहज सामान्य तरीके से पूरा करते हैं। पर मानव समाज में अश्लीलता का बाजार न हो, यह कल्पना लगभग वैसी ही कल्पना है कि मानव समाज पूरे तौर पर स्वस्थ हो। मानव मस्तिष्क में कुछ खुराफात जब तक रहेंगे, तब तक अश्लीलता का बाजार बराबर मौजूद रहेगा। कुछ समय तक इसे कानून से नियंत्रित कर लिया जाए तो नियंत्रण हटते ही यह बाजार अपने पूरे नरक के साथ फूट पड़ेगा। रूस और पूर्वी यूरोप के कई देशों की स्थिति इस बात का उदाहरण है। एक संस्कारयुक्त समाज के निर्माण की सतत प्रक्रिया के अलावा और कोई रास्ता नहीं है। क्या हम ऐसा कर पा रहे हैं ? इसका उत्तर निश्चित तौर पर न ही है। क्या अर्थशास्त्र निश्चित तौर पर समाज को उस तरफ ढकेल रहा है, जहाँ पर संस्कारयुक्त समाज के निर्माण की संभावनाएँ लगातार क्षीण होती जा रही हैं ? खुले बाजार का आर्थिक सिद्धांत बताता है कि सब तरफ से निर्द्वन्द्व हो कर सबको रौंदते हुए शीर्ष पर पहुँचो। अधिकाधिक धन

कमाओ। अधिकाधिक आनंद लो। वांछनीयता और अवांछनीयता के प्रश्न बाजार या खुले बाजर के आर्थिक सिद्धांत में पूछे ही नहीं जाते। यह अनायास नहीं है कि अश्लीलता के सर्वाधिक बड़े बाजार उन देशों में हैं, जिन्हें खुले बाज़ार की अर्थव्यवस्थाओं के मामले में अनुकरणीय माना जाता है। अमेरिका और थाईलैंड, ये दो नाम इस सिलसिले में उल्लेखनीय हैं।

भारत ने नए अर्थशास्त्र की राह पर हाल में ही दौड़ना शुरू किया है। अश्लीलता के बाजार के उपभोक्ता बता सकते हैं कि हाल में यह बाजार कितना समृद्ध हुआ है। समृद्धि अगर संस्कारित न हो तो अश्लीलता का बाजार खूब फलता-फूलता है। संस्कारित समृद्धि और असंस्कारित समृद्धि में क्या फर्क है ? इस सवाल का जवाब जापान और अमेरिका के समाजों के अंतर ने दिया है। अश्लीलता का बाजार अमेरिका के समाज के केंद्र में स्थित है। जापान में उसकी जगह हाशिए पर है।

हमने अमेरिकी अर्थशास्त्र चुना है। नतीजे क्या होंगे ? अनुमान लगाना बहुत मुश्किल नहीं है।

नई अर्थनीति का नतीजा

भारत डोगरा

पिछले कुछ वर्षों में कई विकासशील देशों में यह देखा गया है कि जिन दिनों वहाँ विकसित देशों व उनके द्वारा नियंत्रित वित्तीय संस्थाओं के दबाव में आर्थिक नीतियाँ अपनाई गईं, उन्हीं दिनों टीवी कार्यक्रमों, गीत-संगीत, विज्ञापन-पोस्टर आदि में बहुत तेजी से ऐसे बदलाव हुए जिससे अश्लीलता का प्रसार हुआ तथा उसके साथ जुड़े हुए सामाजिक, नैतिक मूल्यों को भी फैलाया गया। एक महत्वपूर्ण सवाल यह है कि इन दो बदलावों का आपसी संबंध क्या है ?

इलाहाबाद में अश्लील पत्रिकाओं के विरुद्ध हुए जन आंदोलन में एक महत्वपूर्ण भूमिका निभानेवाली सामाजिक कार्यकर्ता मधु भटनागर ने हाल ही में दिल्ली के कुछ स्कूली बच्चों को संबोधित करते हुए बताया कि विश्व स्तर की सौंदर्य प्रतियोगिताओं में इन दिनों भारतीय सुंदरियों को जो अभूतपूर्व सफलता मिल रही है, उसका संबंध केवल उनकी सुंदरता से नहीं है। उन्होंने बताया कि जब अन्य देशों में भी आर्थिक सुधारों के नाम पर विषमताओं, उपभोक्तावाद, विलासिता की वस्तुओं और बहुराष्ट्रीय कंपनियों को तेजी से बढ़ाया गया था, उस दौर में वहाँ की सुंदरियों को भी विश्व सौंदर्य प्रतियोगिताओं में अभूपूर्व सफलता मिलने लगी थी। विश्व सौंदर्य प्रतियोगिताओं में अभूतपूर्व जीत की सनसनीखेज खबर से और इससे जुड़े तमाम प्रचार-प्रसार से, जिसमें प्रायः अनेक विदेशी कंपनियों का सहयोग और विज्ञापन रहते हैं, पूरे देश के जीवन मूल्यों को बदलने का प्रयास किया जाता है—इस तरह का बदलाव, जिससे स्वस्थ नैतिक परंपराओं को चोट पहुँचाने तथा उपभोक्तावाद, विज्ञापन, मॉडलिंग और इससे जुड़े शरीर प्रदर्शन, नारी को मात्र एक उपभोक्ता की वस्तु मानने के सोच को बढ़ावा मिले।

जिस तरह से देश में सौंदर्य प्रतियोगिताओं की अचानक एक बाढ़-सी आ गयी

है और नयी-नयी बेहूदा किस्म की सौंदर्य प्रतियोगिताएँ हो रही हैं (महिलाओं के शरीर के केवल एक अंग के सौंदर्य की प्रतियोगिता, जिसका एक उदाहरण है बालों के सौंदर्य की प्रतियोगिता), उससे तो यही लगता है कि महिलाओं को उपभोग की वस्तु बनाने के प्रयास अब बेहद आक्रामक और अपमानजनक दौर में पहुँच चुके हैं। आज इस तरह के सवालों पर अपनी समझ बनाने के लिए यह पूछना जरूरी है कि क्या यह अश्लीलता और अभद्रता ऐसे ही फैल रही है या इसके प्रसार के पीछे सोची-समझी साजिश है ?

हमारी अर्थव्यवस्था आज कल एक बाहरी आक्रमण के दौर से गुजर रही है, जिसमें एक ओर तो विदेशी या बहुराष्ट्रीय कंपनियों का प्रसार तेजी से हो रहा है तथा दूसरी ओर सार्वजनिक क्षेत्र के भारतीय उद्योगों, छोटे स्तर के उद्योगों, मजदूरों और किसानों-दस्तकारों के हितों की कई स्तरों पर उपेक्षा की जा रही है। यह स्वाभाविक ही है। इस प्रकार की नीतियों का भारतीय समाज में व्यापक विरोध होगा। इस तरह के विरोध के लिए दृढ़ निश्चय, उत्साह, वीरता, साहस और समझदारी की जरूरत भी खूब होगी।

भारतीय समाज में शौर्य और साहस की सबसे अधिक प्रेरणा पारिवारिक संबंधों से ही मिलती रही है। हमारी परंपराओं में जब कभी बेहद जोखिम उठाने या साहस का कार्य करने का जिक्र आता है, तो कहीं हम बहन को भाई को राखी बाँधते हुए देखते हैं, कहीं माँ को बेटे को आशीर्वाद देते हुए देखते हैं या पत्नी को देखते हैं कि वह अपने पति को तिलक लग रही है। यह परिवार के संबंध, रिश्ते-नाते, दोस्ती-मुहब्बत ही तो हमारे समाज को मजबूती देते हैं और कठिनाई या संकट का सामना करने के लिए एक नींव हैं।

यदि अपने चारों और फैल रही अश्लीलता को हम ध्यान से देखें और विशेषकर टीवी पर दिखाए गए कुछ सीरियल, जो काफी बड़े स्तर पर देखे गए हैं, तो यह पता चलता है कि यह अश्लीलता का प्रसार न केवल हमें सामाजिक जिम्मेदारियों से विमुख करता है, बल्कि साथ ही हमारे परिवार के आपसी संबंधों के बारे में तरह-तरह की दुविधा पैदा करता है और पवित्र संबंधों के बारे में प्रश्नचिह्न लगाकर, विशेषकर बच्चों के मन में, उलझन पैदा करता है। वैवाहिक संबंधों के बाहर यौन संबंधों को जितनी सामाजिक प्रतिष्ठा टीवी के माध्यम से दी जा रही है, उतनी शायद पहले भारतीय समाज में कभी नहीं दी गई। अब तो इसे प्रगति के सोच का उदाहरण बताया जा रहा है। इतना ही नहीं, जब इलाहाबाद के जन आंदोलन पर ध्यान देकर पुलिस ने अश्लील पत्रिकाओं के विरुद्ध सख्त कार्यवाही की, तो देश के कुछ शीर्ष लेखकों ने इस कार्यवाही की आलोचना की। इससे पता चलता है कि हमारी मान्यताओं को बहुत बुनियादी तौर पर बदला जा रहा है और इसके प्रति सचेत रहने की आज बहुत आवश्यकता है।

हमारे देश में जो नयी आर्थिक नीतियाँ पिछले कुछ वर्षों में काफी तेजी से आई हैं, वे नीतियाँ एक ओर तो गरीब लोगों की हालत को पहले से और कमजोर करती हैं, साथ ही दूसरी ओर अमीर लोगों को विलासिता की अधिक समाग्री उपलब्ध कराती हैं। इस विलासित्ता की सामग्री को उपलब्ध कराने में विदेशों से किये जानेवाले आयात व विदेशी कंपनियों की भारतीय इकाइयों/सहयोगियों की बहुत महत्वपूर्ण भूमिका हो गई है व उनका प्रसार बहुत तेजी से हो रहा है।

इन आर्थिक नीतियों के लिए अनुकूल माहौल तैयार करने के लिए व उन्हें आगे बढ़ाने के लिए कुछ विशेष तरह की सांस्कृतिक नीतियों की जरूरत होती है। आज की समस्याएँ चाहें बढ़ रही हों, पर लोगों को उत्तेजक और आकर्षक फिल्में और नाच-गाने देखने के भरपूर अवसर जरूर उपलब्ध कराए जाते हैं। उन्हें एक तरह से कहा जाता है कि तुम अपना काम करो और फिर इस नाच-गाने में मस्त रहो, तुम्हें समाज की क्या पड़ी है ? इस काम में टीवी बहुत सहायक होता है, क्योंकि इसके माध्यम से ऐसे ढेर-से कार्यक्रम बहुत सस्ते में उपलब्ध कराए जा सकते हैं। अतः गरीबी चाहे जितनी हो, पर ऐसे आर्थिक बदलाव के दौरान अधिक टीवी उपलब्ध कराना बहुत जरूरी समझा जाता है। 1980 के दशक में लातिनी अमेरिका में प्रतिव्यक्ति आय में 40 प्रतिशत की कमी आई, पर इसी दौरान वहाँ उपलब्ध टीवी सेटों में 40 प्रतिशत की वृद्धि हुई। जिन लोगों के पास टीवी नहीं है, उन्हें भी इसका लालच तो दे ही दिया जाता है। वैसे टीवी हमारे देश की झुग्गी-झोंपड़ी बस्तियों में भी काफी बड़े पैमाने पर पहुँच चुका है।

किंतु सांस्कृतिक हमले का एकमात्र उद्देश्य हमें रिझाना ही नहीं है। यदि केवल रिझाने का ही मकसद होता, तो सांस्कृतिक हमला इतना खतरनाक न होता। इसका गहरा उद्देश्य हमें रिझाने के साथ-साथ, हमें तोड़ना भी है। किसी भी समाज की अन्याय और जोर-जुल्म के खिलाफ लड़ने की शक्ति उसकी परंपराओं और सामाजिक रिश्तों के ताने-बाने में ही बहुत हद तक निहित होती है। यहीं से हमें प्रेरणा मिलती है और यहीं से हिम्मत भी। सांस्कृतिक हमले का एक उद्देश्य इन परंपराओं और रिश्तों को कमजोर करना है, इन्हें यथासंभव तोड़ना है, ताकि आर्थिक क्षेत्र में हो रहे अन्याय विशेषकर, गरीब लोगों के साथ हो रहे अन्याय, के विरुद्ध लोग खड़े न हो सकें, एक न हो सकें।

यह सांस्कृतिक हमला कई स्तरों पर हमारे परिवार व समुदाय के संबंधों पर प्रहार करता है। विवाह से बाहर प्रेम प्रसंगों की महिमा गान कर यह पति-पत्नी में दरार पैदा करता है। बड़े बुजुर्गों को बेहद नाराज करनेवाले कार्यक्रमों को दिखाकर वह युवा वर्ग और बुजुर्गों का एक कमरे में बैठना कठिन कर देता है। बच्चों के कोमल मस्तिष्क को तो वह कई तरह से आहत करता है, उन्हें आक्रामक बनाता है और उनके शारीरिक व मानसिक स्वास्थ्य से खिलवाड़ करता है। व्यापक समुदाय के स्तर

पर तो आस-पड़ोस व रिश्तेदारी में लोगों का न केवल मिलना-जुलना कम होता है, अपितु उपभोक्ता वस्तुओं की अंधी दौड़ के कारण परस्पर संबंधों में लालच व प्रतिस्पर्धा की भावनाएँ अधिक आ जाती हैं।

सांस्कृतिक हमले के दौर में हिंसक कार्यक्रम अधिक दिखाए जाने का भी खास मकसद होता है। हिंसा (जिसमें कार्टून चरित्रों की हिंसा भी सम्मिलित है) बार-बार दिखाए जाने का एक असर यह भी होता है कि हिंसा के शिकार लोगों के प्रति संवेदनशीलता कम हो जाती है। जरूरत पड़ने पर जोर-जुल्म कर आर्थिक नीतियाँ लागू करने करवाने वाली शक्तियों के लिए इससे अनुकूल माहौल बनता है।

ऐसा नहीं है कि सांस्कृतिक हमले के दौर में सामाजिक, आर्थिक समस्याओं से जुड़े हुए या ज्ञान-विज्ञान के कार्यक्रम दिखाए ही नहीं जाते हैं। जरूर दिखाए जाते हैं, पर उनकी भी एक खास दिशा होती है। यदि आज के टीवी कार्यक्रमों को ध्यान से देखें, तो यह स्पष्ट होता है कि भारतीय भाषाओं में उत्तेजक मनोरंजन के कार्यक्रम ज्यादा हैं व अंग्रेजी भाषाओं में ज्ञान-विज्ञान व सामयिक समस्याओं से जुड़े कार्यक्रम ज्यादा हैं। एक तरह से जनसाधारण को कहा जा रहा है कि तुम फूहड़ मनोरंजन में मस्त रहो और समाज की चिंता अफसरों (या कल अफसर बनने वालों) पर छोड़ दो।

समस्या-प्रधान कार्यक्रमों, चर्चाओं व लेख में प्रायः बातचीत इस आधार पर होती है कि पूँजीवादी विकास का रास्ता ही सबसे उचित है, विकसित पूँजीवादी देश ही हमारे आदर्श हैं तथा नई आर्थिक नीतियों के बारे में विवाद की मुख्य बात केवल यह है कि इनका कार्यान्वयन ठीक से हो रहा है कि नहीं। पूँजीवादी विकास कितनी विकृतियों से भरा हुआ है, बाहरी चमक-दमक वाले विकसित पूँजीवादी देश अंदर से कितने बीमार और खोखले हो चुके हैं और नई आर्थिक नीतियाँ बुनियादी तौर पर ही अनुचित हैं, इस तरह के विचारों को उठानेवाले लोगों को अपनी बात कहने के उचित अवसर नहीं मिलते हैं।

एक खास तरह का समझौता करनेवाले बुद्धिजीवियों को आगे बढ़ाया जाता है तथा धीरे-धीरे इशारों को समझने वाले ऐसे बहुत-से लोग असरदार जगहों पर पहुँच जाते हैं जो बखूबी जानते हैं कि किस विषय पर, क्या कहना मान्य होगा। बेकार की बातों पर विवाद करा कर अभिव्यक्ति की आजादी की दुहाई दी जाती है, जबकि बुनियादी बातें अनकही ही रह जाती हैं।

भाषा को ही इस कदर बिगाड़ दिया जाता है कि पुराने शब्दों के बिल्कुल नये अर्थ स्थापित हो जाते हैं और जनसाधारण को भ्रमित करते हैं। उदाहरण के लिए नयी आर्थिक नीतियाँ गरीब लोगों के लिए कितनी भी नुकसानदायक क्यों न हो, उन्हें सुधार का नाम दिया जाता है। अब भला 'सुधार' को अनुचित बताने की जुर्रत कौन करे !

आज से दस-बीस साल पहले की बात है कि जब हम गरीबी हटाने के लिए नीतियों में बुनियादी बदलाव की बात करते थे, तो 'स्ट्रकचरल चेंज' की बात करते थे। पर आज 'स्ट्रकचरल' शब्द को उस तरह के बदलाव के लिए हथिया लिया गया है जिसे अंतर्राष्ट्रीय वित्तीय संस्थाओं (विशेषकर अंतर्राष्ट्रीय मुद्रा कोष व विश्व बैंक) द्वारा हम पर लादा जा रहा है। इस तरह सांस्कृतिक हमले के दौर में हमारी भाषा से भी खिलवाड़ हो रहा है और इस चालाकी से कि हमें पता भी नहीं चलता।

इस तरह विभिन्न तौर-तरीकों से सांस्कृतिक हमला नई आर्थिक नीतियों को लागू करने का रास्ता साफ करता है और उसके अवरोध हटाता है। पर सांस्कृतिक हमले की भूमिका यहीं खत्म हो जाती हो, ऐसी बात नहीं है। सांस्कृतिक हमला और आगे बढ़कर नयी आर्थिक नीतियों के फलने-फूलने में और विशेषकर विलासिता की वस्तुओं की बिक्री बढ़ाने में निरंतर महत्वपूर्ण भूमिका निभाता रहता है। वह एक ऐसा मायाजाल बुनता है, जिसमें कल तक बिल्कुल गैर-जरूरी लगनेवाली वस्तुएँ आज बेहद जरूरी नजर आने लगती हैं और समाज में लालच और असंतोष बढ़ते जाते हैं। बिना किसी दुराव-छिपाव के, खुलेआम ईर्ष्या की भावना को भड़काने वाले विज्ञापन तो आजकल हम सभी देख रहे हैं।

सांस्कृतिक हमला एक ओर लोगों को उत्तेजक मनोरंजन की ओर धकेलता है, तो साथ ही उन्हें इस मनोरंजन के साथ ढेर-सारे चटकदार विज्ञापन परोसना भी नहीं भूलता है। भला मुख्य उद्देश्य को भुलाया भी कैसे जा सकता है ? कई बार तो ये विज्ञापन इतने असरदार सिद्ध होते हैं कि मुख्य कार्यक्रमों की अपेक्षा उनके साथ दिखाये गये ये विज्ञापन लोगों को अधिक याद रहते हैं और छोटे-छोटे बच्चे इनकी नकल करते हुए और इन्हीं वस्तुओं की माँग करते हुए देखे जा सकते हैं।

गरीबी से त्रस्त हो रहे देश में अमरी-गरीब के अंतर को और बढ़ाना, औपनिवेशिक लूट से पहले से त्रस्त देश में इस लूट को और बढ़ाना—ये ऐसी नीतियाँ हैं जिन्हें किसी देश में लागू करना बहुत कठिन है। भारत जैसे विशाल देश में तो और भी अधिक है। सांस्कृतिक हमले को यह जिम्मेदारी दी गई है कि वह इस बेहद कठिन कार्य को सरल बनाए व ऐसा माहौल बनाए, जिसमें गरीब-अमीर का अंतर बढ़ाने वाली और साम्राज्यवादी शोषण को बढ़ानेवाली नीतियों को लागू किया जा सके।

आर्थिक और सांस्कृतिक नीतियों के इस संबंध को देखते हुये तो सांस्कृतिक हमले का विरोध करना जरूरी है ही, पर साथ ही यह भी सच है कि अपसंस्कृति के प्रसार से हमारे समाज व परिवार में सीधे-सीधे बहुत दुख-दर्द फैल रहा है, जो कभी-कभी तो स्पष्ट रूप से सामने आता है और कभी-कभी अदृश्य रूप से फैल रहे रोग की तरह बढ़ता जाता है। इस कारण कई परिवार टूटते हैं, कई संबंधों में दरारें आती हैं और कितने ही बच्चों का वर्तमान तनावपूर्ण और भविष्य अंधकारमय

होता है।

इस सांस्कृतिक हमले को रोकने के लिए या उसके प्रहार को कम करने के लिए एक जरूरी बात तो यह है कि इसके सही रूप और चरित्र को लोगों के सामने रखा जाए। यह सांस्कृतिक हमला दीर्घकालीन और गहरी दृष्टि से कितना ही खतरनाक क्यों न हो, पर लोगों के सामने बेहद आकर्षक और मनोरंजक रूप में आता है। अतः इसके सही रूप को बेनकाब करना और प्रत्यक्ष तथा अप्रत्यक्ष रूप से हो रहे इसके हानिकारक परिणामों को लोगों के सामने रखना यह बहुत आवश्यक है।

परिवार की शांति, आध्यात्मिक विकास, बाल कल्याण, शिक्षा की प्रगति, किशोरों व युवाओं को गलत व्यसनों से बचाना, लोगों को सामाजिक-आर्थिक समस्याओं के प्रति सचेत करना, महिलाओं के विरुद्ध अपराधों के विरुद्ध लड़ना व उनके प्रति अनुचित विचारों को पनपने से रोकना--इन सब तरह-तरह के सरोकारों से जुड़े कितने ही लोग होंगे जो सांस्कृतिक हमले की सही समझ बनने के बाद इसका शिकार बनने के स्थान पर इसका सामना करना चाहेंगे या कम से कम स्वयं को व विशेषकर अपने बच्चों को इस हमले से जरूर बचाना चाहेंगे। अतः समाज के कई किस्म के जागरूक लोगों और संगठनों से उम्मीद की जा सकती है कि किसी न किसी रूप में वे सांस्कृतिक हमले के प्रति अपना विरोध प्रकट करेंगे।

पर इन लोगों और संगठनों को इस बात से सावधान रहना पड़ेगा कि कहीं उनका नेतृत्व सांप्रदायिक प्रवृत्ति के लोगों व संगठनों के पास न चला जाए। सांप्रदायिक संगठनों की प्रवृति यह है कि अपनी मलिन छवि को स्वच्छ करने के लिए वे इस तरह के सवालों को उछालते रहते हैं। हकीकत यह है कि वे साम्राज्यवाद के विरुद्ध किसी संघर्ष में टिकनेवाले नहीं हैं। औपनिवेशिक दिनों का भी यही सबक रहा है कि सांप्रदायिक तत्व देशभक्ति का नाटक करते हुए वास्तव में साम्राज्यवादी हितों का ही पोषण करते थे। यही स्थिति आज के नव-औपनिवेशिक दौर में भी बनी हुई है।

सांस्कृतिक हमला लोगों को तोड़ना चाहता है, उनकी एक होने की शक्ति को छीन लेना चाहता है। सांप्रदायिक संगठन भी तो राष्ट्रीय एकता को तोड़ने का ही काम करते हैं। अतः वे साम्राज्यवाद से संघर्ष नहीं कर सकते हैं, केवल उसकी सहायता ही कर सकते हैं। सांस्कृतिक हमले को नेतृत्व तो वे ही दे सकते हैं, जो लोगों को जोड़ने की बात करते हैं--तोड़ने की नहीं। अतः 'संस्कृति बचाओ' के साथ 'सांप्रदायिकता हटाओ' के नारे को जोड़ना चाहिए।

कला में श्लील-अश्लील का विवेक

मस्तराम कपूर

साहित्य-कला में श्लील-अश्लील का झगड़ा सभ्यता के प्रारंभ से ही रहा होगा। इसका कारण है कि कला का सृजन और उसका ग्रहण या आस्वादन अलग-अलग भावभूमियों पर होता है। प्राचीन भारतीय चिंतन परंपरा में यह इतनी बड़ी समस्या नहीं थी, क्योंकि जीवन के चार पुरुषार्थों में काम को धर्म और अर्थ से ऊपर स्थान मिला था और इसे मोक्ष के सबसे अधिक निकट माना गया था। कामशास्त्र जो कलाओं का शास्त्र माना जाता है, ऋषि-प्रणीत था और इसे अन्य शास्त्रों की तरह ही आदर प्राप्त था। हम प्रजनन के प्रतीक लिंग और भग को कुत्सित भावना मन में लाये बिना श्रद्धा का विषय बना सकते थे और अजंता, एलोरा, खजुराहो, कोणार्क आदि की काम-क्रीड़ायुक्त कलाकृतियों को सराह सकते थे।

इसलिए मकबूल फिदा हुसैन के चित्रों को लेकर अहमदाबाद में बर्बरता का जो प्रदर्शन हुआ, वह दुर्भाग्यपूर्ण है। क्योंकि कलाकार मुसलमान था और उसने हिंदू देवियों के चित्र बनाए थे, सांप्रदायिक तत्वों को जनता को भड़काने का मौका मिल गया। किंतु इसके पीछे कला की नासमझी और विवेकहीनता ही है।

साहित्य और कला का काम सत्य का अनावरण करना होता है। विज्ञान भी यही काम करता है, हालाँकि उसका सत्य कला के सत्य की अपेक्षा स्थूल होता है। दोनों को अपने काम के दौरान सत्य पर पड़े अनेक प्रकार के परदों को हटाना पड़ता है। सत्य हमेशा ढका रहता है—कभी सोने से और कभी माया अथवा कंचुकों से। वस्त्र देह का आवरण होते हैं तथा देह के वास्तविक रूप को उसके सद् रूप को छिपाने का काम करते हैं। मानव देह मानव का सद् रूप है। पदार्थ और आकार-युक्त होने के कारण वही कला का विषय है। उसका चिद् रूप-अर्थात्-चेतना पदार्थ और आकार रहित होने के कारण कला का विषय नहीं हो सकता। अतः कलाकार को

मानव के सत्य की खोज के लिए देह को ही आधार बनाना पड़ता है जो चेतना का निवास-स्थान भी है। इसीलिए कलाकार निरावरण देह को अपनी रचना का विषय बनाना चाहता है। इस प्रकार न्यूड कलाकृति का जन्म होता है, जो न तो कामोत्तेजक होती है और न अश्लील।

'अश्लील', 'अभद्र' और 'अशोभनीय' आदि शब्द हमारी अरुचि के द्योतक हैं। किंतु अशोभनीयता और अभद्रता का संबंध समाज की सामान्य नैतिकता से होता है। वहाँ अश्लीलता को सेक्स संबंधी नैतिकता से जोड़ा जाता है, हालाँकि इसके और भी कई आयाम होते हैं। अश्लीलता का बोध मितली अथवा नॉशिया पैदा करता है। यह हमारी तंत्रियों को प्रभावित करता है। मानव देह, मन और आत्मा को प्रकृति के विरुद्ध प्रभाव पैदा करनेवाला तत्त्व ही नॉशिया में अभिव्यक्त होता है और यही अश्लीलता है। यह वीभत्सता का किंचित सौम्य रूप है।

मानव देह प्रकृति की अत्यंत सुंदर कलाकृति है। मानव देह ही नहीं, सभी प्राणियों की देह सुंदर कलाकृति होती है। यह इसलिए कि यह चेतना का निवास है। अचेतन और निर्जीव देह सुंदर नहीं होती। सचेतन देह इसलिए सुंदर होती है, क्योंकि वह चेतना के लक्ष्य, स्वतंत्रता का (अथवा असत् से सत् की ओर, अंधकार से प्रकाश की ओर और मृत्यु से अमरता की ओर गमन का) साधन है। यदि यह साधन किसी घटिया लक्ष्य के उपयोग में लाया जाएगा, तो वह मानव देह तथा मानव चेतना की प्रकृति के विरुद्ध होगा।

हमारे अंग जिस काम के लिए बने हैं, उससे उलटा काम करने लगें तो क्रिया वीभत्स हो जाती है। मुँह खाने के बजाय, मल-निष्कासन करने लगे और आँखें देखने की बजाय, काटने-चबाने लगें तो वीभत्सता पैदा होती है। इसी तरह मानव-देह स्वतंत्रता आदि चेतना-धर्म का साधन बनने के बजाय क्रय-विक्रय की वस्तु बन जाए, बाजार का माल बन जाए तो अश्लीलता प्रकट होती है।

अश्लीलता का नग्नता से कोई संबंध नहीं होता। न्यूड कलाकृति अश्लील नहीं होती। किंतु जब देह की नग्नता का उपयोग बाजार के लिए होने लगता है तो उसमें अश्लीलता आती है। फिल्म, टेलीविजन, विज्ञापन आदि में जब भी स्त्री अथवा पुरुष की देह का इस्तेमाल दर्शकों, पाठकों को लुभाने, उत्तेजित करने और इस प्रकार वस्तु विशेष की माँग पैदा करने के लिए होता है तो वह प्रस्तुत अश्लील बनती है, क्योंकि लोकप्रियता माँग की वृद्धि से जुड़ा बाजार-मूल्य है। देह की सहज गति में अश्लीलता नहीं होती। उसमें ग्रेस अथवा प्रसाद का गुण होता है। किंतु जब देह को विशेष प्रयोजन के लिए प्रदर्शित किया जाता है, तो ग्रेस का विलोप हो जाता है। जब कूल्हे, उरोज आदि अंग देह की सहज गति को छोड़ कृत्रिम गति से चलने लगते हैं तो अश्लीलता प्रकट होती है।

सौंदर्य प्रतियोगिताएँ अश्लील होती है, क्योंकि इनमें देह को बाजार की वस्तु

के रूप में प्रस्तुत किया जाता है। स्त्री की स्वतंत्रता को नकार कर, उसे वस्तु रूप में प्रस्तुत करने के कारण ही स्त्री स्वातंत्र्यवादी संगठनों ने इन प्रतियोगिताओं का विरोध किया है। बाजार में प्रयोजन से अधिकतर स्त्री की देह का ही इस्तेमाल हुआ है, क्योंकि सभी समाजों में स्त्री को वस्तु के रूप में ही स्वीकार किया जाता रहा है। स्त्री देह हमेशा बाजार की वस्तु बनी रही। अब पुरुष देह का भी बाजार की वस्तु के रूप में उपयोग होने लगा है जो स्त्री-पुरुष समता के आंदोलनों का परिणाम है। किंतु अश्लीलता का तत्व इसमें भी मौजूद है।

स्त्री और पुरुष दोनों ही स्वतंत्रचेता व्यक्ति होने के कारण कभी विषयी के रूप में काम करते हैं और कभी विषय बनते हैं। किंतु विषयी अथवा विषय बनना उनकी स्वतंत्र चेतना का अधिकार है। भय या प्रलोभन से किसी पर यह भूमिका लादना अनैतिक ही नहीं, अश्लील भी है। दूसरे शब्दों में, किसी को प्यार के लिए बाध्य करना या किसी को भय दिखा कर अथवा प्रलोभन दे कर प्यार का विषय बनाना अश्लील हरकतें हैं।

कई बार धार्मिक और सामाजिक रूढ़ियाँ भी व्यक्ति के व्यक्तित्व को कुचल कर ये भूमिकाएँ लादती हैं। इसके पीछे भी भय और प्रलोभन होते हैं। धार्मिक-सामाजिक दंड का भय और मान, सुख-सुविधा का प्रलोभन। स्वर्ग-नरक की कल्पनाएँ इसी का चरम रूप हैं। स्त्री को विषय बना कर रखने में अक्सर धार्मिक-सामाजिक रूढ़ियों का हाथ रहा है। इन रूढ़ियों को सार्वजनिक रूप से गरिमा प्रदान करना भी अश्लील है। हालाँकि रूढ़ियों में जकड़ा होने के कारण हमें यह अश्लीलता दिखाई नहीं देती, पर संवेदनशील लेखक और कलाकार इसे देख सकते हैं। वे इन रूढ़ियों को तोड़ कर आलोकप्रिय होने का जोखिम उठाते हैं। अलोकप्रियता का जोखिम उठाये बिना धार्मिक-सामाजिक अश्लीलता के विरुद्ध आवाज नहीं उठायी जा सकती। इसलिए साहित्यकार और कलाकार पर प्रतिबंध लगाने से समाज में जड़ता ही बढ़ती है।

कला और साहित्य में अश्लीलता तब आती है, जब रचना बाजार की माँग को ध्यान में रख कर प्रदर्शन की वस्तु बनती है। त्यौहार भी प्रदर्शन की वस्तु बन कर अश्लीलता पैदा करते हैं। हुसेन और माधुरी का लोकप्रियता अर्जित करने के उद्देश्य से एक-दूसरे का इस्तेमाल करना भी अश्लील है। लोकप्रियता के लिए राजनेताओं का अत्यधिक कैमरा-कांशेस होना, लेखक का प्रचार-पब्लिसिटी के पीछे भागना, कलाकारों का सितारा बनने की होड़ में शामिल होना, धार्मिक गुरुओं का पाँच सितारा संस्कृति में दीक्षित होना, धार्मिक उत्सवों को तड़क-भड़क और वैभव-प्रदर्शन के साथ मानना, इन सबमें अश्लीलता का तत्व विद्यमान होता है, क्योंकि यह सब बाजार के मूल्यों के तहत होता है।

यह अश्लीलता हमें इसलिए नहीं दिखाई देती क्योंकि हम बाजार की संस्कृति

के गुलाम हो गए हैं। बाजार के मूल्य मानव मूल्यों से ऊपर हो गये हैं। प्रतियोगिता, दौड़, नफा-नुकसान, लोकप्रियता, स्टार वैल्यू, इनाम जीतने की होड़, कैमरे के फोकस में आने की चाह, दुनिया को जीतने और सितारों को छू लेने की हविस, बंद मुट्ठी के संकेत से प्रतिद्वंद्वी का शील भंग करने की महत्वाकांक्षा, दूसरों को धक्का दे कर आगे बढ़ने, दूसरों को पैरों के नीचे कुचल कर ऊँचाई पर पहुँचने की उमंग—ये हैं आज के बाजार मूल्य, जिन्हें फैलाने के लिए, जिनका वर्चस्व तमाम मूल्यों पर स्थापित करने के लिए विश्व बाजार का नियंत्रण करने वाली शक्तियाँ प्रयत्नशील हैं। वे इन मूल्यों को सबसे बड़े धर्म और सबसे बड़ी नैतिकता के रूप में प्रस्तुत कर रही हैं। इतना ही नहीं, वे इसे एकमात्र रास्ते के रूप में, मनुष्य की अनिवार्य नियति के रूप में प्रस्तुत कर रही हैं। इस काम में वे बुद्धिजीवियों, कलाकारों और साहित्य-कर्मियों की सेवाएँ प्राप्त कर रही हैं। इसमें वे इतना पैसा लुटा रही हैं कि मानव मूल्यों की लड़ाई लड़नेवाले साहित्यकार और कलाकार इनकी ओर मक्षिकावत खिंचे जा रहे हैं। कुछ समय पहले तक फिल्मों में पैसा होता था, दरबारी महफिलों और कवि सम्मेलनों में पैसा होता था। वह बाजार की संस्कृति का शिशु-काल था। अब यह संस्कृति पूरे यौवन पर है। चौबीस घंटे के टीवी प्रसारणों ने इसकी अनंत संभावनाएँ खोल दी हैं।

हमारा साहित्यशास्त्र पाँचवें वेद के रस सिद्धांत पर आधारित है। इसके अनुसार भयानक और वीभत्स को भी रस बना कर प्रस्तुत किया जा सकता है। बाजार का नियंत्रण करनेवाली शक्तियाँ जानती हैं कि वीभत्सता और अश्लीलता को कैसे लोकप्रिय बनाया जा सकता है। एक बार लोकप्रिय हो जाने के बाद न अश्लीलता अश्लील रह जाएगी और न वीभत्सता वीभत्स।

अश्लीलता, सौंदर्य और उत्तर-संस्कृति

शंभुनाथ

नग्नता और अश्लीलता के बीच कवियों-कलाकारों ने हमेशा फर्क किया है, जबकि बाजार ने हमेशा फर्क मिटाया है। जब साहित्य, कलाएँ और विचार दूसरी वस्तुओं की तरह बाजार का 'माल' बनने लगे, वे लाभकर व्यवसाय का रूप धारण करने लगे, तब नग्नता और अश्लीलता का फर्क रचनात्मक क्षेत्रों में भी मिट गया। इधर ज्यादा बिक्रीवाले उपन्यासों, पेंटिंग्स, फैशन, नृत्य-संगीत, सौंदर्य प्रतियोगितओं तथा टीवी के विभिन्न मनोरंजनात्मक कार्यक्रमों में एक साथ अश्लीलता के एक नए दौर की शुरुआत हुई है। यह भी देखा जा रहा है कि अश्लीलता की एक नहीं, अनगिनत शैलियाँ हैं, जो नई पीढ़ी की जिंदगी में तेजी से स्वीकृति पा रही है। अश्लीलता हाई फैशन में है। इसके प्रति आकर्षण और प्रतिरोध भाव में प्रतिरोध का भाव लगातार धीमा पड़ता जा रहा है। पश्चिमी समाज में जो सहज है, उसे भारतीय माहौल में काफी विकृत और अस्वाभाविक बना कर थोपा जा रहा है, जो सचमुच एक चुनौती है।

अश्लीलता के खिलाफ आवाज केवल तब अभिव्यक्ति की स्वतंत्रता पर खतरा है, जब उसके पीछे नैतिक कट्टरता खड़ी हो। जनता की विकासशील राष्ट्रीय संस्कृति में रचे-बसे लोगों को पूरा हक है कि वे सौंदर्य की जन धारणाओं को मुक्त बाजार के सांस्कृतिक आक्रमण और विकृतीकरण से बचाएँ। अश्लीलता से विरोध का अर्थ कभी भी नैसर्गिक संकेतोंवाली नग्नता से विरोध नहीं है। अश्लीलता का विरोध वस्तुतः सौंदर्य के विकृतीकरण और सौंदर्य को कामुकता का पर्याय बना कर उसके एकायामी व्यावसायिक इस्तेमाल का विरोध है। अश्लीलता के विरोध में स्त्री अधिकार की चेतना ही नहीं, 'इंटीग्रिटी' का सवाल भी निहित है, जिसमें अश्लीलता उछल कर बाजार के पक्ष से समाज पर हमला करती है।

आज नग्नता का आश्रयदाता बाजार है, जबकि प्राचीन काल में आश्रयदाता थे राज दरबार और सामंतों की महफिलें। राज दरबारों और महफिलों के लिए स्त्री-पुरुष प्रेम के कामुक काव्यात्मक वर्णन काफी हुए। कोणार्क के सूर्य मंदिर के पत्थरों पर काम-संकेत बनाए गए। एक निजी और अत्यंत गोपनीय मामला वात्स्यायन के 'कामसूत्र', कई संस्कृत कवियों की कृतियों और विभिन्न मंदिरों में जाकर सार्वजनिक हो गया। हजारों-सैकड़ों साल पहले के नग्नता और मैथुन के वे दृश्य क्या किसी अनैतिकता और कुंठा के विस्फोट थे ? आज के बाजार की तरह उनका लक्ष्य क्या किसी 'माल' या 'सत्ता' का प्रचार था अथवा वे सब कला और प्रकृति के उदाहरण थे ? राज्याश्रय में रचे जा कर भी उपर्युक्त सांस्कृतिक निर्माण दरअसल उस सामंती विचारधारा से विद्रोह थे, जो यौन सौंदर्य को एक निजी और रहस्यमय मामला बना कर रखना चाहती थी।

कालिदास एक राज कवि थे, लेकिन उनका सौंदर्य बोध उनके राजा की अभिरुचि से नियंत्रित न हो कर एक स्वायत्त संसार था। वे हिंदू धर्म से भी उस तरह प्रतिबद्ध न थे, जिस तरह अश्वघोष बौद्ध धर्म से थे। फिर भी उनके मन में किसी भी नैतिकतावादी शिव भक्त से शिव के प्रति कम श्रद्धा न रही होगी। उनके 'कुमारसंभव' में शिव की स्तुति है, लेकिन उनके काव्य में यदि यही सब होता तो यह काव्य पुराण का एक हिस्सा हो कर रह जाता। दूसरी ओर, यदि कालिदास अपने काव्य को राजा की माँग या अभिरुचि के स्तर पर ही ला पटकते, तो उनकी कला प्रकृति, संसार और मानव प्रकृति को ले कर उदात्त उठखेलियाँ कभी नहीं कर पाती।

'कुमारसंभव' में शिव को पति के रूप में पाने के लिए पार्वती कठोर तपस्या करती है। कालिदास को उसकी सुंदरता वर्षा ऋतु में इस प्रकार लगती है, 'पार्वती के सिर पर बरसात का जल पड़ता था, यह पल भर उनकी पलकों पर टिकता, वहाँ से ढुलक कर ओठों पर जा पड़ता, वहाँ से उनके कठोर स्तनों पर गिर कर बूँद-बूँद छितरा जाता था और तब जा कर उनके पेट की सलवटों से होता हुआ नाभि में पहुँचता था।' यह सौंदर्य किसी साबुन के विज्ञापन में झरने के नीचे नहाती अधनंगी मॉडल में ढूँढ़े नहीं मिलेगा। मदन दहन के बाद पार्वती की गहरी साधना सेक्स, परिवार और सृजन के अधिकार के लिए है। कालिदास सिर्फ देह की राजनीति नहीं करते, उनके चित्रण में अश्लीलता नहीं है, जीवन की पुकार है, जिसका बौद्धों के स्त्री विरोधी स्वर और वैराग्य प्रचार के संदर्भ में विशेष महत्त्व है।

पार्वती से शिव के संभोग की कथा लोक प्रचलित है। शिवलिंग किसी को भी अश्लील नहीं लगता। कालिदास ने पार्वती से शिव की नैसर्गिक रति क्रीड़ा का लंबा और सुंदर वर्णन किया है, जिस पर कालिदास के युग में ही, कहा जाता है कि, काफी शोर उठा एवं उन्होंने 'कुमारसंभव' अधूरा छोड़ दिया। वास्तविकता यह

है कि कालिदास के नग्न वर्णनों में भी सुंदरता है। पार्वती संभोग वर्णन में कालिदास का उद्देश्य सेक्स के सृजनात्मक आनंद का वर्णन करना ही न हो कर, मानव प्रकृति का सौंदर्य भरा चित्र खींचना भी था, 'जब शिव पार्वती को कस कर छाती से लगाते, पार्वती भी उन्हें दोनों हाथों से कस लेतीं, जब वे चुंबन के लिए बढ़ते, पार्वती भी अपना मुँह नहीं हटातीं और जब शिव उनकी मेखला पकड़ कर खींचते, वे आधे मन से ही उनका हाथ रोकतीं। थोड़े ही दिनों में दोनों एक-दूसरे से घुल मिल गए, दोनों एक-दूसरे को आदर की दृष्टि से देखने लगे।' यह एक ऐसा सेक्स है, जो प्रेम और एक-दूसरे के प्रति सम्मान की ओर ले जाता है। उत्तर-आधुनिक सेक्स में इस तरह की सुंदरता की जगह बर्बरता है।

सौंदर्य भारतीय कला, साहित्य और संस्कृति की एक उच्च आकांक्षा रहा है। ऋग्वेद युग के लोगों ने सूर्य को सात घोड़ों के सुंदर रथ पर आरूढ़ एक देवता के रूप में देखा था। कालिदास ने 'मेघदूत' में हिमालय में बहती गंगा के सौंदर्य के बारे में बेहिचक लिखा, 'अलकापुरी से निकली गंगा ऐसी लगती है, मानो कामिनी के शरीर से सरकी हुई धवल साड़ी।' वे मेघ के यात्रा पथ का सौंदर्य चित्र उपस्थित करते हुए दक्षिण के रामगिरि से ले कर मध्य क्षेत्र के विध्यांचल, विदिशा उज्जैन और उत्तर के कैलाश-मानसरोवर तक की भू-सांस्कृतिक अखंडता का परिचय देते हैं। जर्मन कवि गेटे ने उनका 'अभिज्ञान शाकुंतलम्' पढ.कर लिखा था, 'वसंत के सभी फूल और फल तथा ग्रीष्म के भी तमाम फूल और फल, मन को रस से तृप्त और परिपूर्ण करनेवाला, स्वर्ग और पृथ्वी दोनों का एकत्रित, अभूतपूर्व ऐश्वर्य देखना चाहते हो, तो हे बंधु, तुम 'शाकुंतलम्' पढ़ो।' कालिदास प्राचीनता के अंधनुगामी नहीं थे, वे नवोन्मेष चाहते थे। उनमें सौंदर्य विवेक था, इसीलिए नवजागरणकालीन पश्चिम में उन्हें आदर मिला।

कालिदास का विचार था, 'सुंदरता कभी पाप की ओर नहीं झुकती।' प्राचीन अलंकारवादियों तथा आधुनिक नैतिकतावादियों ने कालिदास पर उनके संभोग वर्णनों की वजह से विलासी और अनैतिक चरित्र का आरोप लगाया। आनंदवर्धन ने लिखा था कि कालिदास की 'अलौकिक प्रतिभा' के कारण यह दोष छिप गया है। डी.एच.लारेंस के 'लेडी चैटरलीज लवर' पर अश्लीलता का आरोप जब अदालत में गया, वहाँ यही आदेश हुआ कि इस उपन्यास में अश्लीलता है, किंतु 'साहित्य' होने के कारण दोष से मुक्त किया जाता है। क्या 'अलौकिक प्रतिभा' और 'साहित्य' को अश्लीलता की छूट है ? वस्तुतः यहाँ भारत और पश्चिम दोनों जगहों पर प्रकारांतर से यही कहा जा रहा है कि उच्चतर रचनात्मक प्रतिभाएँ नग्नता या कामुक वर्णनों को हमेशा जीवन के व्यापक कैनवास के भीतर रखती हैं, उन्हें अलग से नहीं थोपतीं। उनका लक्ष्य कामुकता या यौन स्वेच्छाचारिता का प्रचार नहीं होता। अश्लीलता को वस्तु में नहीं, उसके बुरे इंगितों में देखना चाहिए, क्योंकि यदि कुछ

भी सुंदर है तो वह अश्लील नहीं हो सकता और कुछ भी अश्लील है तो वह सुंदर नहीं हो सकता।

बाजार राज दरबारों से एक अलग वातावरण है। खासकर अनियंत्रित मुक्त बाजार साहित्य और कलाओं की अंतःसत्ता थोड़ा भी सुरक्षित छोड़ना नहीं चाहता, उसे अपने महीन जाल में बुरी तरह फँसा लेना चाहता है। बाजार में हर कालिदास को कंपनियों की माँग और अभिरुचि के स्तर पर आ गिरना पड़ता है, तभी उसे बड़ी पूँजी, उच्च टेक्नोलॉजी और भूमंडलीय यश मिलता है। इस वातावरण में अलौकिक प्रतिभाओं का जन्म नहीं हो सकता और न साहित्य साहित्य रह पाता है। कालिदास और सलमान रुशदी-अरुंधती राय के जमानों में यही फर्क है। कालिदास के 'कुमारसंभव' में शिव-पार्वती के संभोग वर्णन और अरुंधती राय के 'द गाड ऑफ स्माल थिंग्स' में जुड़वा पैदा हुए भाई-बहन के आपसी यौन आकर्षण के वर्णन में सवाल यह नहीं है कि भाई-बहन कभी आपस में संभोग कर सकते हैं या नहीं, सवाल यह है कि क्या यही यथार्थ है। पश्चिमी बाजार में बहुप्रचारित-बहुप्रशंसित उपन्यासों में बड़े रोचक और अतिरंजित यथार्थ हैं, कम्युनिज्म-विरोधी माहौल का बड़ा चालाकी भरा इस्तेमाल है, कुत्ते का नाम लेनिन रखने जैसी अश्लीलताएँ भी हैं, यदि नहीं है तो अपने समय की विकृतियों से टकराते हुए मानव प्रकृति और मानवीय श्रेष्ठताओं की खोज। इनके पास यथार्थ और रोचकताएँ बहुत हैं, पर कोई व्यापक आलोचनात्मक अंतर्दृष्टि नहीं है, क्योंकि इसे ही गिरवी रख कर तो उन्हें इतनी बड़ी पूँजी, उच्च टेक्नोलॉजी और भूमंडलीय प्रचार का बल मिलता है।

वस्तुओं, कलाओं और विचारों का लक्ष्य जब बिकना हो, तब इन्हें सभी रास्तों से आकर्षक बनाना जरूरी होता है। इस हालत में वस्तुएँ, कलाएँ और विचार न केवल सौंदर्य, बल्कि संस्कृति की भी सभी पूर्वधारणाओं से कट कर महज 'उपभोग्य वस्तु' बन जाते हैं, वे 'उपभोग के क्षण' का हिस्सा हो जाते हैं। बाजार में रूपांतरित हो रहे समाज में उस वस्तु, कला या विचार का कोई महत्त्व नहीं रह जाता जो उपभोग्य नहीं हो। यथार्थ की जगह छीन लेता है सतही यथार्थ। 'सुंदर' को हटा देता है 'मजेदार'। मजा 'बिना किसी बोध की अनुभूति' है। वह बाहर से भीतर की ओर लपलपाता बढ़ता आक्रमणकारी का यथार्थ है, जबकि कुछ सुंदर लगना बाहर से भीतर के साथ-साथ भीतर से बाहर की प्रक्रिया भी है। सुंदरता हमेशा आक्रमण से मुक्ति का सच है। उपभोग्य वस्तु का व्यापारी हमेशा आक्रमणकारी का यथार्थ ले कर आता है।

इसी तरह, उपभोक्ता समाज में मनुष्य के 'कर्त्तव्य' पर उसका 'भोक्तृत्व' चढ़ बैठता है। मनुष्य साधारणतः भोक्ता के साथ-साथ कर्त्ता-व्यक्तित्व भी रखता है। मगर उसके कर्तृत्व, उसकी अभिरुचि, उसकी परिवर्तन शक्ति, आत्मसचेतनता और चिन्मयता पर बाजार का दमनकारी वर्चस्व इतना बढ़ जाता है कि वह महज उपभोग

के क्षण में जीने के लिए अभिशप्त होता है। यह अपनी गहराई प्रक्षेपित नहीं कर पाता, यथार्थ और सतही यथार्थ में भेद नहीं कर पाता। इसी तरह उसके सामने नग्नता और अश्लीलता का फर्क भी धुँधला हो जाता है।

भोक्तृत्व की प्रबलतावाले अतृप्त दिमागों में अश्लील अभिप्रायों से सुसज्जित कोई भी 'माल' बड़ी आसानी से सेंध मारता है, इसका यह अर्थ नहीं है कि अब लोग बड़े रसिक हो गए हैं। इसका एक ही तात्पर्य है कि ये बहुत उथले होते जा रहे हैं। मनोरंजन-बाजार की विभिन्न कंपनियाँ अपने श्रोता-दर्शक-पाठक वर्गों के दिलोदिमाग पर कब्जे की होड़ में अश्लीलता का बढ़-चढ़ कर मिश्रण करती हैं तथा अशिष्टता, भद्देपन, विसंगति और फूहड़ता की किसी भी सीमा तक जाने में संकोच नहीं करतीं। नृत्य-संगीत में कहना ही क्या, कविता-उपन्यास, हास्य और राजनीति तक पर भास कल्चर का प्रभाव इतना बढ़ गया है कि कामोद्दीपन के उपक्रमों के अभाव में अब कुछ भी सफल होता नहीं दिखता। अश्लीलता के लिए स्त्री देह का व्यापक दुरुपयोग होता है। स्त्री की आजादी सेक्स बिंबों से उसके बाहर निकलने में है। भारतीय जीवन में विच्छिन्न सेक्स बिंबों का इतने बड़े पैमाने पर हठात प्रचलन क्या इस समाज में हजारों साल से दबाई जाती यौनेच्छाओं, अतृप्त कामनाओं और वैराग्य भावनाओं का ही करुण विस्फोट है ? या हमारे समाज में यह बड़ी पूँजी और इलेक्ट्रॉनिक मीडिया के बल पर वस्तुतः एक जबरदस्ती की घुसपैठ है, हमारी नैतिक रीढ़ तोड़ने के लिए पूँजीवाद की एक भीतरी मार ?

कालिदास जैसे उच्च समाज के कवियों के साहित्य में ही नहीं, लोक साहित्य में भी यौन संकेतों की कमी नहीं है। एक धारा पंच मकारी सिद्धों से चली, जिन्होंने सुरति विलास एवं महासुख की कल्पना की थी। सिद्धों के काव्य में निम्न वर्ण की या आदिवासी स्त्रियाँ इस तरह के आह्वान करती हैं, 'मेरे संपूर्ण विकसित कमल (स्त्रीन्द्रिय) की कामना करो, ताकि पूरे संसार में सुख छा जाए। मुझमें रमण करो, रमण करो।' यह धारा संत कवियों तक आ कर शिष्ट हो गई और इसका रहस्यात्मक अमूर्त्तन हो गया। दूसरी धारा वैष्णव कवियों की है। सूरदास के कृष्ण जैसे ही राधा के स्तन पकड़ते हैं, यशोदा आ जाती हैं। कृष्ण चतुराईपूर्वक सफाई देते हैं कि वे वस्तुतः अपनी गेंद खोज रहे थे। कभी ऐसी साहित्यिक रचनाओं के माध्यम से ही जीवन का सौंदर्य, उमंग और रस व्यक्त हो रहा था।

होली के अवसर पर ही नहीं, विवाह-ज्यौनार के अवसर पर भी औरतें लोक गीत गाती हैं। वे आनंद से गारी गाती हैं। एक द्विअर्थक लोक गीत है, 'हमरो दुलरवा कसइलिया के भूखल, ममोरे ला कसैइलिया के डाढ़ रे !' 'कसइलिया के डाढ़' का अर्थ है सुपारी का पेड़, जिसका श्लेषार्थ है कन्या देह ! ऐसे ढेरों गीत हँसते-खेलते स्वच्छ ग्रामीण मन से गाए जाते हैं, ये जीवन में हिस्सा लेने-डूबने की प्रेरणा बनते हैं। ऐसे लोकस्वर राष्ट्रीय हृदय के स्वर है, जिन्हें उपेक्षित और

अविकसित अवस्था में नहीं छोड़ना चाहिए। ये माइकेल जैक्शन और यान्नी के विराट तामझाम से भिन्न अकृत्रिम स्वर हैं, अभिजात स्वरों द्वारा हाशिए पर फेंक दिए गए स्वर। लोक गीत से जुड़े लोगों को हाशिए पर फेंके गए स्वर को ऊपर उठाना है, तो उन्हें संरक्षणशील ही नहीं, प्रयोगशील भी होना होगा। ऐसा नहीं हो रहा है, तभी व्यावसायिक कलाकार लोक-गीत के रूपों और धुनों का बड़े पैमाने पर विकृतीकरण कर रहे हैं, सुरुचि पर कुरुचि लाद रहे हैं।

लोक संस्कृति समूह संस्कृति के लिए एक मुख्य चुनौती है, इसलिए एक मुख्य निशाना भी। भारत जैसे परंपरा-उन्मुख देश में समूह संस्कृति का बढ़ता असर लोक गीतों को निगल रहा है। इधर हिंदी गानों में पॉप संगीत और लोक सुर की खाई अचानक पटी है। भद्दे सेक्स संकेतवाले द्विअर्थक गानों की बाढ़ काफी पहले आ चुकी थी। ऊपर से इला अरुण जैसों के गानों ने लोक धुन में अश्लीलता को एक नया आयाम दिया। इधर भोजपुरी, ब्रज, राजस्थानी, हरियाणवी आदि लोक भाषाओं में अश्लील गानों के इतने कैसेट आ गए हैं और ये पान-सिगरेट की दुकानों से ले कर राजनैतिक सभाओं के मंगलाचरण तक इतने व्यापक स्तर पर बज रहे हैं कि लगता ही नहीं कि यहाँ की अपनी लोक संस्कृतियाँ हैं, यहाँ कभी सूर और भिखारी ठाकुर हुए थे, यहाँ अच्छी कविताएँ भी हैं। सस्ते गाने नुक्कड़ों से घर के भीतर आ रहे हैं। अश्लीलता सबसे ज्यादा गीत-संगीत के जरिए छा रही है। सबसे बड़ी विडंबना यह है, पहले थाली में नमक जितनी आ कर अब वह धीरे-धीरे पूरी थाली बनती जा रही है, जिसका सबसे बुरा असर किशोर-किशोरियों पर पड़ रहा है। जिन ताजे ओठों पर अच्छी-अच्छी कविताओं की सुंदर पंक्तियाँ होनी चाहिए, वहाँ भद्दे गाने हैं, विकृत विचार हैं।

अश्लीलता सामाजिक चेतना और दायित्व बोध के अभाव का ही नहीं, कलात्मक बोध के ह्रास का भी नतीजा है। उच्च टेक्नोलॉजी और प्रचार के कंधों पर चढ़ कर बौनी कलाएँ अपना उत्कर्ष घोषित कर सकती हैं, पा नहीं सकतीं। कलाओं का उत्कर्ष इसमें है कि वे मनुष्य को कितने उच्चतर और विस्तृत धरातल के सौंदर्य बोध तक पहुँचाती हैं, इसमें नहीं कि मनुष्य के सौंदर्य बोध को कितना यौनपरक और एकायामी बनाती हैं। नई पूँजीवादी व्यवस्था में कलाओं के वास्तविक उत्कर्ष की संभावना बहुत कम है, क्योंकि उनमें टुच्चापन है। कहा जा सकता है कि बाजार का इरादा उच्चतर सौंदर्य बोध का निर्माण नहीं हो सकता। वह कलाओं का यौनपरक और एकायामी इस्तेमाल ही करेगा, क्योंकि उसका लक्ष्य माल से मुनाफा कमाना है, उच्चतर सुंदरता की खोज नहीं। इसलिए मुक्त बाजार अश्लीलता का जहर वितरित करने में कभी संकोच नहीं करेगा, यदि इसकी खपत है और इसके लिए वह कलाओं की बलि चढ़ा देगा।

अश्लीलता सौंदर्य को अनावृत्त नहीं करती, उसे ढकती है। अश्लीलता नहीं,

संस्कृति सौंदर्य को बढ़ानेवाला तत्त्व है--सौंदर्य को व्यापक, पारदर्शी और रसपूर्ण बनानेवाला तत्त्व। सौंदर्य और संस्कृति में एक गहरा संबंध है। रीतिवादी कवियों द्वारा स्त्री के फूहड़ शृंगारिक वर्णन का मामला हो या 'रोटोमैक' कलम के विज्ञापन में कलम की पारदर्शी बनावट को उभारनेवाले कथन 'सब कुछ दिखता है' के बहाने पुस्तकालय में पढ़ने आयी छात्राओं की मिनी स्कर्ट के भीतर की नंगी जंघाएँ और टखने दिखाना--दोनों ही मामले सौंदर्य और संस्कृति के बीच संबंध विच्छेद के परिणाम हैं। देह का विकृत एक्सपोजर अश्लीलता है, जो मनोरुग्णता का परिणाम है। रीतिवादी कवियों ने जितनी भी कलात्मक कुशलता से नायिका की कमर और नाभि का वर्जन किया हो या संभोग वर्णनों में स्त्री पर मर्दानगीपूर्ण दैहिक आक्रमण का अलंकारिक चित्र खींचा हो और इलेक्ट्रॉनिक मीडिया भी जितनी ऊँची टेक्नोलॉजी से स्त्री देह का व्याकरण दिखाए—ये सभी एक जैसे मामले हैं। पुराना रीतिवादी काल भी मनोरुग्णता और पतनशील सौंदर्यबोध का काल था, उत्तर-आधुनिक काल भी मनोरुग्णता और पतनशील सौंदर्यबोध का काल है। उत्तर-आधुनिक सौंदर्य लोक ने संस्कृति को अलविदा कर दिया है। नतीजतन उसमें जो 'डायनमिज्म' दिख रहा है, वह छुट्टे साँड़ का 'डायनमिज्म' है, एक पागल गतिशीलता !

सौंदर्य और संस्कृति के बीच कैसा संबंध हो, इसे ले कर दो दृष्टिकोण सदा रहे हैं--क्लासिकल और रोमांटिक। रवींद्रनाथ ठाकुर ने पौराणिक कथा पर आधारित अपनी कविता 'चित्रांगदा' में इस स्त्री के सौंदर्य का बड़ा कवित्वपूर्ण वर्णन किया था, फिर भी नैतिकतावादी नाटककार द्विजेंद्रलाल राय को यह वर्णन आदर्शभ्रष्ट लगा था। परंपरावादी हमेशा सौंदर्य पर संस्कृति का वर्चस्व खोजता है और रोमांटिक इसके ठीक उलटे संस्कृति पर सौंदर्य का वर्चस्व। मगर दोनों सौंदर्य और संस्कृति के बीच रचनात्मक रिश्ता मान कर चलते हैं, दोनों के बीच युद्ध नहीं चाहते। नवजागरण से प्रभावित कवियों और कलाकारों की सौंदर्य वासना वस्तुतः संस्कृति से प्रस्थान नहीं थी, केवल संस्कृति की रूढ़ियों और संकीर्णताओं से विद्रोह थी। आधुनिकतावाद के विस्तृत चरण पर भी सौंदर्यबोध उग्र ढंग में वैयक्तिक हो गया हो, पर वह उत्तर-संस्कृति की स्थिति नहीं थी। सौंदर्य और मूल्य के बीच अटूट रिश्ता बरकरार था। इन सबके ठीक विपरीत उत्तर-आधुनिक सौंदर्य सिर्फ 'माल' में है, जो समूह-उपभोग के लिए बनता है। उत्तर-आधुनिक सौंदर्य का संस्कृति से रिश्ता अंतिम रूप से टूट चुका है, क्योंकि वह अब सामाजिक या वैयक्तिक संस्कृति की उपज न हो कर आस्वाद की उपभोक्ता संस्कृति की उपज है। उत्तर-आधुनिक सौंदर्य अब एक उत्तर-सांस्कृतिक मामला है, अतः वह वस्तुतः संस्कृतिहीनता ही नहीं, सौंदर्यहीनता भी है—कोई वस्तु संस्कृतिहीन हुई नहीं कि सौंदर्यहीन स्वतः हो जाती है।

अश्लीलता संस्कृतिहीनता है या वह संस्कृति की जकड़नों से एक 'प्रोटेस्ट' है ? अश्लीलतावादी दार्शनिक नकाब में अपनी सुरक्षात्मक स्थिति भी तैयार करते

रहे हैं। क्या जो बात सन साठ के दौर में एलेन गिंसबर्ग और उनके शिष्यों के ऊपर लागू होती रही है, वही वर्तमान दौर के मनोरंजनबाजार के महारथियों पर भी लागू हो सकती है ? उत्तर-आधुनिक परिदृश्य में बाजार समाज की सड़ी सांस्कृतिक रुढ़ियों से मुक्ति का भौतिक दूत बना हुआ है। उसका कहना है—हजारों साल तक तुम लोगों ने देवताओं या देवदूतों का कहा माना, अब बाजार के भौतिक मुक्तिदूतों के आगे नतमस्तक हो जाओ ! विज्ञापनों में तुम्हारा स्वर्ग बुना जा रहा है, तुम उसे सचमुच छू सकते हो। स्त्रियों के मर्दानगी भरे यौन आक्रमण से तुम हतप्रभ हो, देखो वे झुंड के झुंड आजाद हो रही हैं। उनके पास जाने से पहले इसी ब्रांड की व्हिस्की लेना। बच्चे भी डेटिंग कर रहे हैं। कहाँ, कितने वर्ष ईसा-पूर्व चले गए तुम, क्या तुम्हारे पास तोड़ने के लिए अभी तक इतनी जंजीरें बची हुई हैं ?

1960 के आसपास बनारस में पश्चिमी यांत्रिक सभ्यता से ऊबे हिप्पी और बीटनिकों के कई दल आने लगे थे। वे ड्रग्स रखते थे—कोकिन, एलएसडी, मारियाजुआना, हेरोइन। सभी नशेड़ी और यौन स्वतंत्रता के समर्थक। उसी समय कुछ बंगाली युवकों का इन हिप्पियों-बीटनिकों और खासकर अमेरिकी कवि एलेन गिंसबर्ग से संपर्क हुआ और कविता के कई आंदोलन उभर आए—भूखी पीढ़ी, अकविता, दिगंबर कविता इत्यादि। इस आंदोलन से जुड़े कवियों ने पूँजीवादी व्यवस्था तथा छद्म नैतिकता का यौन प्रतीकों, कामोत्तेजना और नग्नता के संकेतों द्वारा विरोध किया। जिस तरह गिंसबर्ग काव्य पाठ के लिए आयोजित अमेरिका की एक भरी सभा में मंच पर बिल्कुल नग्न हो कर पहुँचे, कलकत्ता में भी भूखी पीढ़ी के एक आयोजन में एक स्त्री वक्ष खोल कर उपस्थित हुई। ऐसी ही और न जाने कितनी घटनाएँ घटीं। कुछ रचनाओं के संदर्भ में गिरफ्तारियाँ हुईं, जिनकी आवाज संसद में भी सुनाई पड़ी। तब मलय रायचौधुरी को लिखे एक पत्र में गिंसबर्ग ने कहा था, यह एक निंदनीय अमलातांत्रिक निरक्षरता है। ये सभी घटनाएँ छोटे रूप में घटीं, लेकिन इन सबको केंद्र करके श्लीलता और अश्लीलता पर बहसों की एक शृंखला खड़ी हो गई।

यह कहा गया कि अश्लीलता भ्रष्ट सभ्यता के विरुद्ध एक सही और स्वाभाविक प्रतिक्रिया है। यह कवियों का निराशामय संगीत है, जो वर्तमान व्यवस्था में मनुष्य के मस्तिष्क और आत्मा के बलात्कार के विरुद्ध पैदा हुआ है। अश्लीलता किसी ईमानदार आदमी की उससे कुछ कहने की अंतिम कोशिश है, जो यंत्रणा दे रहा है। जो सत्ता का दुरुपयोग कर रहे हैं, अश्लीलता उन पर आक्रमण का नैतिक हथियार है। सन साठ के दशक की विद्रोही आधुनिकता नग्न यौन प्रतीकों के जरिए कुल मिला कर यही कह रही थी कि हमारी सभ्यता रुग्ण हो गई है, हमारी चेतना प्रदूषित हो गई है और मूल्यों की हत्या की जा रही है। यह आधुनिकता अभिजात सौंदर्य बोध और झूठी श्लीलता या नैतिकता से चिढ़ी हुई थी, इसलिए परंपरा और

महापुरुषों के प्रति भी घृणा के हद तक नाराजगी थी। थोड़ा-बहुत सिद्धों जैसा रवैया था सन साठ के दौर के कवियों और बुद्धिजीवियों का। ये एक अश्लीलता को अस्त्र बना कर दूसरी अश्लीलता के विरुद्ध लड़ रहे थे। कभी धूमिल की यह सपाटबयानी शिष्ट और अभिजात सौंदर्य बोधवालों पर बहुत नागवार गुजरी थी—'जिंदा रहने के पीछे यदि सही तर्क नहीं है/तो रामनामी बेच कर या रंडियों की/दलाली करके रोजी कमाने में कोई फर्क नहीं है।' क्या इसमें कोई अश्लीलता है ? जिस नग्नता में एक सौंदर्य बोध और मूल्य सचेतनता हो, क्या वह कभी अश्लील हो सकती है ?

एक साहित्यिक रचना में नग्नता और यौन बिंब हों भी, तो सभी पाठक उसे पढ़ कर एक ही अनुभव से नहीं गुजर सकते। अलग-अलग मन पर अलग-अलग सृजनात्मक प्रभाव पड़ेगा। बहुस्तरीय सृजनात्मक प्रभावोत्पादकता उस रचना के कला या साहित्य होने का सबूत है। ठीक इसी दावे के साथ यह कभी नहीं कहा जा सकता कि फिल्म, टीवी धारावाहिक, अत्याधुनिक नृत्य-संगीत या विज्ञापन में सेक्स के उत्तेजक दृश्य हर दर्शक-श्रोता के मन पर अलग-अलग छाप छोड़ते हैं। संस्कृति उद्योग के सभी नए रूप स्त्री देह प्रदर्शन, नग्नता और अन्य तरह की कामुक अभिव्यक्तियों के जरिए सिर्फ एक लक्ष्य ले कर चलते हैं : यौन बिंबों द्वारा दर्शक-श्रोता का मनःशारीरिक परिवर्तन। उनका लक्ष्य आम लोगों की सांस्कृतिक-नैतिक रीढ़ को कमजोर करना है और उन्हें सिर्फ उदरंभरी, कामुक और विलासी बनाना है। आज अश्लील संकेतोंवाला कोई भी नृत्य या संगीत हमें अलग-अलग भावों तक नहीं पहुँचाता, बल्कि वह हमें झुंड बना कर भेड़-बकरी की तरह एक ही दिशा में ठेल देता है। यह मनुष्य की सोच, कल्पना और परिवर्तनशक्ति को घटाने का काम है, मनुष्यता के लिए विध्वंसक है। समकालीन अश्लीलता के बारे में सोचा भी नहीं जा सकता कि यह किसी रूढ़ि या व्यवस्था का प्रतिवाद है। यह तो प्रतिवाद का प्रतिवाद है, एक बहुत ही सुनियोजित दमन।

अश्लीलता के संबंध में कानूनी पक्ष हमेशा अस्पष्ट रहा है। 'आर.डी. ओडेशी बनाम महाराष्ट्र सरकार' के मामले में सुप्रीम कोर्ट की राय है, 'यौन विषयों को ले कर बनी कोई रचना अश्लील है या नहीं, इसका विचार इस आधार पर होना चाहिए कि वह हमारे देश के मूल्य बोध के अनुसार बनी सुरुचि और नैतिकता पर कोई आघात कर रही है या नहीं तथा मन को दुष्प्रभावित कर रही है या नहीं। साहित्य को बिना वजह सेंसर करने की जरूरत नहीं है, क्योंकि इससे संवाद और आत्माभिव्यक्ति की स्वतंत्रता का हनन होता है। संवाद और आत्माभिव्यक्ति की स्वाधीनता तथा सुरुचि और नैतिकता के बीचोंबीच ही कोर्ट रास्ता निकालने की जरूरत है, लेकिन जब दूसरे का पर्याप्त उल्लंघन हो रहा हो तो पहले के लिए अवकाश नहीं रह जाएगा।' निःसंदेह सुरुचि और नैतिकता के मानदंड हर युग में बदलते रहते हैं; फिर भी ऐसा कोई युग नहीं हो सकता, जब दोनों इतने क्षतिग्रस्त

हो जाएँ कि अपने चेहरे ही खो दें।

भारतीय संविधान में टीवी चैनेलों की स्वतंत्रता तथा सुरुचि और नैतिकता के बीच असंतुलन के संदर्भ में आज भी पर्याप्त और स्पष्ट कानून नहीं है, जिसके बल पर अश्लीलता को नियंत्रित किया जा सके। पहले की तुलना में आज के जमाने की अश्लीलता बहुत सुनियोजित, उद्देश्यपूर्ण और विस्तृत पहुँचवाली है, जबकि कानून लकवा खा गया है और पूरी व्यवस्था ही भोगवादी हो गई है।

भारतीय सांस्कृतिक वातावरण में अश्लीलता की उत्तर-आधुनिक घुसपैठ की अपनी एक अलग शैली है। पहले की तुलना में वैसे भी इस समाज के नैतिक तटबंध जर्जर हो चुके हैं और आत्मविश्वास टूट चुका है। फिर भी अश्लीलता के सौदागर बहुत सचेत दिखते हैं कि सौंदर्य का बाजारीकरण भरसक भारतीय फ्रेम में हो। अश्लीलता पहले कला-साहित्य का मामला थी, अब बाजार का आर्थिक हथियार हो कर एक अधिक विस्तृत मामला, एक कई गुना अधिक शक्तिवाली सत्ता का खेल बन गई है। अब वह करोड़ों का सौदा है, जिस पर खरबों का व्यापार निर्भर करता है। इसलिए अश्लीलता के जहर से घबराए या नैतिक बेचैनी झेल रहे व्यक्ति अपने प्रतिरोध-कार्यक्रम के प्रति जितने भी आलस्य भरे हों, खुद अश्लीलता के सौदागर बहुत सचेत हैं।

यह सभी जानते हैं कि सौंदर्य प्रतियोगिता और फैशन परेड का उद्देश्य सौंदर्य के किसी नए आयाम की खोज न हो कर मार्केटिंग है। सभी जानते हैं कि अंग्रेजियत पुते चेहरों को छोड़ कर स्त्रियों की बड़ी आबादी ऐसे आयोजनों के बाद आत्महीनता से भर जाती है या और अधिक पीछे छूट जाती है। उन्हीं के भीतर से धारदार हथियार उठा कर उन पर चलाया जाता है। फिर भी इधर कॉलेज के छात्र-छात्राओं के बीच इन चमकीली चीजों के प्रति आकर्षण बढ़ा है और हर शहर की आत्मा में कीड़ा घुस गया है।

पिछले दिनों बेंगलोर में आयोजित हुई विश्व सुंदरी प्रतियोगिता (1996) में स्वीमिंग सूट में अंगों के उभार का प्रदर्शन, फोटो सेशन, कैट वॉक आदि के अलावा सौंदर्य प्रतियोगिता के इतिहास में दो नई बातें घटित हुई थीं। इसके भूमंडलीय लक्ष्य को एथनिक स्पर्शोंवाली पृष्ठभूमि देना वि--संस्कृतीकरण की नई शैली थी। यह परंपरा के मुखौटे में वि-संस्कृतीकरण था। उपर्युक्त विश्व सुंदरी प्रतियोगिता का प्रतीक चिह्न था अजंता की अप्सरा का चित्र, मोर पंख और हिंदू घरों में शुभ मानी जानेवाली तितली। अनेक स्रोतों से स्थानीय आकर्षणों को जोड़ कर सौंदर्य का भारतीय बिंब गढ़ने का प्रयत्न किया गया था। मंच के संचालन कर्त्ताओं ने अपने माथे पर लाल टीका लगा रखा था। वहाँ हंफी की ऐतिहासिक पृष्ठभूमि के अलावा विविध हस्तकलाएँ, कथकलि और भारतीय कलाकारों की फौज भी थी। दूसरी महत्त्वपूर्ण बात यह है कि आयोजक कंपनी ने पूरे विश्व से आई सुंदरियों के साथ

एक डिनर प्रायोजित किया, जिससे हुई आय की पूरी राशि आंध्र प्रदेश में थोड़े समय पूर्व आए तूफान में पीड़ित व्यक्तियों को दे दी गई। क्या यह सब आयोजक कंपनी के भारतीय सौंदर्य, इतिहास और कला से प्रेम तथा उसकी करुणा का नतीजा था ? नहीं, यह स्त्री देह के बल पर व्यवसाय चमकानेवालों द्वारा रणनीति के तौर पर अपनाई गई सौंदर्य के बाजारीकरण की भारतीय शैली थी।

उपर्युक्त सुरक्षात्मक शैली से यह संकेत मिलता है कि भले ऐसी प्रतियोगिताओं का लोग लुत्फ उठाते हों, पर उनके भीतर सांस्कृतिक प्रतिरोध की जबरदस्त ताकत सोयी है, जिसे थपकियाँ देने की जरूरत अश्लीलता और यौन बिंबों का हर सौदागर महसूस करता है, ताकि कहीं वह विराट ताकत कुंभकर्ण-सा अचानक जग न पड़े।

यह उत्तर-संस्कृति का युग लग रहा है, जिसे ला रहे हैं पिछले कुछ सालों में हवाले-घोटाले और लोकतंत्र की लूट के लाखों करोड़ों रुपए दबाए नए अमीर और उनकी नई पीढ़ी। वे भारत में अपने लिए एक नया देश बना रहे हैं, जिस तरह अंग्रेजों ने कभी हिंदुस्तानी शहरों में अपने इंग्लिस्तान बनाए थे। उनहोंने कला, साहित्य और संस्कृति के अपने भिन्न स्वाद भी स्पष्ट कर दिए हैं। यह नया अमीर वर्ग और उनकी नई पीढ़ी बहुत बुभुक्षु और कामुक है।

उत्तर-सांस्कृतिक पृष्ठभूमि में अश्लीलता और सौंदर्य के बीच संबंध गहनतर होता जा रहा है, जिसे खुलासा करने के लिए प्रसिद्ध चित्रकार हुसेन के कुछ चित्रों को सामने रखा जा सकता है। इससे सौंदर्य के बाजारीकरण के कुछ सर्वव्यापक ट्रेंड उजागर होंगे। बड़े चित्रकारों की पेंटिंग्स को नीलामी में जो अमीर खरीदते हैं, उनके बदलते मनोगठन का नीलामी के लिए जानेवाले चित्रों की संरचना पर व्यापक प्रभाव रहता है। हुसेन एक अच्छे बिकाऊ चित्रकार हैं और प्रयोग-पिपासु भी। उनके चित्रों को देख कर एक सवाल मन में पैदा होता है कि उनमें बार-बार पशु क्यों आते हैं। क्या प्रकृति की दुनिया में सिर्फ पशु हैं ? हुसेन के चित्रों के पशु दरअसल उत्तर-संस्कृति में पैदा हुए नए मानव-भाव हैं। इन पशुओं में प्रेमचंद के बैल या सर्वेश्वर के भेड़िया जैसा कुछ नहीं है। जुगुप्सा पैदा करनेवाले एक अति मुखर चित्र में नंगी स्त्री के साथ एक साँड़ बलात्कार कर रहा है, उसके बगल में चित्रकार के नाम का पहला शब्द अंकित है मकबूल। एक अपेक्षाकृत धीमे स्वरवाले चित्र में कामोद्दीप्त घोड़े के पास एक नंगी स्त्री खड़ी है। ये साँड़ और घोड़े आज के समाज में सभी मानवीय भावों और विषयों पर प्रबलता अर्जित कर चुके पाशविक सेक्स के ही बिंब हैं।

ऐसी पेंटिंगों में न किसी करुणा का अनावरण है, जैसा रवींद्रनाथ के जानवरों के चित्र में है अथवा इधर के गणेश पाइन और जोगेन चौधरी के चित्रों में। न उनमें निसर्ग की कोई अनुभूति है, जो सैकड़ों साल पहले माइकेल एंजेलो द्वारा सेंस्टाइन

के भित्तिचित्र पर बने नग्न पुरुष (1511) को देख कर होती है। माइकेल एंजेलो का नग्न पुरुष अश्लील नहीं है, अश्लील है इस चित्र को अपने कपड़े के विज्ञापन के तौर पर इस्तेमाल करनेवाली कंपनी का दिमाग। अश्लीलता स्त्री के साथ साँड़ के बलात्कार जैसे कामुक बुढ़ापेवाले चित्रों में है। काम विकृति हुसेन के बहुत पुराने चित्र 'सरस्वती' में है, जिसमें सरस्वती की नंगी जंघा पर नाचता मोर बैठा है और हंस का कहीं अता-पता नहीं है। यह लोक विश्वास से छेड़छाड़ से ज्यादा चित्रकार की कामुक स्वेच्छाचारिता का मामला है। यह स्त्री की छवि विरूपित करने का मामला है। अमीर वर्ग की बर्बर यौन-इच्छाएँ ऐसे चित्रों में प्रतिबिंबित हुई हैं। जिस बाजार में एक-एक पेंटिंग पाँच-पाँच, दस-दस लाख में बिकती हो, उसमें कला की स्वायत्तता वैसे भी व्यापारिक कंपनियों का घर जमाई होती है।

कला रच कर विसर्जित कर देने भर से कला में गरिमा नहीं आ जाती, गरिमा आती है उसे सही 'कांटेंट' देने से। इधर कलाओं का व्यापक पण्यीकरण हुआ है। चित्रकला ही नहीं, नृत्य और गीत-संगीत भी जितना अधिक 'माल' रूप अपना रहे हैं, उतनी ही तेजी से सेक्स के विषयों की ओर झुक रहे हैं या धार्मिक विषयों की ओर। यह उनकी अनिवार्यता बन चुकी है। इन कलाओं का एक ही लक्ष्य है आदमी को भोगपशु बनाना या निसर्ग के आनंद के बहाने सभ्यता से प्रस्थान !

अश्लीलता के विरोध की आड़ में कट्टरतावादी नैतिक आदर्शों का पुनरुत्थान भी उतना ही बड़ा खतरा है, जितना बड़ा खतरा खुद सौदागरी अश्लीलता है। पाकिस्तान तथा कुछ दूसरे मुस्लिम देशों में स्त्रियों का काम के नए क्षेत्रों में पदार्पण और कहीं-कहीं उनका घर से बाहर निकलना भी अश्लीलता है। हमारी संस्कृति की मुख्य धारा हमेशा कट्टरता के खिलाफ रही है, चाहे कला की नग्नता का मुद्दा ही क्यों न हो। नग्नता मात्र को अश्लीलता माननेवाले कूपमंडूक इस संस्कृति में हमेशा हाशिए पर रहे। सौंदर्य की रचना प्रक्रिया में कुछ कलात्मक क्षण संस्कृति में डूबे होते हैं तो कुछ इसकी नई मंजिलों के लिए परंपरा के पार भी चले जाते हैं। एक स्वस्थ सांस्कृतिक वातावरण में कला की यह आजादी होती है, इसलिए कला, साहित्य और संस्कृति के क्षेत्र में क्या श्लील है और क्या अश्लील, यह कठमुल्लों को तय नहीं करने देना चाहिए।

हमारे समाज में अश्लीलता और नैतिक कट्टरता परस्पर एक-दूसरे का शत्रु बने दिखते हैं, जबकि विकासशील रचनात्मक संस्कृति के लिए वस्तुतः दोनों समान रूप से शत्रु हैं। दोनों संगठित हो कर हमें उत्तर-संस्कृति में भेज रहे हैं। दोनों हमारे जीवन को सुंदर तत्त्वों से रिक्त कर रहे हैं। अतः जरूरी है कि एक के प्रति सजगता दूसरे के प्रति सजगता की ओर तथा एक का प्रतिरोध दूसरे के प्रतिरोध की ओर ले जाए।

क्या अश्लीलता सचमुच कोई मुद्दा है ?

सत्येंद्र रंजन

'अश्लीलता' पिछले दशकों में कई रूप में भारतीय समाज में 'बढ़ी' है। इससे 'भारतीय संस्कृति' के लिए 'खतरा' पैदा हो गया है और हम तेजी से 'अपनी पहचान' खोते जा रहे हैं। यह आज देश में कई चिंतनधाराओं की मुख्य चिंता है। अक्सर ऐसी बहसों और कई बार 'अश्लील' पोस्टरों को फाड़ने और होर्डिंग्स पर कालिख पोतने जैसे कार्यक्रमों से हम रू-ब-रू होते हैं। फिल्में, टीवी कार्यक्रमों और कुछ पत्र-पत्रिकाओं को इसे 'अश्लीलता' का खास वाहक माना जाता है। तीन-चार वर्षों से फैली सौंदर्य प्रतियोगिताओं की संस्कृति को सांस्कृतिक पतन ही पराकाष्ठा के तौर पर चित्रित किया गया है। इन सबका परिणाम यह बताया जाता है कि समाज में कॉल गर्ल संस्कृति, वेश्यावृत्ति और बाल वेश्यावृत्ति तथा दूसरी पतनशील प्रकृतियाँ फैल रही हैं और लोगों का ऐसा 'नैतिक पतन' हो रहा है, जैसा पहले कभी नहीं हुआ। और यह सब 'महान एवं अनुपम संस्कृति' वाले देश, भारत में हो रहा है।

'अश्लीलता' के कई रूप हैं। एक तो यह कि जिस देश में सीता और सावित्री को आदर्श माननेवाली स्त्रियाँ हमेशा घूँघट और परदे में रहती थीं, वहाँ पश्चिम के प्रभाव में उन्होंने न सिर्फ घूँघट और परदे को अलविदा कह दिया है, बल्कि अर्ध या अर्ध से भी ज्यादा नग्न हो कर अपने शरीर का प्रदर्शन कर रही हैं। इतना ही नहीं, आम व्यवहार में 'विनम्रता' छोड़ कर वे 'आक्रामक' ढंग से पेश आ रही हैं। अपने खास अंगों को ढके रहने को लेकर वे उतनी संवेदनशील नहीं रहीं और अब तन कर चलने में उन्हें कोई शर्म नहीं आती।

फिल्मों और टीवी कार्यक्रमों में जैसे नृत्य, दृश्य और गाने दिखाए जाते हैं, वे हमारी पारंपरिक शालीनता और पारिवारिक मर्यादा को नष्ट कर रहे हैं। पहले जिन बातों की चर्चा की भी मनाही थी, वह सब आज भाई-बहन, बाप-बेटी, माँ-बेटे सबको

साथ बैठ कर देखना पड़ता है। इससे रिश्तों की पवित्रता नष्ट हो रही है। यौन 'स्वच्छंदता' को बढ़ावा मिल रहा है और स्त्री-पुरुषों के 'अनैतिक' रिश्ते फैल रहे हैं। साथ ही, बच्चों के दिमाग पर इसका बुरा असर पड़ रहा है।

स्त्री-पुरुष रिश्तों की स्वच्छंदता ऐसी बढ़ गई है, जिससे हमारी विवाह की 'महान' संस्था ही खतरे में पड़ गई है। तलाक आम बात बनने लगी है, विवाहेतर संबंध प्रचलित होने लगे हैं, संबंधों का टिकाऊपन घट गया है और अब तो समलैंगिक रिश्तों की बात भी खुले में की जाने लगी है। जो वर्जनाएँ थीं, वे टूट रही हैं। इन कारणों से समाज का नैतिक आधार ही खिसकने लगा है।

कुछ लोग ऐसे भी मिल सकते हैं, जो इन बढ़ती अनैतिक प्रकृतियों में मांसाहार और नशा सेवन का प्रचलन बढ़ने को भी शामिल बताएँ और फिर यह चित्रित करें कि हम नैतिक संकट के कैसे दौर से गुजर रहे हैं।

फिर, इन सब रोगों का इलाज यह बताया जाता है कि हमें 'भारतीय संस्कृति' की तरफ लौट जाना चाहिए। व्यक्ति की गरिमा और मर्यादा हमारी अपनी संस्कृति में ही है, उस पश्चिमी संस्कृति में नहीं, जहाँ सिर्फ भोग ही लक्ष्य है।

कुल मिला कर 'अश्लीलता' का प्रश्न आज लगातार चर्चा और बहस-मुबाहिसे का विषय बना हुआ है। चूँकि इसे न सिर्फ सामाजिक नैतिकता के मुद्दे से जुड़ा बताया जाता है, बल्कि समाज में स्त्री के स्थान से भी इसका संबंध चित्रित किया जाता है, इसलिए इस प्रश्न को नजरअंदाज नहीं किया जा सकता। इस रूप में इस मुद्दे का संबंध समाज और परिवार को और लोकतांत्रिक बनाने के लिए हो रहे संघर्षों से भी जुड़ जाता है। वैसे भी, लोकतंत्र को कायम करने और आगे बढ़ाने का कोई संघर्ष सांस्कृतिक सवालों की उपेक्षा कर नहीं चलाया जा सकता। 'अश्लीलता' का मुद्दा निःसंदेह एक सांस्कृतिक सवाल है। इसलिए लोकतंत्र और मूलभूत मानवाधिकारों में यकीन करनेवाले लोगों के लिए इस बहस में उतरने की अनिवार्यता भी बन जाती है।

चूँकि यह एक सांस्कृतिक प्रश्न है, इसलिए इस पर विचार हमारे समाज की ऐतिहासिक स्थितियों व परिप्रेक्ष्य तथा उन लक्ष्यों के बरक्स ही किया जा सकता है जो हमने नए समाज के निर्माण के लिए तय किए हुए हैं। सवाल यह है कि क्या हमारे समाज के ऐतिहासिक सांस्कृतिक मूल्य लोकतांत्रिक रहे हैं और क्या उनमें हर व्यक्ति की गरिमा स्थापित रही है ? क्या हमारे समाज में स्त्रियों को एक इकाई के तौर पर निजी स्वतंत्रताएँ रही हैं ? सेक्स के प्रति जो सामाजिक नजरिया रहा है, क्या उसे वैज्ञानिक और मानवीय कहा जा सकता है ? स्त्री-पुरुष रिश्तों की बुनियाद क्या रही है और विवाह एवं परिवार की संपूर्ण व्यवस्था क्या व्यक्ति को सृजनात्मक अवसर व अधिकार देती रही है ?

अगर हम अतीत के प्रति एक रूमानी खुशफहमी न लिए हों तो तथ्यों की

रोशनी में यह बात स्वीकार करने में किसी को एतराज नहीं हो सकता कि पारंपरिक भारतीय समाज सामंती ढाँचे पर आधारित और सामंती मूल्यों से संचालित रहा है। सामंती ढाँचा शक्ति के सिद्धांत पर आधारित होता है। चूँकि सामंती समाज खेती आधारित समाज होता है, अतः जिसकी भूमि पर मिल्कियत होती है, उसकी समाज में सत्ता चलती है। उसी व्यक्ति की परिवार में भी सत्ता चलती है। कुल मिला कर यह ढाँचा ऐसा बना होता है, जिसमें श्रेणी क्रम में भू-मालिकों का अपने से नीचे के तबकों और लोगों पर शासन चलता है। परिवार के भीतर जो बड़ा होता है, उसका शासन चलता है। इसके पीछे भी मानसिकता शक्ति की ही है। पर समाज के विकास क्रम में ये सारी प्रवृतियाँ गहरी मान्यताओं का रूप ले लेती हैं। ये मान्यताएँ ही समाज के मूल्य के रूप में प्रचलित होती है।

परिवार में पिता के सामने संतानों का और बड़े भाई के सामने छोटे भाई-बहनों का जुबान न खोलना यानी उनके हुक्म का हर हालत में पालन करना, इन्हीं मान्यताओं की अभिव्यक्ति है। यानी तर्क और विवेक के लिए इस पारिवारिक व्यवस्था में कोई जगह नहीं है। यह एक एकाधिकारवादी व्यवस्था है। जिसके पास सत्ता है, वही सत्य है और उसके आगे सबको सिर झुकाने की अनिवार्यता है। शक्ति का यह सिद्धांत जब सांस्कृतिक स्तर पर जड़ें जमा लेता है, तो एक गहरा दास भाव समाज में फैल जाता है।

लेकिन यह व्यवस्था इससे भी अधिक उत्पीड़क रूप में महिलाओं के संदर्भ में सामने होती है। दुनिया भर में सामंती समाजों में समाज और परिवार की एक इकाई के रूप में स्त्रियों के लिए कोई जगह नहीं रही है, न ही उनकी कोई निजी स्वतंत्रता रही है। पुरुष की शक्ति के आगे वे दास और भोग्या बनी रही हैं। उनकी आकांक्षाओं, मानव के रूप में बुनियादी अधिकारों, यौन व्यक्तित्व और निजी अस्मिता से उन्हें पूरी तरह वंचित रखा गया है।

धार्मिक ग्रंथों में चाहे जो कहा गया हो और ऋग्वेद काल के आदिम युग में स्त्रियों की अपेक्षाकृत आजादी की चाहे जितनी मिसालें दे दी जाएँ, पर सभ्यता के आगे बढ़ने के साथ स्त्रियों की यह दास एवं भोग्या की स्थिति आम तौर पर भारतीय समाज में भी रही है। भक्तिकालीन संतों और उन्नीसवीं सदी के समाज सुधारकों की रचनाओं से स्त्रियों की बुरी हालत का अंदाजा लगाया जा सकता है।

इस सामाजिक और सपारिवारिक व्यवस्था ने रिश्तों का एक निहायत अमानवीय ढाँचा कायम किया। स्त्री और पुरुष के बीच ज़ो आपसी सौंदर्य हो सकता है और उससे जो सृजनात्मकताएँ पैदा हो सकती हैं, उसके अवसर सामंती समाज में नहीं रहे हैं। विवाह दो परिवारों का संबंध रहा, जिसके पीछे प्रेरक कारण धन, शक्ति, रक्त की कथित शुद्धता और कुल एवं गोत्र रहे। व्यक्ति की आकांक्षाओं, सौंदर्य बोध, मित्रता और आपसी समझ की कोई भूमिका विवाह तय करने में नहीं रही। सांस्कृतिक

स्तर पर परिवार की इज्जत का संबंध स्त्री की यौन शुचिता से जोड़ दिया गया। स्त्री के लिए सेक्स की इच्छा रखना भी पाप करार दिया गया, यौन इच्छा को व्यक्त करने की बात तो दूर ही रही। यौन शुचिता सुरक्षित करने की चिंताएँ यहाँ तक गईं कि स्त्रियों को पहले घर की चाहरदीवारी और फिर परदे में कैद कर दिया गया। सिर्फ एक पुरुष के लिए बनी होने की मान्यता यहाँ तक गई कि पति की मृत्यु के साथ पत्नी के सती हो जाने का खूब महिमामंडन हुआ और विधवा दहन को एक नैतिक, पवित्र एवं धार्मिक रूप दे दिया गया।

सिर्फ स्त्रियाँ ही क्यों, पुरुषों के संदर्भ में भी सेक्स एक निंदित कार्य ही माना जाता रहा है। व्यापक समाज में सेक्स को एक पापमय कार्य माना जाता रहा है। इसकी चर्चा वर्जित रही है। चरित्र को पूर्णतः यौन जीवन से जोड़ कर देखा जाता रहा है। चरित्रवान वह है जो सेक्स पर विजय पाए। संयम और आत्मनियंत्रण अलग बातें हैं, पर सेक्स को प्रकृति के रूप में ही गलत और निंदित मान लेने के पीछे अतार्किक धारणाएँ ही हो सकती हैं और इस धारणा से एक बीमार मानसिकता फैलती रही है। इससे समाज में कुछ सकारात्मक एवं नवीन करने की प्रवृत्ति गहरे ढंग से प्रभावित हुई है। इससे एक ऐसा प्रतिबंधित, वर्जनाओं से ग्रस्त समाज बना है, जिसमें स्वाभाविकता, मानवीय सौंदर्य, उदात्त जीवन दृष्टि आदि का अभाव रहा है।

यहाँ गौरतलब है कि 'अश्लीलता' के संदर्भ में जब भारतीय संस्कृति की चर्चा होती है, तो उन्हीं पारिवारिक मूल्यों एवं यौन संबंधी मान्यताओं की बात हो रही होती है। दरअसल, इन मूल्यों और मान्यताओं की कसौटी पर यह घोषित किया जाता है कि क्या श्लील है और क्या अश्लील। यानी कुल मिला कर कोशिश पुरातन मूल्यों के महिमामंडन और उनकी कसौटी पर पिछले कुछ दशकों में, खासकर, शहरों में फैली कुछ नए ढंग की प्रकृतियों की निंदा करने की होती है। इसमें पुरातन मूल्यों और प्रवृत्तियों को 'भारतीय' और नई प्रवृत्तियों को 'पश्चिमी' करार दिया जाता है और जो सांस्कृतिक द्वंद्व पिछले दशकों में भारतीय समाज में पैदा हुआ है, उसे 'सभ्यताओं का संघर्ष' घोषित कर दिया जाता है।

हालाँकि इस रूप में चीजों को देखने की शुरुआत काफी पहले हो गई थी, पर 1991 में भारत सरकार द्वारा नयी आर्थिक नीतियाँ अपनाने के बाद बहुराष्ट्रीय कंपनियों और विदेशी पूँजी के देश में आने की मात्रा बढ़ने के साथ जो उदारीकरण का माहौल बना, उसके संदर्भ में इस सोच ने भी जोर पकड़ा। माना गया कि नयी आर्थिक नीतियों के साथ भारतीय संस्कृति एवं अस्मिता पर नया हमला हुआ है। सोच की एक धारा इस विचार में ऐसी बही कि इन नीतियों का आर्थिक मोर्चे पर विरोध करने के बजाय पोस्टर फाड़ना, होर्डिंग्स पोतना और रेडियो स्टेशनों पर धरना-प्रदर्शन ही उसका मुख्य कार्य बन गया। दो भारतीय युवतियों के क्रमशः 'मिस यूनिवर्स' और 'मिस वर्ल्ड' चुने जाने और फिर भारत में 'मिस वर्ल्ड' प्रतियोगिता के आयोजन

से यह बहस और तेज हुई। पर दुर्भाग्यवश जन संघर्षों से जुड़ रही अनेक शक्तियाँ भी इस बहस में 'भारतीयता' के पक्ष में खड़ी हो गईं, जिसका व्यावहारिक मतलब पुरातनता और सामंती मूल्य थे।

यहाँ यह बात स्पष्ट कर लेनी चाहिए कि अगर पिछली सदियों में भारत में आम तौर पर समांती समाज रहा है, तो यह इस देश का कोई अतिरिक्त पिछड़ापन नहीं रहा है। सामाजिक विकास के क्रम में लगभग सभी समाजों को इस व्यवस्था से गुजरना पड़ा है और उन सभी जगहों पर ऐसे विषमताकारी और उत्पीड़क मूल्य रहे हैं। पर तकनीक के विकास और अदम्य माननीय संघर्षों ने पूरी दुनिया को एक नया समाज बनाने का अवसर दिया। संयोग से इस विकास का स्थल पश्चिम रहा, जहाँ पिछले पाँच-छह सौ सालों में वैज्ञानिक प्रगति, पुनर्जागरण, औद्योगिक क्रांति, मैग्ना कार्टा, अमेरिकी स्वतंत्रता, फ्रांस की क्रांति, साम्यवादी क्रांति आदि जैसी घटनाओं ने मानव एवं सामाजिक विकास की अभूतपूर्व स्थितियाँ पैदा कीं। इससे नए मूल्य आए और नई सभ्यता खड़ी हुई। इसी को 'आधुनिकता' कहा गया। इस 'आधुनिकता' ने एक नई संस्कृति और नई सामाजिक व्यवस्था की शुरुआत की। हालाँकि मानव समाज अभी भी अपने अंतिम लक्ष्य से बहुत पीछे है, पर आधुनिकता ने पुरातन व्यवस्थाओं के बहुत सारे उत्पीड़नों और दासताओं से मनुष्य को मुक्ति दी है। यह सामजिक विकास की प्रक्रिया है। यह और आगे बढ़ेगी। मानवीय संघर्ष इस प्रक्रिया को तेजी प्रदान कर सकते हैं और वस्तुतः कर भी रहे हैं। इसी प्रक्रिया से संभवतः कभी हम वह समाज और सभ्यता बना सकेंगे जो समता, स्वतंत्रता, लोकतंत्र और बंधुत्व के मूल्यों पर आधारित होगी।

अगर इस दृष्टि से देखें तो अपने सामने खड़े सांस्कृतिक द्वंद्व को हम 'भारतीयता बनाम पाश्चात्य' की मनोगत धारणा से देखने के बजाय 'आधुनिकता बनाम पुरातनता' की यथार्थ धारणा से देख सकते हैं। जाहिर है, लोकतंत्र एवं मूलभूत स्वतंत्रताओं में यकीन करने वाला कोई व्यक्ति इस द्वंद्व में 'आधुनिकता' के पक्ष में ही हो सकता है।

आधुनिकता ने निजी स्वतंत्रता, स्त्री-पुरुष संबंध, विवाह एवं परिवार की व्यवस्था और सेक्स के बारे में नई समझ हमें दी है। हो सकता है कि इस समझ के कुछ पहलुओं में अतिरेक हो तथा कुछ में अतीत से प्रतिशोध के भाव के कारण प्रतिक्रिया का भाव ज्यादा हो। यह भी हो सकता है कि कुछ पहलुओं में पुराने मूल्य टूट गए हों और अभी नए बने न हों, जिससे एक तरह की अराजकता की स्थिति लगे। लेकिन कुल मिला कर सांस्कृतिक रूप से जो नया समाज बन रहा है, उसमें मानवीय पहलू अपेक्षाकृत अधिक हैं। यह समाज ज्यादा लोकतांत्रिक है और इसीलिए इसमें सौंदर्य और सृजन की संभावनाएँ ज्यादा हैं। यह एक विश्वव्यापी प्रक्रिया है। इसे खंडों में बाँट कर देखने का प्रयास अल्पदृष्टि का ही परिचायक हो सकता है।

इस महान सांस्कृतिक विकास को दुनिया में चल रही संपूर्ण आर्थिक, राजनीतिक परिघटनाओं के संदर्भ में देखा जाना चाहिए। धनी देशों की उपनिवेशवादी आकांक्षाओं और 'नई विश्व व्यवस्था' के मुहावरे तले अपनी दादागीरी थोपने के क्रम में ही इन्हीं नहीं देखा जाना चाहिए। न तो हमारा समाज और न ही विश्व व्यवस्था अभी बराबरी पर आधारित हो सकी है। इसलिए शोषण एवं गुलाम बनाने की प्रवृत्तियाँ अभी भी हावी हैं। लेकिन इनके खिलाफ संघर्ष की चेतना भी है, जिसकी जड़ें हम आधुनिक मूल्यों में तलाश सकते हैं। दरअसल, यह संघर्ष एक सफल वर्ग संघर्ष का रूप ले सके, इसके लिए भी जरूरी है कि आधुनिकता के सांस्कृतिक मूल्यों का व्यापक रूप से प्रसार किया जाए।

आधुनिक सांस्कृतिक दृष्टि से देखें तो स्त्रियों में आई कथित उन्मुक्तता और रिश्तों में हुए कथित पतन को हम सकारात्मक परिघटना के रूप में भी समझ सकते हैं। मानव शरीर एक स्वाभाविक और खूबसूरत रचना है। अगर यह खुले रूप में सामने आता है, तो यह कोई ऐसी बात नहीं है, जिस पर हाय-तौबा मचायी जाये। किसी तार्किक और वैज्ञानिक कसौटी पर मानवीय अंगों को अश्लील नहीं माना जा सकता। हाँ, सामंती समाज ने यौन और स्त्री अंगों का लेकर पुरुषों में जो कुंठा और स्त्रियों में संकोच व शर्म के भाव पैदा किए, अगर हम उसी दृष्टि में फँसे रहे तो इसे 'अश्लीलता' मान कर पुरातन मूल्यों के अवशेष के रूप में अपने मन में बैठी अपनी कुंठाओं और संकोच का प्रदर्शन जरूर कर सकते हैं। नग्नता और अर्धनग्नता के व्यापारिक पहलू हो सकते हैं और आर्थिक उद्देश्यों के लिए इनके इस्तेमाल की मिसालें दी जा सकती हैं। पर एक पूँजीवादी और उपभोक्तावादी व्यवस्था में यह कोई आश्चर्य की बात नहीं है। असल में ये भी कोई मानवीय व्यवस्थाएँ नहीं हैं। पर ये विकास क्रम का एक चरण हैं। इस चरण में जो नकारात्मक पहलू हैं, उनसे निरंतर संघर्ष की जरूरत है। पर इन विसंगतियों के आधार पर स्त्रियों को अपने अंगों के प्रति आत्मविश्वास और हिचक व शर्म-मुक्त होकर अपनी संपूर्ण अभिव्यक्ति के अधिकार से वंचित नहीं किया जा सकता।

यह एक भ्रम ही है कि समाज में वेश्यावृत्ति या बाल वेश्यावृत्ति आधुनिकता की वजह से फैली है। इतिहास के हर चरण में इन कुप्रथाओं का अस्तित्व रहा है। आधुनिकता ने तो इनके खिलाफ चेतना जगाई है। कॉल गर्ल का प्रचलन नया हो सकता है, पर मूलतः यह वेश्यावृत्ति का ही एक रूप है। अगर देखें तो वेश्यावृति पारंपरिक समाज की यौन के प्रति बीमार नजरिए का ही परिणाम रहा है। यौन की एक स्वस्थ, स्वाभाविक, एवं सकारात्मक प्रवृति के रूप में प्रतिष्ठित न होने का परिणाम इसे कुत्सित, जुगुप्सापूर्ण और चोरी-छिपे ढंग से जीने के रूप में सामने लाता रहा है। अगर आज सेक्स की एक सीमा तक ही खुली चर्चा एवं खुली अभिव्यक्ति संभव हो पा रही है, तो यह अच्छे भविष्य का संकेत है। सेक्स जीवन का केंद्रीय पक्ष है

और इसकी सार्वजनिक स्वीकृति भी इसी रूप में होनी चाहिए। पारंपरिक समाज ने इसे परदे के पीछे धकेलने की, कोशिश की, जिससे अनेक विकृतियाँ उभरीं। आज भी हम इन विकृतियों से मुक्त नहीं हो पाए हैं। बलात्कार, परिवार के भीतर स्त्रियों एवं बच्चों का यौन शोषण, समलैंगिकता, अज्ञानवश गर्भाधान और असुरक्षित गर्भपात, प्रेम विवाहों के प्रति क्रूर नजरिया, और अंततः स्त्री की यौन शुचिता को परिवार की इज्जत मानना इन विकृतियों में शामिल है।

इन विकृतियों से मुक्ति का रास्ता यह है कि समाज में प्रेम एवं स्वेच्छा से यौन संबंधों की स्वीकृति एवं प्रतिष्ठा मिले। गर्भ निरोधकों के आविष्कार ने ऐसे संबंधों को और सहज एवं आसान बना दिया है। प्रेम और सेक्स को दो व्यक्तियों के नितांत निजी मामले के रूप में स्वीकृति दी जाए। विवाह या परिवार जैसी संस्थाओं का आधार सिर्फ यौन वफादारी नहीं होनी चाहिए। बल्कि निजी लगाव, अंतरंगता, सहानुभूति और जिम्मेदारी की भावना के आधार पर इन संस्थाओं का निर्माण होना चाहिए। इन संस्थाओं से व्यक्ति की विपरीत लिंगी के साथ दोस्ती की संभावनाएँ प्रतिबंधित और सीमित नहीं होनी चाहिए। इस आधार पर किसी व्यक्ति या परिवार की समाज में प्रतिष्ठा तय नहीं होनी चाहिए और अगर दो लोग साथ न चल पाएँ तो अलग होने के गरिमामय एवं मानवीय रास्ते के तौर पर तलाक की प्रतिष्ठा होनी चाहिए।

यह सुखद है कि आधुनिकता के प्रसार के साथ ये लोकतांत्रिक मान्यताएँ आज फैल रही हैं। यह हितकर है कि समाज में सेक्स संबंधी ज्ञान फैल रहा है और यौन संबंधों में खुलापन आ रहा है। यह स्वागत योग्य है कि स्त्री-पुरुष में बराबरी के आधार पर रिश्ते बनने लगे हैं और वे अब रिश्ते को घसीटने के बजाय सम्मान के साथ अलग होना सीखने लगे हैं। उन्हें सामाजिक पतन के तौर चित्रित करना स्वतंत्रता एवं सृजनात्मकता के संघर्षों का अपमान है। यह, दरअसल, सांस्कृतिक उत्कर्ष और विश्वव्यापी सकारात्मक बदलावों से निगाहें चुराना है। लेकिन उत्कर्ष की इस परिघटना को अब रोकना संभव नहीं है। आधुनिक तकनीक, खासकर सूचना तकनीक, ज्ञान और तर्क को फैलाने का एक सशक्त माध्यम बन गई है। कहा जाता है कि पिछले तीस वर्षों में दुनिया में इतनी सूचनाएँ पैदा हुई हैं, जितनी पिछले पाँच हजार सालों में नहीं हुई थीं। संचार माध्यम आज अधिक से अधिक समाजों और लोगों तक इन सूचनाओं को पहुँचा रहे हैं। इससे बहुत-सी गलतफहमियाँ और वर्जनाएँ टूट रही हैं। मानव की एक नई मुक्त चेतना का उदय हो रहा है। यह एक स्वागत योग्य परिघटना है।

लेकिन पुरातन मूल्यों से ग्रस्त दिमाग इस परिघटना को ही 'अश्लीलता करार देता है। उसने आधुनिकता को एक हौआ बना कर पेश करने की कोशिश की है। आधुनिकता के नकारात्मक पक्षों, मसलन शराब व मांसाहार की कथित रूप से बढ़ती प्रवृत्तियों और उपभोक्तावादी आकांक्षाओं को खूब उभारा गया है, जबकि नशे का

सेवन और मांसाहार इतिहास के किसी दौर में कम रहा हो, ऐसा कोई तथ्य नहीं है। फिर भी अगर कुछ नकारात्मक प्रकृतियाँ बढ़ी हों, तो उनके विरोध के बजाय पूरी आधुनिकता को ही निशाना बनाने की कोशिश की गई है। अगर कट्टरपंथी, यथास्थितिवादी और प्रतिक्रियावादी ताकतें ही ऐसा करतीं तो उनके हितों को देखते हुए यह बात समझी जा सकती थी। लेकिन अपने को परिवर्तन की समर्थक कहनेवाली अनेक शक्तियों ने भी उन्हीं के सुर में सुर मिला दिया है। क्या वे इससे वाकिफ हैं कि ऐसा कर वे समाज के लोकतंत्रीकरण की प्रक्रिया को अवरुद्ध कर रही हैं और यथास्थितिवादी ताकतों की मदद कर रही हैं ?

वस्तुतः आज 'अश्लीलता' कोई मुद्दा नहीं है। मुद्दा है–गरीबी, शोषण, सांस्कृतिक पिछड़ापन और आम जनता का बुनियादी मानवाधिकारों से वंचित होना। मुद्दा यह है कि इन स्थितियों के खिलाफ जन संघर्ष कैसे संगठित किया जाए। मुद्दा यह है कि समाज की अंतर्वस्तु में लोकतंत्र को कैसे स्थापित किया जाए ? 'अश्लीलता' जैसे सवाल अक्सर इन मुद्दों से ध्यान हटाने और फर्जी बहस खड़ी करने के लिए उठाए जाते हैं। जरूरत उदारीकरण और भूमंडलीकरण की नीतियों के खिलाफ आर्थिक मोर्चे पर संघर्ष करने की है, 'अश्लीलता' जैसे सवालों पर अपनी शक्ति नष्ट करने की नहीं।

एक गौरतलब बात यह भी है कि पारंपरिक रूप से 'अश्लीलता' को सिर्फ 'स्त्री की मर्यादा' और यौन संबंधों के संदर्भ में ही परिभाषित किया जाता है। आर्थिक और राजनीतिक भ्रष्टाचार, जनाधिकारों के दमन, गरीब और मेहनतकश वर्ग के शोषण, सामाजिक विकृतियों, आडंबरों, कुरीतियों और विद्रूपताओं के संदर्भ में 'अश्लीलता' की चर्चा नहीं होती। इस रूप में तो समाज में आदिम काल से ही 'अश्लीलता' फैली रही है। लेकिन इस पर नैतिकता के ठेकेदार चिंतित नहीं होते। उन्हें चिंता सिर्फ तब होती है, जब स्त्री अपनी स्वतंत्रता स्थापित करने लगती है, साधिकार अपने व्यक्तित्व को जताने लगती है और जब वर्जनाओं से मुक्त स्त्री-पुरुष सह-अस्तित्व और विवेकपूर्ण दृष्टि पर आधारित अभिनव रिश्ता बनाने लगते हैं। इसीलिए आज एक जरूरत यह भी है कि 'अश्लीलता' का हंगामा खड़ा करनेवालों से संघर्ष किया जाए और उनके असली इरादों को बेनकाब किया जाए।

अश्लीलता की उलझनें

प्रियदर्शन

अश्लीलता की कोई सुस्पष्ट परिभाषा बहुत मुश्किल है। इतना ही नहीं, यह तय करना भी बहुत मुश्किल है कि किन घटनाओं को अश्लील की संज्ञा दी जाए और किन्हें नहीं। मिसाल के तौर पर, कुछ ऐसे मानक हो सकते हैं जिनके आधार पर अभी लिखे जा रहे इस लेख को भी अश्लील करार दिया जाये। कोई बेहद संवेदनशील व्यक्ति यह मान सकता है कि चहुँमुखी अश्लीलता के इस दौर में इसे खत्म करने का प्रयास करने की जगह महज उस पर लेख लिखना भी एक तरह की अश्लीलता है। यह एक दूसरी बात है कि कोई दूसरा संवेदनशील व्यक्ति यह मानना चाहे कि लिखना भी अश्लीलता को पहचानने का जरिया है और इस तरह उसे खत्म करने के अभियान का हिस्सा भी।

जाहिर है, अश्लीलता का मुद्दा या मानव व्यवहार का कोई भी मुद्दा बहुत बारीक कसौटियों की माँग करता है। उसमें यह खतरा भी निहित होता है कि कहीं ये कसौटियाँ खोजते-खोजते मूल मुद्दा ही गुम न हो जाये। लेकिन यह खतरा उठाए बिना अश्लीलता के बहुत सारे पहलुओं को समझा भी नहीं जा सकता, क्योंकि इस उलझन भरी स्थिति या किसी मानव व्यवहार के पक्ष और विपक्ष में तुरंत तैयार हो जानेवाली भूलभुलैया से इतना तो स्पष्ट होता है कि अश्लीलता का मुद्दा असल में एक सापेक्षिक मुद्दा भी है। वह व्यक्तियों, देशों, समाजों, संस्कृतियों और स्थितियों के साथ-साथ बदलता भी चलता है। हम जब अश्लीलता की बात करते हैं, तो स्पष्ट है कि अपने सामाजिक-सांस्कृतिक संदर्भ और देश-काल में ही करते हैं।

लेकिन सांस्कृतिक, सामाजिक संदर्भ और देशकाल की व्याख्या भी आसान नहीं है, बल्कि वह अक्सर अलग-अलग मतों को आमंत्रित करती है। मसलन, हुसेन ने जब सरस्वती का चित्र बनाया तो उससे समाज का एक बड़ा हिस्सा बुरी तरह

उद्वेलित हुआ और उसने इस चित्र को अश्लील कहा, जबकि एक दूसरे बड़े हिस्से को इस चित्र में कुछ भी अश्लील नजर नहीं आया। साफ है कि देश-काल और सामाजिक- सांस्कृतिक संदर्भों की व्याख्याएँ आपस में टकराती भी हैं।

विभिन्न मुद्दों पर ऐसे टकराव हमारे देश में जो आयाम ग्रहण कर रहे हैं, वे बताते हैं कि हमारे सामाजिक-सांस्कृतिक सरोकारों की दुनिया में एक तीखी जद्दोजहद जारी है। परंपराएँ बनी हुई हैं और बदल भी रही हैं, वे विकृत रूप से जड़ हैं या विकृत रूप से गतिशील। दूसरी तरफ हमारी प्रगतिशील चेतना के सामने भी कई उलझानेवाले सवाल हैं। राजनीति के सर्वव्यापी असर ने समाज और संस्कृति के मुद्दों को दूर तक प्रभावित किया है। जाहिर है, इस असर ने आधुनिकता और परंपरा-दोनों की व्याख्याओं को अपनी-अपनी जरूरतों के हिसाब से बदलने की कोशिश की है। खासकर, भाजपा और संघ के मौजूदा व्यापक अभ्युदय के साथ ऐसे सवालों पर बहस तीखी हुई है, क्योंकि इनके समानांतर राजनीति में जो मोर्चे बने, उन्हें भी सबसे ज्यादा सामना संघ और भाजपा परिवार द्वारा प्रस्तावित की जा रही समाज और संस्कृति संबंधी नई आचार-सहिताओं, नैतिकताओं और दृष्टियों का करना था। दुर्भाग्य से इन मोर्चों की मूल चिंताएँ भी सामाजिक-सांस्कृतिक नहीं थीं, न ही इनके पास अपने देश-काल के व्यापक सवालों को लेकर कोई दृष्टि थी। नतीजा यह हुआ कि प्रतिरोध की इनकी राजनीति अंतर्विरोध के गर्तों में गिरती चली गई और इस प्रक्रिया ने भाजपा-संघ को एक तरह की नकली वैधता प्रदान करने में भी भूमिका निभाई।

लेकिन सिर्फ यही वजह नहीं है कि हाल के वर्षों में श्लीलताओं और अश्लीलताओं पर हुई बहसें हमारे देश में काफी तीखी रही हैं। भारत में राजनीतिक तंत्र की मार्फत घुसपैठ कर चुके अंतरराष्ट्रीय बाजारवाद और उसकी ताकतों ने भी स्थितियों को जटिल बनाने में योगदान दिया है। उपभोक्ता संस्कृति के कंधों पर सवार विज्ञापनों की दुनिया भारतीय लोकरुचि का मुश्किल इम्तिहान साबित हो रही है। फिल्मों से बरबाद होती पीढ़ी पर बड़े-बूढ़ों का नाक-भौं सिकोड़ना पुरानी बात हो चुकी। अब तो वाकई जिस ढंग की फिल्में आ रही हैं और इलेक्ट्रॉनिक मीडिया सेक्स और हिंसा को जिस तरह हमारे नाश्ते से लेकर रात के भोजन तक का एक महत्वपूर्ण व्यंजन बना रहा है, उसने समाजशास्त्रियों का ध्यान इस ओर खींचा है। माइकल जैक्सन शो और विश्व सुंदरी प्रतियोगिताएँ तो महज इस सांस्कृतिक हमले के बहुत स्पष्ट रूप हैं। ऐसे वह काफी पहले शुरू हो गया था और हमारी लोक संस्कृति के तत्वों को नष्ट कर, एक जड़विहीन और तथाकथित जनप्रिय संस्कृति को उनका विकल्प बना रहा है। आज के बच्चों को पूर्व या पश्चिम के शास्त्रीय नृत्य या संगीत माध्यम नहीं लुभाते, उन्हे 'तू चीज बड़ी है मस्त-मस्त' पर थिरकना आता और भाता है।

इन सारी गड्डमड्ड स्थितियों के बीच अश्लीलता के मानकों को निर्धारित करना एक मुश्किल काम है। यह मुद्दा तब और उलझ जाता है, जब हम इसे मानव व्यवहार

की दूसरी असंगतियों की व्याख्या करनेवाले शब्दों, मसलन अशिष्टता, अभद्रता या निर्लज्जता के समानांतर रख कर देखते हैं। क्या अभद्रता, अशिष्टता या निर्लज्जता से किए गए सारे कामों को अश्लीलता की श्रेणी में रखा जा सकता है ? अगर नहीं, तो क्या यह सिर्फ मात्रा का फर्क है ? यानी ज्यादा अशिष्ट या अभद्र व्यवहार अश्लील हो जाते हैं ? या अश्लीलता और बाकी असंगतियों में फर्क करनेवाली कोई सांस्कृतिक सामाजिक रेखा भी है ? पूर्व प्रधानमंत्री देवगौड़ा द्वारा महत्वपूर्ण सरकारी दौरों पर अपने परिवार को साथ ले जाने की घटना शिष्टाचार की सामान्य अपेक्षाओं के विरुद्ध मानी जा सकती है, लेकिन क्या वह अश्लील भी थी ? इसी तरह क्या कर्नाटक के मुख्यमंत्री जे.एच. पटेल की यह स्वीकारोक्ति कि स्त्रियाँ और शराब उनकी कमजोरी हैं, अश्लीलता के दायरे में नहीं आती ?

यहाँ एक बात स्पष्ट होनी चाहिए। परंपरा से चले आए भाषा प्रयोग ने अश्लीलता को इस तरह रूढ़ किया है कि वह आम तौर पर स्त्री देह के अमर्यादित प्रदर्शन से जुड़ गई है। यानी जहाँ दूसरी विसंगतियाँ फूहड़ता, अभद्रता या निर्लज्जता के खाने में डाली जा सकती हैं, वहीं अश्लीलता एक ज्यादा बड़े सवाल से जुड़ गई है। वह है उस मर्यादा का सवाल, जो स्त्री देह के साथ जोड़ी जाती रही है। यानी वही मानव व्यवहार अश्लील माने जाने लगे हैं, जिनमें स्त्री देह का एक सीमा से ज्यादा खुला प्रदर्शन होता है।

लेकिन इस सरलीकरण की भी मुश्किलें हैं। मामला स्त्री देह के प्रदर्शन तक सीमित नहीं है। उसकी मर्यादा की व्याख्या से भी जुड़ा हुआ है। हमारे धार्मिक मिथकों के संसार में अनावृत काली अश्लील नहीं मानी जाती। वहाँ मिथकों से बँधी निष्ठा उसका आवरण बन जाती है। इसी तरह ऐतिहासिक या वास्तुशिल्पीय धरोहरों में बहुत सारी निर्मितियाँ ऐसी हैं, जिनमें स्त्री देह ही नहीं, बल्कि बहुत गोपन मानी जानेवाली रति मुद्राएँ भी उनके सौंदर्य का उपादान बनी हैं। लेकिन उन्हें सामूहिक रूप से देखना भी अश्लील नहीं लगता, क्योंकि उनके ऊपर भी पुरातनता और रहस्य का आवरण है। हो सकता है, जब वे बनाई गई हों, तब किसी विलासी शासक के स्थूल मनोरंजन को ध्यान में रखते हुए ही बनाई गई हों, लेकिन शायद समाज उतनी प्राचीनता तक जा कर चीजों की छानबीन करने का गैरजरूरी उत्साह नहीं दिखाता।

तो यह मुद्दा कहाँ जा कर अटक जाता है ? एक बहुचर्चित पंक्ति यह है कि अश्लीलता दरअसल चीजों में नहीं, बल्कि उस दृष्टि में होती है, जिससे चीजों को देखा जाता है। इस बात से मोटे तौर पर सहमति जताई जा सकती है। मगर फिर भी बात नहीं बनती, क्योंकि इस तर्क का इस्तेमाल बहुधा उन लोगों को करते देखा गया है जिनके इरादों की अश्लीलता में शक की गुंजाइश नहीं हो सकती। मसलन हिंदी फिल्मों की दुनिया में राज कपूर से ले कर फीरोज खान तक और देव आनंद से ले कर बी. आर. चोपड़ा तक इसी तर्क का इस्तेमाल करते रहे हैं और उनकी

फिल्में 'मेरा नाम जोकर' और 'बॉबी' से लेकर 'राम तेरी गंगा मैली' तक तथा 'कुरबानी' और 'इंसाफ का तराज़ू' से लेकर 'देस-परदेस' तक—नग्नता प्रधान दृश्यों के लिए चर्चित रही हैं।

यहाँ एक प्रश्न और उठता है। क्या अश्लीलता में जुगुप्सा से ज्यादा आकर्षण होता है ? आखिर क्या वजह है जिन हिंदी फिल्मों में ऐसे दृश्यों की भरमार होती है, उनकी टिकट खिड़की पर हाउसफुल की तख्तियाँ लटकते देर नहीं लगती ? क्या अश्लीलता का मानव मनोविज्ञान से कोई गहरा संबंध है ? ऐसा क्या है कि समाज का विवेक जिन दृश्यों की भर्त्सना करता है, उसे उसी समाज का एक बड़ा तबका मजे ले लेकर देखता है ? इसका एक स्पष्टीकरण हो सकता है। मनुष्य ने अपने सभ्य होने की यात्रा में अपनी कई मूल प्रवृत्तियों पर नियंत्रण करना सीखा है। शायद खुद पर नियंत्रण की ही कला सभ्यता है और इसके रचनात्मक इस्तेमाल की संभावनाएँ संस्कृति। हमने अपनी हिंसा पर नियंत्रण किया है। फिर भी वे प्रवृतियाँ अचानक उभर पड़ती हैं, जो यह बताता है कि सभ्य होने की हमारी यात्रा अभी अधूरी है। इसी तरह सेक्स से जुड़ी वर्जनाओं का मामला है। एक अदिम इच्छा की तरह वह इंसान की रगों में बहती प्रवृत्ति हो सकती है, जिस पर आम तौर पर समाज एक शालीन नियंत्रण रखना चाहता है और जिसे ऐसे दृश्य उकसाते हैं। यहाँ अश्लीलता के मायने खोलने वाली एक और परिभाषा गढ़ी जा सकती है। अश्लीलता वह है, जो मनुष्य के सभ्य और सामाजिक आचरण को दरकिनार कर, हिंसा या वासना से जुड़ी उसकी आदिम प्रवृतियों को उकसाने का यत्न करती है। इस परिभाषा से अश्लीलता के स्वरूप पर तो रोशनी नहीं पड़ती, मगर उसके परिणाम की ओर ध्यान जाता है। वह हमें एक स्तर पर असामाजिक बनाती है। चूँकि अपनी इस असामाजिकता को पहचानते हुए भी हम इससे जुड़े रहना चाहते हैं, इसलिए अपने प्रति एक तरह का संशय या अपराध बोध भी महसूस करते हैं।

लेकिन यहाँ भी एक उलझन है। एक कलाकार ने एक चित्र बनाया है, जिसमें वह नारी देह को एक नया सौंदर्य देने की चेष्टा करता है। बड़ी ईमानदारी से वह कोशिश करता है कि उसका चित्र सौंदर्य के नए आयामों का स्पर्श करे। मगर जो दर्शक वर्ग उसे देखता है, वह उस चित्र को कलाकार की दृष्टि से नहीं देख पाता। या उसके सामने कोई ऐसी व्याख्या प्रस्तुत की जाती है जो उस चित्र को एक औसत 'सेक्सी' किस्म का चित्र बना डालती है। ऐसे में क्या उस कलाकार की कोशिश को अश्लील मानेंगे ? आयन रैंड के उपन्यास 'फाउंटेनहेड' में एक प्रसंग है। उपन्यास के नायक हावर्ड रॉर्क ने एक मंदिर बनाया है। उस मंदिर के परिसर में वह नायिका डॉमिनिक फ्रैंकन की नग्न मूर्ति लगता है। यह उसके लिए आस्था का शिखर है। लेकिन एक कला समीक्षक टूही इस पूरे स्थापत्य की धज्जियाँ उड़ा देता है। वैसे तो उसे पता है कि रॉर्क ने स्थापत्य का एक अद्‌भुत शिखर छुआ है, लेकिन सार्वजनिक

तौर पर वह उसे अश्लील करार देता है, जिसे टूही के लेखन के जादू में डूबी बाहर की दुनिया सही मान लेती है।

मुद्दा वहीं आ कर अटकता है कि अश्लीलता व्याख्याओं का मामला है। लेकिन कोई भी समाज व्याख्याओं के मामले में इतना स्वच्छंद नहीं रह जाता। उस समाज को दृष्टि और दिशा दे रही धाराएँ उसे व्याख्याओं के भी कुछ सूत्र सुलभ कराती हैं। हमारे समाज में भी ऐसी कई धाराएं हैं जो अश्लीलता के निर्धारण के सवाल पर समाज की सभ्यता को निर्देशित करने का यत्न करती है।

एक धारा तो उस परंपरावाद की है, जो पुरातन भारतीय संस्कृति के एक विशिष्ट और मर्यादित स्वरूप पर जोर देता है और उसे पुनर्जीवित करने की बात करता है। यही धारा हिंदी फिल्मों में सेक्स के चित्रण से लेकर माइकल जैक्सन शो और विश्व सौंदर्य प्रतियोगिता तक को अश्लील ठहराती है। इस धारा का तर्क स्त्री को घर की देहरी के भीतर सीमित करता है। वह उसे बाहर जाने की इजाजत भी देता है तो एक निर्धारित पोशाक और आचार-संहिता के तहत। यह धर्म से प्रेरणा लेने वाली धारा है, जिसका स्त्री संबंधी चिंतन स्वाभाविक रूप से उन समाजों से मेल खाता है जो स्त्री को बुर्के के पीछे धकेलने पर आमादा है। जाहिर है, यह धारा स्त्री को समाज की शक्ति नहीं, संपत्ति समझती है। इस समझ के साथ स्त्री के दमन के जो तरीके यह अख्तियार करती है, उसे अश्लीलता का नाम दें या विकृति का, यह बहस का विषय हो सकता है।

एक दूसरी धारा प्रगतिशीलता की है, जो मानती है कि स्त्री समाज का एक जीवंत हिस्सा है और उसका स्वतंत्र व्यक्तित्व होना चाहिए। मगर इस स्वतंत्रता को लेकर उसके भीतर भी उधेड़बुन है। जिस तरह अश्लीलता के प्रश्न को सिर्फ देह तक सीमित कर दिया गया है, उससे कहीं ज्यादा स्त्री के समूचे व्यक्तित्व को भी देह से ज्यादा की अहमियत नहीं दी गई है। इसलिए यह धारा भी कभी-कभी स्त्री को सिर्फ देह मानती है और कई भ्रमों को जन्म देती है। इसी का लाभ बाजार की शक्तियाँ लेती हैं जो स्त्री की स्वतंत्रता का मुद्दा खड़ा कर उसकी देह का मनचाहा इस्तेमाल कर लेती हैं। यही वजह है कि स्त्री देह के शोषण के सहारे ही बनाई गई 'बैंडिट क्वीन' प्रगतिशीलों के बीच वाह-वाही पाती है। बल्कि ढेर सारी कला और उद्देश्यपरक फिल्में ऐसी हैं, जिनमें आनेवाले दृश्यों को करने के लिए 'मध्यमवर्गीय भले घरों की लड़कियाँ' कतई राजी नहीं होंगी तो क्या ऐसी फिल्मों के अस्तित्व के लिए 'बुरी' या 'बदचलन' लड़कियाँ जरूरी हैं ? कहने की जरूरत नहीं कि खुद को प्रगतिशील माननेवाले बुद्धिजीवियों को इस सवाल पर दिमाग खपाने की जरूरत है।

क्या अश्लीलता का एक आयाम माध्यम से भी जुड़ा हुआ है ? क्या शब्द की दुनिया में जो अश्लील नहीं है, वह चित्र और फिल्म में आ कर अश्लील हो जाता

है ? साहित्य की दुनिया में नग्नता के चित्रण भरे हुए हैं—काफी उन्मुक्त और काफी संकेतात्मक भी, मगर वे उतनी उत्तेजना पैदा नहीं करते जितना कोई चित्र या किसी फिल्म का कोई दृश्य करता है। हालाँकि शब्द की दुनिया भी ऐसे वर्णनों से भरी पड़ी है जिनके अश्लील होने या न होने पर बहस हो सकती हैं। सआदत हसन मंटो पर तो खैर अश्लीलता के कई मुकदमे चले। इस्तम चुगताई की कहानियाँ भी इस आरोप से नहीं बच पाईं और उन्हें कचहरियों के चक्कर लगाने पड़े। उनके मामले में एतराज लायक बात यह भी मानी जाती थी कि वे औरत हैं और उन्हें ऐसा नहीं लिखना चाहिए। यानी अश्लीलता का मुद्दा स्त्री या पुरुष होने से भी प्रभावित होता है। यहाँ हमारी व्यवस्था के एक द्वंद्व को भी समझा जा सकता है। मृदुला गर्ग ने 'चितकोबरा' में जिस ढंग के कल्पनाचित्र प्रस्तुत किए हैं, क्या उनके ज्यों के त्यों फिल्मांकन को हमारा सेंसर बोर्ड पास कर देगा ? साहित्य की दुनिया में ऐसे किसी सेंसर की व्यवस्था नहीं है, जो यह बताता है कि साहित्य की तुलना में फिल्मों में अभिव्यक्ति के खुलेपन को समाज कम बर्दाश्त कर पाता है।

लेकिन अश्लीलता स्त्री देह के भद्दे प्रदर्शन तक ही सीमित है ? क्या इसके अतिरिक्त ऐसी चीजें नहीं हैं, जो अशिष्टता, अभद्रता या निर्लज्जता के खाने में समाने से इनकार करें और जैसा झटका अश्लीलता के उदाहरणों से हमें मिलता है, उससे भी करारा झटका दें ? क्योंकि एक बेहतर मनुष्य होने या सभ्यता को ज्यादा मानवीय बनाने की प्रक्रिया का निषेध दूसरे स्तरों पर भी मुमकिन है। कई बार वह बहुत सुविचारित नहीं होता, लेकिन उसके नतीजे घातक होते हैं। सार्वजनिक जीवन में ऐसे आचरणों को अश्लील न मानें तो उनके लिए कोई नया शब्द गढ़ना पड़ेगा। ऐसे उदाहरणों पर विचार करें तो पता चलेगा कि अश्लीलता नारी देह के भद्दे प्रदर्शन या उससे जुड़ी कुत्सित अभिव्यक्ति भर का नाम नहीं है, वह हमारे व्यवहार में कई स्तरों पर समायी विकृति का नाम है। नारी देह का भद्दा इस्तेमाल इस अश्लीलता के सबसे प्रत्यक्ष रूप में हमारे सामने आता रहा है और सबसे तीखी प्रतिक्रियाएँ पाता रहा है। लेकिन अश्लीलता के बाकी रूपों की ओर हमारी निगाह कम पड़ती है।

लगभग चार दशक पहले लोहिया ने एक ऐसी ही अश्लीलता की ओर ध्यान खींचा था, हालाँकि उन्होंने जिस शब्द का इस्तेमाल किया, वह था असभ्यता। तत्कालीन राष्ट्रपति डॉ. राजेंद्र प्रसाद ने बनारस में दो सौ ब्राह्मणों के पैर धोए थे। लोहिया ने इसे 'भयंकर शैतानी खेल' की संज्ञा देते हुए लिखा था : 'किसी के पैर इसलिए धोना कि वह ब्राह्मण है, वर्ण व्यवस्था, उदासी और गरीबी को कायम रखने का वादा करना है। इसके बाद अगले कदम नेपाल बाबा और गंगाजली की कसम दिला कर, वोट लेना होता है। जो भावना ऐसे बुरे कार्यों को जन्म देती है, वह न देश की भलाई की योजना बना सकती है, न खुशी के साथ जोखिम उठा सकती है।'

राष्ट्रपति द्वारा एक वर्ग विशेष की वर्णगत श्रेष्ठता के आधार पर उसके पाँव

धोने की घटना एक तरह की सामाजिक अश्लीलता का उदाहरण है। इस अश्लीलता के प्रश्न पर कोई सामाजिक उद्वेलन नहीं है, क्योंकि समाज में कई दूसरी अश्लीलताएँ प्रतिष्ठा पा रही हैं। इस देश की विधान सभाओं में जूते चल रहे हैं, साड़ियाँ खींची जा रही हैं। संसद में असंसदीय आचरण और अपशब्द अब असामान्य चीजें नहीं है। यह सूची बहुत लंबी हो सकती है। मगर मूल बात यह है कि इन सारी चीजों का बचे-बने रहना एक उदासीन और मर रहे समाज की निशानी है। एक ऐसे समाज की, जिसमें कोई वास्तविक बेचैनी नहीं है। सड़कों पर आंदोलन की शक्ल में और पत्र-पत्रिकाओं में लेखों के रूप में, वे राजनैतिक-वैचारित शगूफे हैं। अवसर का इस या उस पक्ष में इस्तेमाल कर लेने की हड़बड़ी में लगाए गए मजमे, जिनकी 'उम्र' बहुत कम होती है। अखबार बेचे जाने के पहले ऐसी नकली बहसें बिक चुकी होती हैं। करीब डेढ़ साल पहले दिल्ली के दो डी. ए. वी. विद्यालयों ने संयुक्त रूप 'पंकज उधास नाइट' का आयोजन किया था। पंकज उधास के मंच पर आने से पहले कुछ बच्चों ने कार्यक्रम प्रस्तुत किए। जिस कार्यक्रम पर दर्शकों ने सबसे ज्यादा तालियाँ बजाई, वह एक 'डांस आइटम' था और उसे पहली कक्षा के बच्चे द्वारा प्रस्तुत किया गया था। जिस गीत पर यह 'डांस' हो रहा था, उसके बोल थे, 'तू चीज बड़ी है मस्त-मस्त'। बाद में पंकज उधास आए। 'जमाना खराब है', 'सोने जैसा रूप है तेरा, चाँदी जैसे बाल', और 'थोड़ी-थोड़ी पिया करो' जैसी गजलें प्रेक्षागृह में गूँजने लगीं। चौंकने की बारी तब आई, जब गजल के बीच एक बहुचर्चित गीत की धुन आई। वह गीत था—'चोली के पीछे क्या है।''

ये दोनों वे गीत हैं, जिन पर इस आयोजन के कुछ महीनों पहले अश्लीलता और फूहड़ता का आरोप था और इनसे समाज में हो रहे अवमूल्यन पर भारी चिंता जताई गई थी। लेकिन इस आयोजन ने बताया कि श्लीलता और अश्लीलता की बहसें कितनी अल्पजीवी होती हैं और लोकप्रियता उन्हें किस तरह निरर्थक बना देती हैं। तालियाँ बजती रहीं, बच्चे के 'डांस' पर अभिभावक और शिक्षक खुश होते रहे। किसी ने यह पूछने की जरूरत नहीं समझी कि ऐसे फूहड़ गानों के बीच ये स्कूल अपने बच्चों को कौन-से संस्कार दे रहे हैं ? बहुतों का तर्क हो सकता है कि खुलेपन के इस दौर में, जब फिल्में, टीवी और तरह-तरह के चैनल हमारे ड्राइंग रूम तक इन सारी चीजों को ले ही आए हैं, इस शुद्धतावादी नकचढ़ेपन का क्या मतलब रह जाता है ? एक स्कूल में ये सारी चीजें हो रही हैं तो इसलिए कि सारे समाज में इन्हें आम मान लिया गया है। फिर श्लीलता और अश्लीलता के संदर्भ और मायने तो बदलते ही रहते हैं। कल जो चीजें अलंघ्य और वर्जित मानी जाती थीं, वे आज स्वीकार्य हुई हैं या नहीं ?

लेकिन मुद्दा गानों की श्लीलता-अश्लीलता का नहीं है। मुद्दा यह है कि क्या वाकई श्लीलता-अश्लीलता को ले कर हमारने समाज में कोई संवेदना बची हुई है ?

अगर यह नहीं बची हुई है, तो क्यों ? क्या यह एक समाज के रूप में हमारे क्षरण का संकेत नहीं है ? यानी एक ऐसे समाज के रूप में, जिसका अपना कोई सांस्कृतिक बोध हो, जिसकी अपनी सांस्कृतिक अभिव्यक्तियाँ हों ? यह समझना जरूरी है कि हमारे समाज में यह उदासीनता कहाँ से आ रही है ? इस सामाजिक क्षय की वजहें क्या-क्या हैं ? समाज क्यों धीरे-धीरे मर रहा है ?

दरअसल, भारत की समूची सामाजिक-सांस्कृतिक बुनावट एक ऐतिहासिक विकास-प्रक्रिया में यहाँ अंतर्विरोधों और पाखंड की शिकार हुई हैं। ढुलमुलयकीनी इस समाज का एक बड़ा लक्षण रही है, जिसे अक्सर उदारता के रूप में परिभाषित किया गया है। मानवता के सबसे ऊँचे आदर्श और मर्यादा के सबसे बड़े बंधन सिद्धांत रूप में हमारे यहाँ मिल जाते हैं, मगर एक दूसरे स्तर पर वही आदर्श नृशंस व्यवहारों के रूप में प्रकट होते हैं। पाखंड अश्लीलता का पुत्र है या नहीं, यह सवाल भले बरसतलब हो, लेकिन वह कई अश्लीलताओं का पिता है, इसमें शक नहीं। इस ढुलमुलयकीनी ने हमारे समाज में सांस्कृतिक बोध का एक भ्रम पैदा किया, मगर कोई वास्तविक बोध नहीं दिया। चूँकि यह वास्तविक बोध नहीं था, इसलिए इसके प्रति अभिमान की कोई भावना नहीं थी। अभिमान जन्म और जाति का अवश्य था, मगर सभ्यता और संस्कृति का नहीं था। इसलिए हम अपने लंबे इतिहास में जिस तरह राजनैतिक मुद्दों में शिकस्त पाते रहे, उसी तरह सांस्कृतिक हमलों ने हमारे पाँव उखाड़े। जो लोग पाँच हजार साल के हमारे सांस्कृतिक-सामाजिक जीवन के नैरंतर्य का तर्क देते नहीं अघाते, उन्हें बाबा साहेब आंबेडकर द्वारा उठाए गए इस सवाल पर अवश्य विचार करना चाहिए कि आखिर उस जीवन का स्तर क्या रहा ? ऐसे ही सांस्कृतिक हमलों का सबसे विकराल रूप हम इन दिनों झेल रहे हैं। एक ओर राजनीति की आक्रांता स्थिति ने हमारे सामाजिक मूल्यों को अपदस्थ कर दिया है तो दूसरी ओर बहुराष्ट्रीय प्रचार तंत्र के हमले ने हमारे रोजमर्रा की जीवन-शैली बदल डाली है। अलग-अलग चैनलों के जरिए हो रहा यह आकाशीय हमला हमारे उन सामाजिक तंतुओं को छिन्न-भिन्न कर रहा है, जिनसे हम अपनी जड़ता की वजह से ही बँधे हुए हैं। खतरनाक बात यह है कि इस इलेक्ट्रॉनिक मीडिया के कंधों पर सवार जो नई संस्कृति आ रही है, वह भी पश्चिम के श्रेष्ठ मूल्यों की प्रतिनिधि नहीं है। वह उन भोक्तावादी जीवन-शैली को ही हमारे यहाँ जगह दिला रही है, जिसकी निरर्थकता अब जाकर यूरोप धीरे-धीरे समझ रहा है। दूसरी बात यह कि यह महज सांस्कृतिक हमला नहीं है, बल्कि राजनीति और अर्थतंत्र के वर्तमान शिकंजों को स्थायी बनाने के लिए संस्कृति को हथियार के रूप में इस्तेमाल करने की नवसाम्राज्यवादी चाल है, जिसने सबसे पहले हमारे मध्यवर्गीय आदतों को एक नए उपभोक्तावादी शगल में बदलना शुरू कर दिया है।

चूँकि इस नये शगल के पास न कोई स्मृति है और न ही कोई सपना, इसलिए

इसके पास अपनी मान्यताएँ भी नहीं हैं। उसके लिए हर जरूरी बहस एक सनसनी है, मनोरंजन भर के लिए इस या उस पक्ष में कहे गए जुमले। इसी वजह से 'चोली के पीछे क्या है' और 'तू चीज बड़ी है मस्त-मस्त' जैसे गीतों पर चल रही श्लीलता-अश्लीलता की बहसों की उम्र वहीं तक है, जहाँ तक उनका कोई विक्रय मूल्य है। इसके बाद यह बासी पड़ चुका मुद्दा है।

यही वजह है कि अश्लीलता को ले कर चल रही सारी बहसें हमारे यहाँ अपनी उम्र जीकर चुक जाती हैं। दुर्भाग्य से जिस राजनैतिक तंत्र के ऊपर नए भारत और भारतीय समाज के निर्माण का दायित्व था, उसने भी खुद को इस जिम्मेदारी से काट लिया और सत्ता प्राप्ति या उसके संरक्षण के लिए ऐसा शॉर्टकट अपनाने लगा जिसने इस समाज में दीर्घजीवी होने लायक कुछ नहीं छोड़ा है। हमारे राजनैतिक दलों के आचरण में भी अश्लीलता के कई तत्व हैं और वे बढ़ रहे हैं। कुल मिला कर, हम ऐसे दुश्चक्र के शिकार हैं, जिसमें कई अश्लीलताओं को चुपचाप झेलना हमारी नियति का कड़वा सच बन गया है।

●●●

लेखक परिचय

संजय कुमार सिंह : लेखक, पत्रकार एवं अनुवादक। संप्रति जनसत्ता के संपादकीय विभाग में। 1, आशीर्वाद अपार्टमेंट्स, 74, इंद्रप्रस्थ एक्सटेंशन, दिल्ली–110092

सुधीश पचौरी : आलोचक तथा मीडिया विशेषज्ञ। जाकिर हुसेन कॉलेज में हिंदी के रीडर। 17 बी 1, हिंदुस्तान टाइम्स अपार्टमेंट्स, मयूर विहार–I, दिल्ली–110091

जगदीश्वर चतुर्वेदी : आलोचक तथा मीडिया समीक्षक। कलकत्ता विश्वविद्यालय में हिंदी के प्राध्यापक। डी 32, न्यू गरिया कोऑपरेटिव, गरिया, कलकत्ता–700094

वंदना भारतीय : कहानीकार, टिप्पणीकार तथा सामाजिक कार्यकर्ता। सी 75, चंद्रनगर, गाजियाबाद–201011

मधु किश्वर : 'मानुषी' की संपादक तथा राजनीतिक-सामाजिक टिप्पणीकार। सत्यवती कॉलेज में अंग्रेजी साहित्य की प्राध्यापिका। सी 202, लाजपत नगर–I, नई दिल्ली–110024

राजकिशोर : इस पुस्तक शृंखला के संपादक। लेखक एवं पत्रकार। सी 53, एक्सप्रेस अपार्टमेंट्स, दिल्ली–110036

विमल कुमार : कवि, लेखक एवं पत्रकार। संप्रति यूनिवार्ता के संपादकीय विभाग में। एच आई जी 907, सेक्टर 16 ए, वसुंधरा, गाजियाबाद।

अरविन्द त्रिपाठी : कवि तथा आलोचक। संप्रति आकाशवाणी की राष्ट्रीय प्रसारण सेवा में। 4, सफदरजंग लेन, नई दिल्ली–110011

निर्मला भुराड़िया : कथाकार तथा पत्रकार। संप्रति नई दुनिया के फीचर विभाग में। 116, उषानगर, इंदौर

आलोक पुराणिक : पत्रकार, शोधकर्ता तथा आर्थिक विषयों पर टिप्पणीकार। अग्रसेन महाविद्यालय में अर्थशास्त्र के प्राध्यापक। 14 डी, जीटीवी एनक्लेव, पॉकेट ए, नंद नगरी, दिल्ली–110093

भारत डोगरा : पर्यावरण, श्रम, विषमता, मानव अधिकार, विकास इत्यादि से संबंधित विषयों पर नियमित लेखन तथा सामाजिक कार्यकर्ता। एन.एफ.एस. फीचर सेवा के संपादक-संचालक। सी 27, रक्षा कुंज, पश्चिम विहार, नई दिल्ली–110063

मस्तराम कपूर : समाजवादी लेखक, कथाकार, विचारक तथा राजनीतिकर्मी। ताजा कृति 'विषय-पुरुष' (उपन्यास)। 79 बी, पॉकेट 3, मयूर विहार–I, दिल्ली–110091

शंभुनाथ : आलोचक, विचारक तथा राजनीतिक टिप्पणीकार। 'समकालीन सृजन' के संपादक। कलकत्ता विश्वविद्यालय में हिंदी के रीडर। 389, जी.टी. रोड, हावड़ा–711106

सत्येन्द्र रंजन : पत्रकार तथा मानव अधिकार आंदोलन से संबद्ध। संप्रति जनसत्ता के संपादकीय विभाग में। डी 125, आनंद विहार, दिल्ली–110092

प्रियदर्शन : लेखक, समीक्षक तथा पत्रकार। संप्रति जनसत्ता में सहायक संपादक। 26 ए, ऊना अर्पाटमेंट्स, मयूर विहार–I, दिल्ली–110091